AF328985

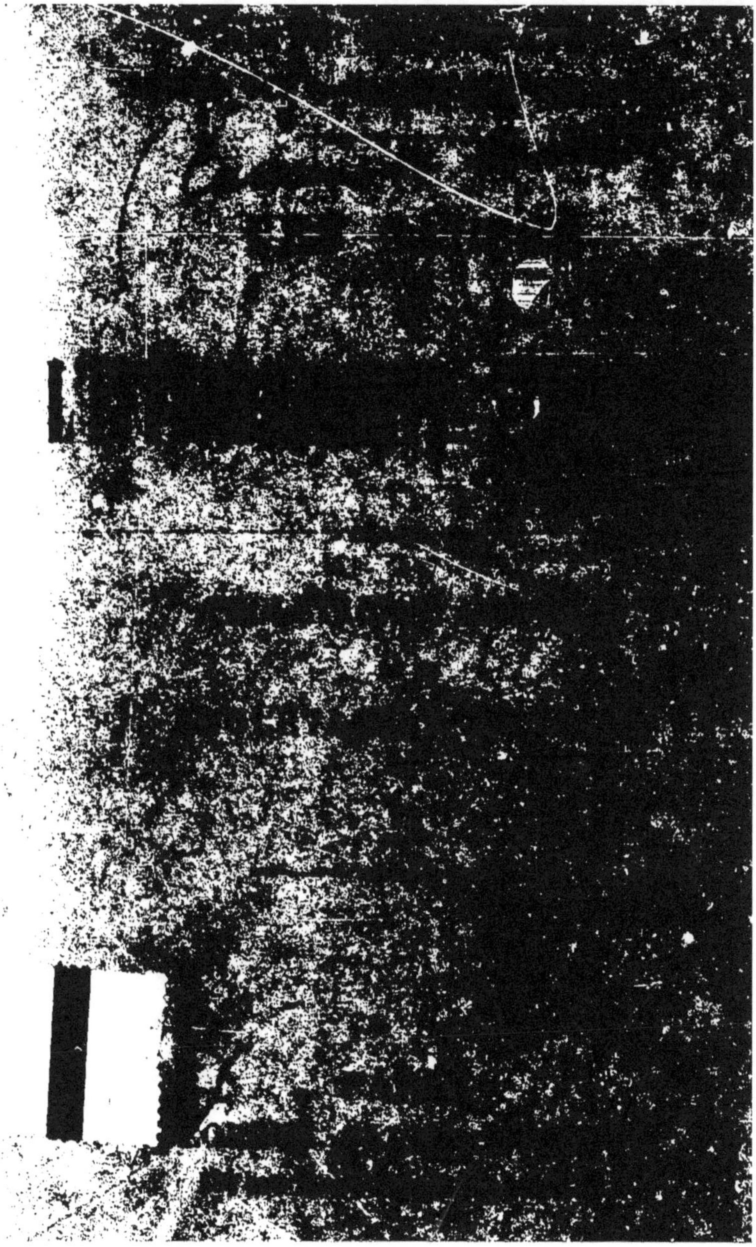

LES CAUSES

DE

L'EFFONDREMENT ÉCONOMIQUE

ŒUVRE POSTHUME
DE E. LEVERDAYS
AUTEUR DES « ASSEMBLÉES PARLANTES »

LES CAUSES

DE

L'EFFONDREMENT ÉCONOMIQUE

SUIVIES DU

PROLÉTARIAT AGRICOLE

ET DU

PROLÉTARIAT OUVRIER

PARIS

GEORGES CARRÉ, ÉDITEUR

58, RUE SAINT-ANDRÉ-DES-ARTS, 58

1893

AVIS DE L'ÉDITEUR

En livrant à la publicité le second volume des œuvres d'Émile Leverdays, peut-être n'est-il pas inutile de faire remarquer qu'il a été écrit dans le courant de l'année 1889, c'est-à-dire avant le rétablissement du régime protectionniste, dont se réclamait l'auteur, en tant du moins que remède préventif ; et comme les causes de l'effondrement économique, par lui signalées dans cet ouvrage, n'ont fait qu'empirer depuis, grâce à Panama, force nous est de constater qu'un nouveau *modus vivendi* serait le bienvenu dans ce désarroi des consciences et des intérêts où menace de sombrer la fortune de notre pays, et avec elle le renom français.

Il nous paraît superflu d'ajouter que c'est un livre de bonne foi, étant donné surtout que l'auteur ne se flattait point d'être loué, ni par ceux-ci, ni par ceux-là; heureux pour nous s'il eût pu revoir son travail lui-même, et y ajouter quelques pages!

Nous n'avons point qualité pour le juger à un autre point de vue; mais l'indépendance d'esprit, la sincérité de l'écrivain se manifestent si entières, parfois si implacables dans son amour de la Justice, qu'on ne peut s'empêcher de rentrer en soi-même. Aussi avons-nous cru devoir compléter le présent volume par deux remarquables études consacrées l'une au *Prolétariat agricole*, l'autre au *Prolétariat ouvrier*. Ces deux chapitres appellent tout particulièrement l'attention du penseur et de l'homme d'État, si toutefois celui-ci a le loisir de méditer sur quelque chose.

La mémoire d'Émile Leverdays aura été, en

tous cas, bien servie par cette publication de haute philosophie politique et sociale, à laquelle une pieuse mère s'est dévouée, sans espérer rien de plus qu'un peu de lumière et de fraternité parmi les hommes, en récompense de l'effort filial.

LES CAUSES

DE

L'EFFONDREMENT ÉCONOMIQUE

La première condition pour bien suivre l'étude que nous abordons est, avant tout, d'avoir compris toute la mobilité des faits qui en sont l'objet. Celle-ci ne peut se comparer qu'à l'instabilité perpétuelle de la masse aérienne qui nous enveloppe, avec l'extrême facilité des perturbations dont elle ne cesse d'être le siège.

La France est entrée depuis 1870, à bout d'épreuves, à bout d'absurdité, dans une phase de son histoire nouvelle et décisive. Elle en est arrivée aujourd'hui à la LIQUIDATION POLITIQUE. Nous ne voyons pas, en effet, que l'avenir puisse appeler d'un autre nom l'état négatif où elle s'épuise à tourner en cercle, sans apparence de pouvoir en sortir. Ce n'est pas, il faut le croire, l'affaire d'un jour. Mais nous assistons, de plus, maintenant, ce qui date déjà de quelques années, à un autre écroulement, plus grave encore que le premier dans sa nature et sa portée, puisqu'il intéresse toutes les nations qui participent à ce qui est pour elles, jusqu'à nouvel ordre, la civilisation. Nous sommes au début de ce mouvement qui devra s'appeler de même L'EFFONDREMENT ÉCONOMIQUE ; en d'autres termes, comme synonymie ou à peu près, LA LIQUIDATION SOCIALE. On peut dire au moins qu'elle en est l'entrée. Achèvement de l'état négatif. Toutes les faussetés se tiennent. Le coup de balai qui chasse les unes est suivi de près par celui qui fait justice et place nette des autres.

On parlait beaucoup en France, dans les derniers temps de l'Empire, de cette double liquidation politique et sociale, avant qu'elle se fût déclarée ; à présent qu'elle s'opère, il n'en est plus question. Ces choses-là, paraît-il, font l'effet des montagnes alpestres. On les voit de loin comme des énormités ; quand on y est, on ne les voit plus.

Causes essentielles de l'effondrement économique. — La surproduction monopoleuse. — Le pillage financier.

Tous les peuples civilisés ont dû plus ou moins s'enquérir au sujet de la *crise* économique — universelle, comme les enquêteurs le reconnaissent, — où nous ne voyons, nous, autre chose que la débâcle des faussetés. Nous avons à présent les études qu'ils ont faites, chacun à sa part et à son point de vue. Il ne nous paraît pas, quant à l'interprétation de cette enquête cosmopolite, que le résultat qui se dégage de son ensemble soit véritablement, pour qui prend la peine d'en rapprocher les données, aussi mystérieux qu'on veut le dire.

La crise relève de plusieurs causes, dont nous aurons à faire la distinction. Il en est deux dans le nombre que nous devons regarder comme essentielles ; une troisième est préparatoire ; d'autres ne sont qu'accessoires ou adjuvantes.

Première cause essentielle de la Crise. — L'excès de production.

Ceux qui ont été désignés, dans les différents pays dont l'existence est mise en jeu, pour examiner cette question, sont unanimes sur un premier point. Ils s'accordent à déclarer que la crise, liée, ainsi qu'ils le constatent, au défaut d'écoulement des produits, tient à l'excès de la production. Autant en eût dit La Palisse. Quelques-uns sont encore plus simples, s'expriment d'un mot plus naïf en accusant *la concurrence qui est maintenant partout.* En raison de quoi ils sont de même unanimes, autant qu'ils sont inconciliables sur un second point. Chaque peuple demande que les autres lui ouvrent leurs portes, et que son gouvernement leur ferme les siennes. On ne s'inquiète pas de la réciprocité. De cette manière, on ne voit pas autre chose, l'écoulement au dehors sera sans doute le plus grand possible, et l'étranger n'introduira plus de concurrence.

L'Angleterre, par exemple, s'attache à dénoncer les tendances protectionnistes des autres Etats, qui lui ferment ses débouchés. Mécompte scandaleux. Le libre-échange faisait mieux son affaire. Il faut, dit-elle, chercher, trouver à tout prix les moyens d'en avoir de nouveaux.

Ainsi raisonnent les grands peuples ; ainsi se plaignent les principaux centres de production industrielle qui s'étaient partagé, depuis un demi-siècle qu'ils la rançonnent, la consommation de la planète.

Il en est même qui accusent, en outre de la surproduction, le parachèvement de l'outillage. L'industrie métallurgique n'a plus rien à faire, disent les Etats-Unis d'Amérique, avec les usines surabondamment pourvues. Nous n'en sommes pas là, en France, où on allègue plutôt le contraire, l'insuffisance arriérée de l'outillage. On fabriquerait au plus bas prix, on n'aurait plus de concurrence à craindre devant la consommation aux antipodes si la perfection de l'outillage pouvait en venir à couper entièrement les bras aux ouvriers français, qui sont des machines de production décidément trop coûteuses à entretenir. Nous ne pouvons pas résister, avec de pareils prix de revient, que déterminent les exigences de nos salariés, à la compétition étrangère. Il y a, en France, deux ou trois millions de créatures humaines à supprimer, en se dispensant de leur concours, puisqu'elles ne vivent que du travail industriel qui leur est fourni par nous. Voilà ce que pensent nos crocodiles. Remplacer par l'instrumentation mécanique, pour accroître le bénéfice de la fabrication, le concours des hommes, sans les admettre, bien entendu, au partage de la plus-value, serait l'idéal des usiniers Quant aux ouvriers, dont ils sont forcés jusqu'à présent d'employer la main-d'œuvre, ils ne sont pas assez sobres pour consentir, volontiers, à ne vivre, au bénéfice des patrons, que de pain et d'eau ; ils prétendent, eux aussi, humainement. ne rien partager, trouvant qu'il est meilleur de tout avoir. Ce n'est pas mal de part et d'autre. On finira peut-être par s'entendre... dans l'inanition commune.

Ainsi donc raisonnent les grands peuples.

Pour rentrer dans notre sujet, nous prenons comme un fait acquis, attesté par le consentement général, que la cause première, essentielle, de la débâcle économique, a été la surproduction. En d'autres termes, ce que nous éprouvons maintenant a eu son origine dans le monopole trop absolu, dont ceux qui sont venus les premiers dans la famille des peuples industriels n'ont pas pu manquer d'abuser. La chose était en germe dans l'omnipotence manufacturière et commerciale dont s'emparèrent, à l'heure où s'affirma l'emploi matériel de la science, les sociétés qui marchaient en avant des autres, qui tenaient la tête de l'espèce.

Les applications de la science ont été, pour nos sociétés les plus avancées, qui n'étaient pas préparées à les recevoir, la hache mise aux mains des enfants. La révolution qui s'en est suivie a bientôt transformé les peuples soi-disant civilisés, trop rapidement. On a voulu faire, on a fait en cinquante années ce qui était la besogne d'un siècle et demi. Et, comme si ce n'était pas assez de ce débordement d'industrialisme sans règle et sans merci à l'intérieur de chaque peuple pour le suffoquer, on s'est hâté d'y joindre toutes les extravagances d'une fureur de spéculation mercantile qui trouvait que la surface du globe ne suffisait pas à l'écoulement de ses fabrications. Tout le monde s'est jeté là-dedans à corps perdu, y a pris part de près ou de loin, personnellement, financièrement, intelligence et bras ou capitaux. Les hommes ont été enlevés à la vraie production, qui ne vient que du sol, au travail des campagnes, à la salubrité du plein air et du soleil, entassés dans les ateliers, parqués dans les casernes ouvrières, descendus dans l'obscurité des mines, enterrés vivants. On a surmené l'industrie, tiré à fond l'épargne, épuisé la richesse publique ; on a rançonné à outrance les peuples qui ne disposaient pas de moyens aussi savants ; on était affolé ; on ne doutait plus de rien. C'était le règne du progrès, l'apothéose ; les écumeurs touchaient le ciel. Histoire d'hier, qui est aujourd'hui dans les vieilles lunes. Il y a passé deux générations ; cela ne pouvait pas durer toujours.

Nous en avons en ce moment la preuve sous les yeux. Le peu d'activité industrielle que nous avons gardé en France n'y survit plus guère que par le travail d'achèvement auquel donne lieu le réseau de nos chemins de fer. Ces voies seront achevées dans quelques années. Ce sera, on pourra le dire, la fin de la fin. Nos usines métallurgiques, celles qui ont trouvé moyen de tenir jusqu'ici, pourront alors fermer leurs portes.

Si nous passons de la situation intérieure à ce qui regarde l'exportation, l'aspect des choses est analogue. Ce n'est pas à nos articles que nous voyons les peuples étrangers, privés plus ou moins d'industrie, qui demandent encore des produits à l'Europe, donner maintenant la préférence. Nous sommes battus chez eux par la compétition des autres boutiques, par la concurrence de nos rivaux, en attendant le jour où ceux-ci, fourbus autant qu'il conviendra, renvoyés à bout d'épuisement par leurs clientèles, finiront par être logés à la même enseigne que nous.

Grand bien leur fasse et à nous-mêmes !

Il n'existait jusqu'à ces derniers temps, pour imposer aux sociétés inférieures le brigandage du mercantilisme, qu'ils commencent à expier, qu'un petit nombre de peuples producteurs et trafiquants. Même avaient-ils avec cela, chez eux, des spécialités de fabrications produisant pour le monde entier. C'est ce qu'on ne voit plus guère à présent. On fait partout à peu près de tout, universalité qui détermine l'écroulement des industries européennes. Autrefois, par exemple, un pays, comme l'Italie, qui n'était pas très industriel, avait la spécialité des verreries, faïences, peausseries, etc. Les États-Unis se fournissaient en France pour les fleurs, les dentelles et les soieries. Ils les font aujourd'hui chez eux. Nous nous rappelons avoir vu ceci commencer dès 1859 ou 1860. Sous l'influence des complications politiques, le commerce américain, serré de près qu'il était, se vit alors mis en demeure de faire au moindre prix, d'arriver à se suffire avec le travail indigène. Ainsi, la guerre de *Sécession* fut pour beaucoup, au point de départ, dans cette révolution de l'industrie. Le rôle fonctionnel de la guerre à l'époque où nous sommes, — l'occasion de l'observer encore ne tardera pas à s'offrir, — est surtout de provoquer les transformations économiques.

Les peuples qui viennent au second plan ont depuis cette époque fermé de même, l'un après l'autre, aux nations qui tondaient leur laine, les débouchés qu'elles avaient chez eux. Il est vrai qu'ils avaient commencé par établir leurs chemins de fer, installer leurs fabrications, avec l'industrie et l'épargne des sociétés plus avancées; d'où, chez celles-ci, une suractivité, ou un prolongement d'activité, qui ne pouvait avoir qu'un temps. C'était le dernier coup de feu, en attendant l'extinction. Les initiateurs ont joué leur rôle, en leur moment. L'initiation n'a pas été gratuite. Les initiés, qui n'ont pas de reconnaissance à leur garder, sont désormais en situation, grâce à eux, de se passer d'eux. En conséquence, plus d'écoulement : sur-production, encombrement, débâcle pour finir. *La concurrence est maintenant partout.* Il faut que nos fabricants européens trouvent des débouchés sous l'Équateur, aux antipodes, sur tous les points du globe, excepté chez eux, autour d'eux, où ceux qui font cette surproduction n'ont pas de chemises à se mettre sur le dos. Il semblerait simple de pratiquer autrement le commerce, qui leur manque, sans avoir à le chercher si loin. Il paraît étonnant qu'on aille au bout du monde s'ouvrir des débouchés, qu'on a sous la main. Ne suffirait-il pas que la masse besogneuse des producteurs nationaux devînt aussi l'armée de la consommation à laquelle, jusqu'à présent, ils n'ont pas part autant qu'ils le voudraient? Le véritable débouché d'un pays est en lui-même. Arrêtons-nous. Comme ce serait pour nos crustacés de l'usine et du comptoir le désarroi de toutes les idées qui sont identifiées à leurs ganglions cérébraux, le dernier mot de l'horripilation dans l'avènement de la démagogie, qu'ils voient monter, nous n'avons rien à dire ; nous n'avons qu'à les laisser demander aux antipodes les débouchés qu'ils n'y trouveront pas. Ils tâcheront d'épuiser encore deux ou trois couches de sauvageries en Afrique ou ailleurs; ils entreprendront de persuader aux princes achantis de Guinée, aux aristocrates du Zoulouland, de porter des pantalons. C'est fort bien. Ils se plairont à espérer que, de cette manière, la société bourgeoise ne

périra pas, demain, en Europe : la perspective est
précaire.

Nous venons de signaler comme essentielle une
première cause de la déroute économique, la surproduction ; et, quant à l'origine de celle-ci, nous
avons eu soin d'ajouter, allant au fond des choses,
qu'elle doit être avant tout cherchée dans la pré-
possession industrielle, dans le monopole des fabrications, tel que l'ont eu jusqu'à présent un petit
nombre de peuples. A cette cause principale, nous
ne devons pas omettre d'en adjoindre, au même
titre, en seconde ligne, une seconde, qui s'est
effectivement liée à l'autre dans le mouvement
des faits. Nous voulons dire l'exhaustion financière de la richesse des peuples, opérée à loisir
depuis que la bancocratie les tient par le banditisme cosmopolite.

Seconde cause essentielle de la crise. — L'agiotage.

La frénésie de l'agiotage s'est développée comme
la suite naturelle de la fièvre usinière et mercantile. Une maladie s'est greffée sur l'autre. Les
capitaux appelés de partout dans des entreprises
de toute espèce, intérieures ou montées au dehors,
multipliés par les profits rapides, convertis en
titres d'échange incessamment variables, ont afflué
sur le tapis vert de la spéculation.

Les grands travaux d'utilité publique, les grands services ont coûté aux nations civilisées, mis aux mains des bandes noires qui sont en possession d'exploiter les peuples, beaucoup plus cher qu'elles n'auraient dû être payées. Les dépenses faites au nom du besoin général ont toujours été hors de proportion avec les résultats productifs qu'elles ont donnés, laissant toujours après elles dans chaque pays l'enrichissement scandaleux d'une frelonnière de tripoteurs et l'épuisement de la masse nationale, grugée par eux sans vergogne.

Cela ne se chiffre pas par millions ; ce sont des calculs de milliards.

L'agiotage de la finance, complémentaire de la truanderie manufacturière, — double fléau contemporain, — a fait surgir partout, comme des végétations parasites, des fortunes développées du soir au lendemain aux dépens de la substance des sociétés, aspirée, pillée, gaspillée par la clique du tripot. Lorsqu'est venue ensuite l'échéance, il ne s'est plus trouvé personne pour lui faire face. Car il aurait fallu tout le monde, c'est-à-dire la prospérité nationale, qu'on avait laissée en souffrance pendant que se gorgeaient, au détriment de l'aisance collaborative, les intérêts du vampirisme. Ce n'étaient pas des fortunes particulières, en plus ou moins grand nombre, effrontément improvisées par les jeux de bourse ou autres pratiques de vol déclaré, qui étaient capables de suffire.

Les nations, ou au moins certaines d'entre elles,

auraient pu être alors en condition de faire face à l'adversité des circonstances ; elles auraient pu trouver des ressources dans la solidité de leur complexion nationale, comme ne sauraient manquer d'en avoir des nations riches — transpositions fonctionnelles, déplacements, suppléances, échanges, bases de crédit, procédés d'assurances, mutualités de toutes sortes, — qui pouvaient leur permettre de se maintenir devant l'effondrement du trafic d'exportation, si l'agiotage n'avait pas partout consommé d'avance, improductivement absorbé la richesse publique. Toujours auraient-elles pu gagner du temps, ménager le passage, conjurer les massacres de l'affamement industriel. Mais il leur aurait fallu avoir en circulation dans leur aisance intérieure les milliards écumés sur elles par la tourbe des flibustiers dans les entreprises usuraires dont ils ont eu le privilège. L'intérêt des masses productives a été partout livré, faute d'organisation politique et sociale, aux appétits des caïmans. Ils ont vidé les nations, qui se sont trouvées ne plus avoir en elles de quoi résister à la déconvenue finale. Tout le monde — les exceptés ne comptent pas — participant à l'épuisement commun, la déconfiture a été universelle, sans recours comme sans merci, de même que la misère et la mortalité, qui en sont les conséquences.

Telle a donc été la seconde cause, contre-partie de la première, d'où elle a tiré son origine et qu'elle a doublée pour amener la crise économique. Celle-ci est venue frapper sur des organismes rendus malades à l'avance, qui n'ont pas pu la supporter. Ainsi donc, deux influences, qui sont distinctes, ont concouru, essentiellement, à faire la catastrophe : l'une a été dans la surproduction consécutive au monopole de l'industrie et du trafic, dans la suractivité ouvrière, tant pour le dehors, en vue de l'exportation, qu'à l'intérieur des peuples, pour leur armement industriel ; quant à l'autre, complémentaire, elle est due aux conditions générales de pénurie dans lesquelles végètent nos sociétés, livrées, comme elles le sont, au gré de la dépradation financière, qui les exténue ; par où elles ont été, quand est venue l'heure, sans résistance à opposer au désastre.

L'orgie industrielle et argyrocratique s'en était donné à cœur joie ; elle n'avait rien ménagé, rien prévu, rien voulu prévoir ; elle avait coupé le blé en herbe, dévoré l'avenir. Telle fut, en France, notamment, la priapée du second Empire. Il fallait pourtant que vînt un jour le quart d'heure (toute fête a une fin) de la carte à payer. Nous payons, nous payerons longtemps la canaillerie de nos pères, dont la paternité s'est montrée peu soucieuse de la génération qu'ils laissaient derrière eux. C'est le vieux train du monde. Les circonstances varient, la façon demeure la même ; chaque génération qui vient prépare, de propos délibéré, plus ou moins largement, la banqueroute à celle qui la suit. Après nous le déluge ! C'est ainsi que se font les choses depuis qu'existe l'humaine espèce, depuis qu'elle passe en couches de perversité successives à la surface de la terre.

Cause préparatoire. — La guerre franco-allemande et ses suites.

Il est cependant vrai de reconnaître que les causes qui ne sont qu'essentielles peuvent être longtemps maintenues en incubation. L'épuisement dû au surmenage, l'accumulation des hommes et des articles fabriqués par eux, le désarroi des conséquences qui en résultaient, économiques et politiques, auraient pu après tout ne pas suffire, on dirait indéfiniment, pour décider la catastrophe à se produire comme elle s'est produite. Encore fallait-il que celle-ci fût amenée au point de s'affirmer par un événement exceptionnel, par un fait péremptoire. Elle a eu cette préparation déterminante dans la guerre franco-allemande de 1870.

Cet événement est, en effet, à prendre, tout bien examiné, comme l'origine effective de la déconfiture qui est survenue dans l'ordre de la fabrication et de l'échange. Deux éléments de production, tels que la France l'était alors et même l'Allemagne, quand ils viennent subitement à faire défaut, ne peuvent manquer, on le conçoit, de causer dans l'atmosphère commerciale du globe un déséquili-

brement grave. La consommation étrangère dut
s'arranger alors pour ne plus compter sur les
importateurs empêchés par les événements et
même après les événements ; pendant un temps
prolongé, elle dut apprendre à se passer de nos
fabrications françaises, anéanties par les surcharges
qui accablaient notre production ; la plaie était
longue à guérir. Au bout d'une douzaine d'années,
les installations d'outre-mer étaient faites, les
marchés du dehors en état de ne plus subir les
écumeurs d'Europe. Tout a, du reste, concordé. La
cause que nous signalons comme préparatoire,
l'influence de la guerre, s'est jointe, en entrant
dans les faits, à la tendance qui se dégage de leur
marche ordinaire. La périodicité des crises industrielles, conséquence nécessaire de la surproduction chronométriquement accumulée, est, on le
sait, un fait constaté, ce qu'on appelle une loi
scientifique. Le trop-plein s'accumule jusqu'à ce
que le courant s'arrête. Quand l'écluse a cédé,
celui-ci se rétablit. Ainsi de suite, indéfiniment.
Sans professer pour cette dernière forme de l'esprit
scolastique, le positivisme et ses lois, un culte
exagéré, il faut reconnaître que les causes, tant
habituelles qu'imprévues, ont opéré ici dans le
même sens, ajouté leurs effets. L'aspect des résultats a donc été transformé, le monde jeté hors de
son ornière, la crise convertie en désastre.

A la bonne heure !

Il pourra nous être objecté que tous ceux qui

faisaient de l'exportation n'ont pas été absorbés par les nécessités de la guerre. Il n'a pas manqué de concurrents pour prendre dans l'intérim la place de ceux qui l'étaient. Assurément : expliquons-nous. Il est certain, nous n'avons jamais voulu dire autre chose, que la complication militaire n'a pas agi principalement par une action directe. Elle a influé beaucoup plus, ce n'est pas douteux, par un mécanisme indirect, que nous nous bornerons à indiquer. Débarrassés de leurs rivaux, il a été inévitable que les entrepreneurs d'exportations, qui sont restés en possession du terrain commercial, aient élevé d'autant leurs exigences. Les peuples qui étaient pris habituellement comme débouchés de la surproduction d'Europe ont dû alors sentir d'autant plus le besoin de faire tous les efforts dont ils pouvaient être capables pour arriver à se suffire par eux-mêmes, à fermer leurs portes à la piraterie des civilisés, qui prétendaient naturellement, leurs entreprises d'iniquité n'étant plus assez contenues par mutuelle compétition, les exploiter sans merci.

Nous avons appelé l'attention sur les conséquences d'un fait qui nous semble n'avoir pas été assez compris sous le rapport que nous signalons. Nous avons montré que la catastrophe militaire de 1870 est venue déterminer un mouvement d'un autre ordre, qui, du reste, préexistait depuis des années à l'état latent ; qu'elle a efficacement agi pour hâter la préparation de la débâcle économique.

A cette influence, exercée par la guerre elle-même, s'est encore ajouté, aussitôt après, le coup de fouet industriel et commercial qui a suractivé l'Allemagne au lendemain de sa victoire.

Ce dernier mouvement a pu, du reste, intervenir d'abord, dans une certaine mesure, comme un contre-effet en ce qui regarde la diminution graduelle des exportations d'Europe. Dans tous les cas, ce contre-effet a-t-il été seulement temporaire ? Il s'est traduit momentanément par un regain d'activité, qui n'a pas tenu, l'Allemagne n'ayant pu maintenir ses tentatives. En résultat définitif, il n'a fait que concourir à tuer l'exportation. Les opérations faméliques des commerçants de l'Allemagne depuis 1872 ou 1873, leurs fabrications à treize sous, leur colportage universel de camelote, leurs offres au rabais ont avili partout les prix, gâté tous les marchés ; elles ont jugulé la concurrence, achevé le commerce extérieur, tel que les autres peuples pouvaient le faire. Aux tentatives haletantes du mercantilisme tudesque sont venues s'ajouter, pour intriquer de plus en plus la situation, les entreprises financières, les spéculations à corps perdu, les catastrophes qui les ont suivies. Les Allemands, eux-mêmes, sont maintenant à bout. En voulant protéger, sans y réussir, ses usiniers et ses commerçants, leur gouvernement n'a fait que provoquer les représailles des pays voisins, dont les résultats se traduisent en Allemagne par la pénurie des matières premières. L'exportation des blés allemands a diminué de moitié depuis la crise. Nous sommes, à l'heure qu'il est, constatent unanimement les Chambres de commerce, loin de cette période d'allégresse pendant laquelle on voyait déjà l'Allemagne maîtresse des marchés du monde.

Quant au débordement d'agiotage dont nous venons de dire un mot, il a eu son origine dans l'inondation monétaire qui a tout à coup envahi l'Empire. C'est un renouvellement de l'histoire de Midas, vieille mythologie financière qui demeure toujours incomprise.

Encore n'avons-nous pas parlé des exigences actuelles de la paix armée, résultat nécessaire de la conquête de l'Alsace-Lorraine, qui achèvent et perpétuent la détresse de l'Allemagne par les charges dont elles l'accablent. A une époque moins avancée, au temps des milliards, la Prusse, restée jusque-là fidèle à sa tradition, n'avait pas de dette d'Etat. Elle en a une maintenant, grâce à l'augmentation, rapidement progressive, de ses dépenses militaires, qui s'élevait déjà, vers 1887, en acquittement annuel d'intérêts, à 27 millions de marcs.

Nous voyons, sans remonter plus loin, que le déficit du budget de l'empire allemand pour 1889 est de 22 millions de marcs, les Etats confédérés ayant cependant à payer une contribution supplémentaire de 15 millions de marcs. Il a été décidé que l'on contracterait un emprunt de 62 millions pour l'armée et les lignes de communication, et un second emprunt de 110 millions, à répartir sur plusieurs années, pour la construction de nouveaux cuirassés, l'augmentation de la solde des aspirants et la création d'une école télégraphique de marine[1].

Il a été démontré sans réplique, par cette énorme expérience, dont nous rappelons le souvenir, qu'une société ne trouble pas impunément d'un jour à l'autre les conditions d'équilibre fonctionnel qui sont celles de son existence intérieure. La démonstration qui ressort des faits a prouvé qu'à l'heure de l'évolution où nous sommes parvenus, la société

---

[1] La dette progressive de l'Empire d'Allemagne ne dépassait pas, au commencement de 1870, 40.350.000 marcs (emprunts de 1867, 1868, 1869). A la fin de 1870, la dette s'élevait à 486 millions de marcs ; à la fin de 1871, à 770 millions.

A la fin de 1874, grâce au payement de l'indemnité de guerre par la France, l'empire d'Allemagne n'avait pour ainsi dire pas de créanciers. C'est de l'année budgétaire 1876-1877 que date l'ère des emprunts (dépenses extraordinaires pour l'armée et la marine).

Le 31 mars 1877 on empruntait 16.300.000 marcs, et au commencement de 1888, 650.000.000 de marcs. Au 15 novembre 1888, on avait déjà atteint le chiffre de 818.787.000 marcs : en y ajoutant des crédits votés et non encore réalisés, s'élevant à 329.435.000 marcs, plus de nouveaux crédits inscrits au budget de 1889-1890, soit une somme de 90.391.517 marcs, on peut prévoir que la dette de l'Empire atteindra à la fin de 1889 le chiffre de 1,238.614.000 marcs.

Dans l'espace de dix-huit ans, les 5 milliards de l'indemnité de guerre ont été employés, et il a fallu encore faire appel au crédit pour plus de 1.200 millions.

Freissinige Zeitung, traduit par le *Journal des Débats* du 21 avril 1889).

qui présente la plus forte résistance économique
finit toujours, en dernier résultat du conflit armé,
par avoir l'avantage. Le tribut de guerre lui-même
n'y peut. Pour écrasante que soit sa victoire militaire, et violente son exaction, la nation qui a pré-
valu sur les champs de bataille devra toujours,
en fin de compte, pour peu qu'elle soit la plus
pauvre, c'est-à-dire la moins productive, acquitter
les frais de l'aventure. On peut rapprocher de cette
remarque une autre que nous avons déjà faite :
que la fonction de la guerre, telle qu'il faut l'entendre aujourd'hui, consiste principalement à
déterminer les transformations économiques. La
guerre de 1870 et ses suites ont eu bientôt fait
d'amener au point la situation pour produire l'effondrement dont pâtissent, à l'heure qu'il est, une
demi-douzaine de pays industriels, toute l'engeance
de Caïn. Voilà ce que les pouvoirs qui mènent les
peuples feraient bien de s'appliquer à comprendre,
s'ils étaient capables de comprendre quelque chose
au train du monde qui les emporte, et s'ils avaient
à s'en donner la peine pour le temps qui leur reste
encore à vivre.

Cause déterminante. — L'écroulement financier de **1882.**

« Le malaise industriel, dit avec justesse l'Enquête américaine sur les conditions actuelles du
travail, n'a pas été précédé de crise et de panique. »

L'observation est des plus remarquables. Effectivement, l'avalanche était suspendue sur le monde civilisé ; elle l'était depuis longtemps. Il ne fallait pour la précipiter que la chute d'un caillou. Le caillou s'est donc détaché. Il était de nature financière ; cela ne pouvait non plus manquer d'être ; on s'en rendra compte aisément pour peu qu'on veuille y réfléchir.

Nous avons déjà dit le débordement d'agiotage dont l'Allemagne a donné le spectacle. Ce n'était pas un fait isolé, particulier à un pays plus ou moins différent des autres. Il faut voir là un symptôme plus vaste, comme témoignage de tendance ; il faut voir là un caractère général du moment. Les grandes affaires d'industrie et de commerce venant à se montrer plus difficiles et de moindre profit, il devenait alors naturel de se rejeter sur les spéculations de bourse ; elles ne pouvaient que passer plus que jamais à l'ordre du jour. La reprise d'activité financière qui s'est de même produite en France a essentiellement différé la période initiale, celle qu'on peut appeler l'âge épique du banditisme. Les capitaux se sont trop jetés, comme le dit dans son rapport la Chambre de commerce de Paris, dans les opérations aléatoires, lisez : dans les opérations d'écumage public, dans les jeux de bourse, parce que les affaires sérieuses ne donnaient plus assez. La sarabande avait tenu autrefois, pour commencer, à l'affluence des entreprises lucratives ; elle a tenu, pour finir, à leur pénurie. Nous avons eu ainsi le chapardage après les razzias, les chacals du brelan après les hyènes. On peut citer comme type l'affaire des *cuivres*.

Quant à l'opération finale dont nous allons maintenant parler, financière avant tout, — c'était la première condition, — elle devait, en outre, appartenir, comme il est arrivé, à l'initiative catholique. On avait déjà vu, plusieurs années auparavant, dans un pays voisin de la France, quelque chose d'analogue. Rappellerons-nous la faillite, vers 1872, du banquier Langrand, qui fut, par anticipation, le Bontoux de la Belgique ? Pour essayer de tenir tête à l'argyrocratie régnante, pour livrer la bataille des capitaux contre la juiverie en possession d'État, il n'y avait pas à la mesure de l'entreprise une autre puissance en Europe que celle de la catholicité. Nous parlons, comme on voit, de ce que les Parisiens, il y a quelques années, appelèrent le *Krach*. On ne doit sans doute pas attribuer à l'écroulement de 1882 trop d'importance relative. Il s'offre, à le bien prendre, comme le dernier terme d'une série. Nous venons de citer, à titre d'exemple précurseur, l'affaire Langrand, en Belgique.

Nous nous souvenons qu'un fait du même genre, moins connu en France, avait eu déjà lieu, à une époque un peu antérieure, en 1875 ou 1876, dans la Prusse orientale. Il reste vrai que s'il ne fut pas davantage, cet événement financier, — nous disons le krach de 1882, — fut du moins la cause déterminante qui précipita le cataclysme économique sur nos sociétés industrielles, depuis longtemps menacées ; le retentissement s'étendit loin. A de telles enseignes que, dans le nombre des enquêtes de 1885, il a pu s'en trouver, parmi ceux qui ont dans la tête des yeux pour voir, des oreilles pour entendre et qui n'y ont pas autre chose, il a pu, disons-nous, s'en trouver pour dénoncer en toute conviction la débâcle financière, dont il s'agit en ce moment, comme la première cause du mal. C'était peu savoir mesurer la proportion des causes et des effets.

L'Allemagne n'a pas eu non plus à se féliciter que sa victoire soit venue clore chez nous l'ère des grandes spéculations de finance échafaudées sur les grandes opérations d'industrie, pour nous refouler dans les tripotages de bourse, qui devaient avoir pour dénouement le krach, dont le contre-coup l'a frappée au lendemain de la crise due à sa pléthore métallique.

La déconfiture de 1882, prise en elle-même, — nous ne parlons plus de ses rapports avec l'ensemble des conditions préparées autour d'elle, — n'a été qu'une tentative banquière *in extremis* en vue de secouer le fardeau de la prélibation exercée par le moyen de l'agiotage, dont la synagogue officielle avait réussi à charger les transactions jusqu'à les mettre sur les dents. Cette entreprise de libération était rude. Elle fut, disons-nous, catholique, nécessairement, d'essence et de patronage. Elle ne pouvait être montée autrement. Tout devient affaires au siècle où nous sommes. Le Christianisme, « dont le royaume n'est pas de ce monde, » s'est avisé de vouloir supplanter Israël sur le terrain que celui-ci possède. La protestation de la Sacristie contre le règne de la Synagogue n'a pas eu de succès. Elle dut aux circonstances, qui étaient à point, le retentissement prolongé de sa chute, qui a précipité la dégringolade universelle. Un peu plus tôt, un peu plus tard, il fallait en venir là.

Comme tout finit toujours le plus mal possible, nous avons vu la Synagogue rester maîtresse du terrain, mais elle ne règne plus à présent que sur des décombres. Les sociétés bourgeoises ont croulé sous son poids. L'imposture est à bout. Tout est à reprendre par la base.

Nous terminerons ici par une observation que nous ne devons pas omettre, car le fait qu'elle concerne a comme passage une portée significative.

Il se produisit au lendemain de la crise ouverte par la débâcle politique, sur laquelle on ne reviendra pas, une reprise momentanée dans l'activité des affaires. Voilà ce qu'il peut être à propos de noter. Les exigences de la situation étaient pressantes ; il fallait en appeler à toutes les ressources. L'industrie et le commerce durent s'évertuer. Il en fut de même pour l'agriculture. A preuve que la valeur foncière de la France doubla presque son chiffre de 1870 à 1882, en douze ans, s'étant élevée dans cet intervalle de 65 milliards à 119, soit un accroissement de 54 milliards. Dans les trente années qui s'étaient écoulées auparavant, de 1840 à 1870, elle n'avait gagné que 25 milliards, ayant monté de 40 milliards à 65. Donc on améliora, on défricha. On avait, d'un autre côté, de grands vides à remplir pour les pays du dehors, à cause de l'insuffisance des exportations allemandes et françaises pendant les années qu'avait duré la crise militaire ; l'arriéré de leurs besoins était considérable. S'ils avaient été mis, par les événements qui avaient précédé, en demeure de pourvoir à leur affranchissement, ils n'avaient cependant pas eu le temps d'obtenir un développement assez complet de leurs outillages pour être encore capables de se suffire. Ainsi donc les demandes affluèrent. Il y avait dans tout cela de quoi créer et entretenir des illusions; nous n'en restions pas moins frappés incurablement. Le mouvement de chute n'allait pas tarder à s'affirmer de nouveau, en se prononçant de plus en plus.

Au résumé :

Nous avons distingué, pour arriver à nous rendre compte de l'effondrement économique dont les témoignages sont aujourd'hui partout, plusieurs causes qui ont agi à divers titres, par une action également sourde, insensible pendant longtemps.

Nous avons commencé par mettre au jour la cause principale. *essentielle*, immanente et permanente depuis des années. Elle a été dans le monopole industriel que purent imposer, d'abord, au reste du globe les cinq ou six pays privilégiés qui eurent la fortune de se trouver, au début, en situation de préoccupants (préoccupation d'industrie et de moyens commerciaux). Elle a été conséquemment dans leur *surproduction*, où devait les conduire avec le temps. jointe à leur ignorance, l'iniquité traditionnelle du monopole dont ils s'étaient prévalus.

A cette cause essentielle et principale nous avons dû ajouter, en seconde ligne, accessoirement, la piraterie des frères de la cote, sans circonflexe, doublant celle du mercantilisme ; exhaustion financière qui a miné les peuples, par où ils se sont trouvés hors d'état de résister à l'épreuve économique amenée par leur surproduction.

Nous avons noté, de plus. une cause *préparatoire*, dont l'influence est violemment intervenue pour hâter dans leur développement les conditions critiques. d'où devait résulter. en guise de solution, une débàcle plus ou moins prochaine. Cette cause. avec ses suites par lesquelles a été accéléré le dénouement économique, est, avons-nous dit, la guerre franco-allemande.

Enfin, une cause occasionnelle ou *déterminante* est de même survenue à un moment donné, précipitant la catastrophe, appelée de loin par les circonstances, qui n'attendait que l'heure de se produire. Ladite cause n'a été autre que l'écroulement financier de 1882. Cet événement de banque a fait oublier des accidents précurseurs, qui traduisaient, comme lui, d'assez vieille date, sans être parisiens comme lui, l'évolution de l'époque par le côté spécial dont il a été la dernière expression. Car il ne serait pas vrai de le prendre comme isolé. Il est resté le terme culminant d'une série, l'entablement, si on peut le dire, d'une superposition de faits analogues. Il vaut, comme type ; c'est sa plus haute importance.

Causes adjuvantes de la débâcle.

Outre ces causes, qui sont générales, communes à toutes les sociétés civilisées que le cataclysme a couvertes, il en est d'autres que nous devrons prendre comme étant seulement *adjuvantes*. Celles-ci se distinguent en ce qu'elles peuvent se montrer chez un peuple et ne pas se rencontrer chez un autre, la crise n'en existant pas moins. Nous ne leur accorderons pas alors, si considérables que paraissent leurs influences, la signification de causes essentielles. Ainsi nous voyons qu'en Europe l'obligation du service militaire enlève annuellement au travail productif trois ou quatre millions d'hommes. Cette nécessité, dont la portée n'est pas douteuse, n'intervient pas aux Etats-

Unis d'Amérique, où la crise n'en sévit pas moins. Nos charges militaires, si écrasantes qu'elles nous semblent et qu'elles soient, ne sont, par conséquent, à mettre qu'au nombre de ces causes adjuvantes.

Réciproquement, nous avons pu déterminer les causes essentielles parce qu'elles offrent un caractère d'universalité que n'ont pas les causes accessoires. Celles-ci se montrent variables avec les différents pays : elles peuvent avoir ici ou là des significations qui sont également différentes ou même opposées. Elles concourent diversement, sous des aspects multiples, à l'épuisement qui est partout : résultat universel de la fantasia industrielle et banquière, qui était de même partout.

Revenons, pour en donner la preuve, à ce qui se passe, d'une part, en Europe, et de l'autre, en Amérique. Nous prenons les chemins de fer. On réclame en Europe, où les États ont dû se livrer aux mains des monopoles, par exemple, en France et en Angleterre, la réduction des tarifs des chemins de fer qui surchargent les transactions commerciales. C'est tout le contraire en Amérique : on y demande la réglementation des prix de transports, dont les Compagnies concurrentes, qui sont en trop grand nombre, usent et abusent en les mettant à rien pour pratiquer aléatoirement le pillage des actionnaires ; d'où résultent des contre-coups fâcheux sur les conditions du travail et de l'aisance publique.

Autres exemples. Nous voyons que l'émigration

européenne, qui devient en Amérique l'immigration, avilit les salaires de l'autre côté de l'Atlantique par offre surabondante de bras, ce qui concourt à la misère ; elle va, par contre, en suite de
la diminution dans le nombre des bras disponibles,
à les enchérir de ce côté, ce qui rend insuffisants
les bénéfices des entrepreneurs d'industries et fait
tomber leurs entreprises, au détriment de la masse
des consommateurs, au détriment des producteurs
eux-mêmes, qui se trouvent ainsi mis sur le pavé.
Le résultat se traduit toujours par la misère
publique. Opposées sont les causes ; les effets sont
les mêmes. Aussi voyons-nous que les États-Unis
en viennent à se mettre en garde contre l'immigration.

Nous avons déjà dit que nos commerçants de
France accusent l'imperfection de l'outillage dans
les usines ; ceux de là-bas trouvent, inversement,
qu'il laisse maintenant trop peu à faire. Il en
résulte, là-bas comme ici, l'insuffisance du travail.

De même encore les États-Unis d'Amérique se
plaignent de la suspension, les nôtres de l'excès
des travaux publics. C'est que les États fédérés de
la République américaine, obérés par l'usure que
leur imposent les Mohicans de la bancocratie, qui
ne valent pas mieux, sans être juifs, que les
nôtres, sont amenés à restreindre leurs dépenses,
ne font plus travailler, mettent en chômage les
populations ouvrières. Les États centralisés d'Europe, encore moins au large, plus pressurés, y

compris les charges militaires, par la clique des
argyrocrates, sont forcés, malgré tout, de pourvoir
aux travaux que nécessitent, pour les tenir au pair,
leurs conditions d'antagonisme international —
ports, voies stratégiques, fortifications. — Ces
dépenses obligées accablent leurs budgets, écrasent
les contribuables, s'ajoutent ainsi aux causes du
malaise général.

On peut remarquer à cette occasion qu'un pays
qui est à nos portes, la Belgique, signale, comme
les États-Unis, la stagnation des travaux publics.

Il est également à noter qu'un autre pays, tel
que la Suisse, qui n'est pas producteur, qui ne
peut vivre de lui-même, réclame contre les droits
de douanes; dans une société de grande production,
comme est la nôtre, on accuse, au contraire, l'invasion des produits étrangers, on sollicite contre
l'opinion des docteurs et des scribes le secours de
mesures défensives, sans lesquelles on mourrait
de faim.

Arrêtons-nous à ces exemples. Ils doivent suffire à faire comprendre ce que nous voulons dire
par les causes adjuvantes de la catastrophe par
laquelle nous entrons, à l'heure qu'il est, comme
le veut le dévidement aveugle de l'histoire, dans
la liquidation économique et sociale. Ces causes
viennent en aide aux causes essentielles, différemment dans les différents pays. Leurs influences
changent avec eux. Des causes, qu'on pouvait croire
les mêmes, — nous venons de citer les travaux

publics. — produisent ici ou là des effets contraires, tandis que des causes opposées aboutissent
aux mêmes résultats. Mais, quelles que soient les
origines de l'épuisement commun où tous les
centres producteurs tombent en macération, les
plus éprouvés entre tous sont nécessairement ceux
qui avaient pour emploi de fournir les forces mo-
trices, combustible et mécanisme, que les autres
mettaient en œuvre. « La réduction des salaires,
comme le dit la Chambre de commerce de Liège,
est indéfinie en Belgique. » Ce qui signifie, traduit
de la langue des Olympiens en langage des hommes,
qu'elle n'a de terme que l'extermination des mi-
neurs par la famine. Si le gouvernement du pays
était impuissant à maintenir le silence des char-
niers, que les gens d'État appellent l'ordre, celui
de l'Allemagne se déclare prêt à faire la besogne.

*La question de la crise économique devant la Chambre
des députés.*

La question de la crise commerciale a été posée
devant la Chambre des députés dans un rapport
distribué au commencement de novembre 1887.
C'est celui de M. Félix Faure sur le budget du
ministère du Commerce et de l'Industrie.

Le rapporteur commence par cet aveu, que la
crise qui fait l'objet de son travail n'est pas à ses
yeux *une crise comme une autre.* Il y voit une

annonce plus ou moins anticipée d'une distribution nouvelle de la richesse. Le rapporteur est un homme avancé. « L'évolution économique, dit-il, qui signale la fin du xix⁰ siècle, avec des alternances de reprise et de recul, dure t dans son ensemble plus qu'on ne le pense généralement. La puissance d'achat ne renaîtra que lentement et ne reprendra son développement normal et régulier que dans un avenir dont le terme est impossible à prévoir. » Il est hardi, sans doute, l'auteur du rapport s'en rend fort bien compte, et nous ne pouvons qu'applaudir à sa franchise, d'émettre une opinion pareille devant une Chambre des députés. C'est même là un fait à prendre comme un signe du temps.

Nous sommes, ainsi qu'on a pu voir, tout à fait de l'avis de M. Faure, peut-être plus que lui-même... pour des raisons qui ne sont pas précisément les siennes.

Ceci mérite explication.

Les aperçus du rapport distribué à la Chambre sont établis sur un ensemble d'assertions que nous ne pouvons admettre sans les avoir passées au crible. Nous allons les reprendre en détail.

M. Faure fait donc observer que l'intérêt de l'argent est en diminution. Incontestablement ; par abondance de la marchandise métallique, en suite de la détresse générale. Trop nombreux sont les capitaux inoccupés, qui ne trouvent pas à s'engager dans les entreprises d'industrie, d'agri-

culture et de commerce, par conséquent trop
offerts. Ils se font ainsi concurrence pour les placements financiers, sur lesquels ils sont refoulés;
pis aller d'exportative. Donc l'intérêt de l'argent
baisse. Il a baissé depuis la crise d'un quart au
moins, de 4 et 4 1/2 à 3 0/0.

A preuve qu'on a pu et dû faire la conversion.

De même le revenu du capital industriel et
commercial ; de même celui de la terre.

Pour l'industrie et le commerce, le résultat est
dû simplement à la langueur des transactions, à
la misère qu'elle amène et qui l'entretient. Les
articles concernant le vêtement et l'habitation sont
moins demandés.

Quant au capital agricole, on doit reconnaître
que les débouchés ne manquent pas aux produits
alimentaires. Ils ne sont même que trop faciles,
car cette facilité produit l'excès de la concurrence.

Le développement rapide, excessif, des communi-
cations, auquel s'ajoute, par suite de la détresse
des populations citadines, l'insuffisance de la consommation, a fait tomber les prix de la viande. Les
produits étrangers inondent nos marchés : lards
et viandes, salés ou gelés, d'Autriche-Hongrie,
d'Allemagne, de Hollande, de Suisse, d'Amérique.
Nous en recevons maintenant (fin de 1887) du
Mexique, pour 6 millions chaque année, de par le
nouveau traité qui ouvre, assure-t-on, dans ce pays,
un débouché de 25 millions aux produits de nos
manufactures. Il est vrai que les lards salés des

États-Unis, lesquels États nous menacent de représailles par exclusion de nos marchandises, ont été
prohibés en France, à titre de précaution contre la
trichine, par le décret Tirard (17 février 1881).
Mais ces lards prohibés ne nous en viennent pas
moins par nos frontières de terre sous de fausses
marques anglaises ou allemandes. Nous verrons
nos gens de commerce faire bon marché de l'hygiène
publique à l'endroit de mesures encore mieux motivées : à plus forte raison s'élèvent-ils contre cette
prohibition des lards transatlantiques, inutiles,
d'après eux, dans un pays où on ne les mange pas
crus.

L'avilissement des prix du bétail, qui tient principalement à la perturbation introduite, sans crier
gare, par la trop grande facilité des communica-
tions, a eu sa cause déterminante dans la surproduction de fourrages, tout à coup intervenue de
par le bon plaisir du Ciel, en 1886, d'où l'encombrement des étables et des marchés. Cause également déterminante de la crise agricole.

Si nous passons, en fait de questions alimentaires,
de la question des viandes à celle des céréales, nous
avons éprouvé, ce qui a fini par amener la taxation des grains étrangers, que les blés des États-
Unis peuvent arriver en France, grâce en partie
aux concessions intéressées des entreprises de
transports, moins élevés de prix qu'il ne nous est
possible de vendre chez nous ceux que nous pro-
duisons nous-mêmes.

Notre marché est envahi de toutes parts, au détriment de nos producteurs. Nous nous voyons, malgré les idées fausses dont les internationaux de l'écumage nous ont embabouinés, mis en demeure de fermer nos portes. Les importations de seigle étaient, par exemple, de 27.000 quintaux en 1883, de 159.000 en 1887. Nos exportations sont, par contre, descendues d'un million de quintaux à 350.000. Ceci doit être, dans une certaine mesure, attribué au droit de 6,25, mis par l'Allemagne sur les seigles, qui nous a fermé les marchés d'outre-Rhin en faisant refluer les seigles de Russie sur le nôtre.

Telle est la situation que nous ont faite, par leur combinaison, les facilités croissantes des transports, les traités de commerce, les boniments du libre-échange. Ainsi se gorge sur le pays la franc-maçonnerie internationale des agioteurs, clique dirigeante, gouvernante, légiférante et dévorante, qui le tient pour le saigner à blanc.

C'est le trafic des États modernes. Aux plus forts, c'est-à-dire aux plus capitalistes, les cordons de la bourse, ou aux plus gredins.

Toutes les valeurs qui viennent d'être dites, monétaires, industrielles, commerciales, agricoles, sont, en conséquence, au même point, en dépression d'un quart à un tiers et plus. S'attendait-on à ce que les salaires des ouvriers viennent seuls faire exception à cet effondrement général des valeurs?

Il y a, faut-il croire, des miracles.

En reprenant les affirmations du rapporteur dont nous discutons le compte rendu, nous n'avons pas eu jusqu'ici d'objection à lui faire ; mais où nous ne pouvons plus le suivre, c'est lorsqu'il prétend établir, quant au mouvement qu'il constate, une opposition entre le loyer du capital acquis, sous toutes les formes précédemment énumérées que celui-ci comporte, et la rétribution du travail.

C'est une opinion qui a cours, et le rapporteur la reproduit, que les salaires sont en voie d'augmenter. Il en arrive même à vouloir énoncer une loi, en façon d'antithèse : « *La rémunération du capital acquis tend*, dit-il, *à se réduire, celle du travail à s'élever.* » Là-dessus il va chercher des causes qui lui paraissent rendre raison du second effet qu'il croit apercevoir.

L'effort physique de l'homme, il l'affirme encore, diminue ; en conséquence, on a de plus en plus besoin d'hommes. Or il existe, par contre, des raisons pour qu'on manque d'hommes. Ainsi les bras sont plus demandés et moins offerts ; ainsi donc ils augmentent de prix.

Cette rareté croissante des bras et leur enchérissement consécutif ont pour lui son explication dans une double cause :

Principalement les nécessités militaires. Les exigences de la paix armée enlèvent chaque année au travail utile, chez les cinq premières puissances de l'Europe, 2 millions et demi d'hommes.

A quoi se joint l'influence de l'émigration vers les pays nouveaux, qui s'accroît régulièrement.

Par où le travail est plus demandé ; par où les salaires s'élèvent.

On nous le dit ; en est-on bien sûr? Cette hausse prétendue ne serait-elle pas, sans qu'il y ait lieu de chercher ailleurs, une apparence, qui ne tiendrait pas à autre chose qu'à l'avilissement de la monnaie?

Si, par contre, vous entendez les ouvriers, ils vous diront que les grèves n'ont aujourd'hui pour but que d'empêcher l'abaissement des salaires qu'ils reçoivent. Toujours est-il qu'il semble, à première vue, paradoxal d'admettre comme un fait réellement acquis l'élévation qu'on suppose dans les prix de la main-d'œuvre. Les employeurs n'ont-ils pas, plus que leurs employés, les moyens de faire la loi sur le marché de l'offre et de la demande pour fixer les taux des salaires? N'ont-ils pas dans la main, outre leur supériorité de force économique, à son service, comme si elle ne suffisait pas, la force de l'État, qui est partout leur instrument? Plus à croire, paraîtra-t-il, que les ouvriers, toujours assimilés aux machines dont ils sont les annexes, réduits en conséquence à la ration d'entretien, sont salariés moins en raison de leurs propres besoins que d'après les intérêts des patrons.

C'est le vestige naturel de l'esclavage, dont le salariat, tel que nous l'avons, n'est que l'héritage historique.

La conclusion aurait sans doute un aspect assez vraisemblable. Mais il n'est plus dans le goût du jour de commencer par demander leur lumière, afin de n'aller pas sans lanterne, à ces premières aperceptions de l'esprit, qui valaient souvent, il faut le dire, étant au moins plus larges comme elles étaient plus simples, autant ou mieux que les rébus de l'empirisme qui est encore en règne pour le quart d'heure. Passons à autre chose. Une opinion accréditée, une assertion admise comme elle est émise, qu'on pourrait croire fondée sur l'observation, veut aussi que l'effort physique du travail de l'homme diminue aujourd'hui. La vérité est que nous voyons l'homme remplacé de plus en plus, partout où il peut l'être, par la machine où on l'attelle, qui n'est pas du tout le fonctionnement physiologique de l'homme. Est-ce là qu'on entend par la diminution de l'effort physique ? Si on nous parlait de sa perversion, qui tue les hommes, nous comprendrions peut-être. Est-ce donc en même temps pourquoi les bras sont plus rares et plus demandés? Sérieusement — la matière prête peu à la plaisanterie — nous ne supposerons pas qu'on allègue, pour rendre plus cher le travail des salariés, cette multiplication incessante du machinisme, qui les jette par myriade sur la rue en les frappant de non-valeur et de là aux champs de navets ; car c'est bien la réalité. Viendra-t-on encore nous parler de l'enchérissement du travail? Il vaudrait sans doute mieux reconnaître que cette influence, qui l'accable, pèse à elle seule d'un poids qui l'emporte, évidemment, sur toutes les autres qu'on prétendrait lui opposer

Ceci ne signifie pas que celle des armements puisse être négligée. Qu'elle soit une cause désastreuse entre toutes les causes qui concourent en effet à ce que les bras manquent, il n'y a pas à en douter. Oui, il faut la mettre à sa place ; mais elle ne suffit pas, essentiellement, à faire la crise par la cherté de la main-d'œuvre, puisque la crise existe également ailleurs, où le service militaire n'existe pas.

Pour ce qui est de l'émigration, elle augmente, nous dit-on, régulièrement. Plus vrai serait-il de dire qu'elle a augmenté, car c'est aussi une chose, comme beaucoup d'autres, qui semble désormais approcher de sa fin. Les États-Unis, par exemple, qui furent longtemps le grand déversoir de l'émigration, voire créée par elle, commencent à se mettre en garde contre l'invasion des émigrants, qu'elle vienne de l'Europe ou de la Chine. Ils suppriment les concessions de terres ; ils sont en train de faire, après celle des marchandises, la prohibition des hommes ; ce n'est pas nous qui les désapprouverons ; ils suivent ainsi la marche de leur développement. Quoi qu'il en soit, cette seconde cause peut être invoquée en Allemagne, qui perd chaque année par l'émigration quelque chose comme 150,000 de ses habitants ; elle ne compte pas en France, qui ne donne pas annuellement à l'émigration 15,000 des siens, dont un grand nombre appartiennent au seul département des Basses-Pyrénées.

Comment donc sera-t-il prouvé que le travail est en diminution pour le prix qu'on le paye ou le salaire en croissance?

Il est vrai que les ouvriers demandent aujourd'hui, un peu moins bêtement résignés qu'aux jours du bon vieux temps, la journée de huit heures, ce qui est simplement la distribution physiologique de l'existence humaine, nous disons dans la mesure quotidienne pour ne pas tuer les hommes. C'est bien savant pour vous, n'est-ce pas? Serait-ce enfin ce qu'on nous donnerait pour l'affaiblissement de l'effort physique?

Un résultat est cependant constaté : c'est que la journée de huit heures fournit autant de travail que de plus longues. Vouloir un plus grand nombre d'heures n'est que mauvaise administration, pour ne rien dire -— nous sommes sérieux — du massacre des hommes, dont on ne s'occupe guère. Même en ne tenant pas compte de ce fait, essayerait-on encore de prétendre que l'ouvrier, en ne travaillant que huit heures par jour, rendrait à l'année moins de travail qu'avec des journées de douze ou quatorze heures? Jusqu'à ces derniers temps il pouvait les faire ou en faire, nous parlons de la grande production: la consommation qui s'y rapporte n'était pas régularisée comme elle est arrivée à l'être. Le travail d'alors n'était pas sans répit; il était coupé plus souvent qu'on ne l'aurait voulu par des intermittences forcées, par des chômages qu'on n'a plus. L'ouvrier qui demande à présent la journée de huit heures pour un travail qui se poursuit ou qui s'est poursuivi jusqu'à ces temps derniers sans rémission, du premier janvier à la Saint-Sylvestre, ne réclame, comparativement à ce qui existait autrefois, ni une diminution de travail ni une élévation de salaire. Sa réclamation n'est que la voix du besoin naturel, qu'il exprime, sans plus de science, parce qu'il le ressent. Des prétentions qui s'obstineraient à ne pas lui faire droit ne reviendraient qu'à imposer le surmenage, excéderaient les forces humaines ; elles ne témoigneraient que de l'ignorance ou de la méconnaissance voulue de l'instrument naturel qu'on appelle à collaborer avec d'autres machines. Laissons de côté toutes ces âneries dont se paye, hélas ! l'imbécillité de nos contemporains. En attendant, il n'est pas démontré le moins du monde que les salaires des travailleurs soient réellement augmentés, pas plus qu'il n'est prouvé que l'effort physique du travail soit en diminution.

Le revenu perd, c'est trop vrai, par le fait de la déroute économique ; nous ne voyons pas, malheureusement, que le travail, au moins celui de la grande industrie, en soit mieux rétribué. L'intérêt de l'argent baisse ; les bénéfices du commerce et de l'industrie sont en baisse ; la rente de la terre baisse. On peut bien penser que les salaires sont

frappés comme le reste, encore plus que le reste.
— Au mendiant la besace ! Vérité, surtout si on
prend la masse du salariat. — Tout cela est lié. Ce
sont les résultats multiformes de la crise, « qui
n'est pas une crise ordinaire ». Voilà probable-
ment ce qu'établirait, si elle était faite, une enquête
sérieusement conduite. Peu nous importe. Jusque-
là nous ne serons pas tenté de bâtir nos horoscopes
sur les antithèses où sont mis en contre-partie le
capital, dont le revenu diminue, et le travail, dont
le salaire augmente.

Nous pensons avec M. Faure, qui est un homme
avancé, que la civilisation, comme elle s'intitule,
est maintenant à la veille d'une transformation
radicale dans son aménagement économique ;
nous sommes, autant que lui, persuadé que la gueu-
serie universelle ne laissera pas renaître vite ce
qu'ils appellent à l'Institut la puissance d'achat ;
mais nous ne voyons pas que la transformation
s'accomplisse en douceur, parce que les rentiers
verront sans cesse baisser leurs revenus, et les salariés hausser leurs salaires. Ce n'est pas ainsi que
l'égalité des conditions fonctionnelles, qui est dans
le monde la base unique de la justice, finira quelque
jour par s'y installer ; ce n'est pas ainsi que les
solutions prennent corps. Le monde brisera demain
les idoles métalliques dont il a trop longtemps
subi le prestige : il estimera pour ce qu'elle vaut
la ferraille qu'il ne cesse encore jusqu'à ce jour
d'adorer. Nous le disons sans être prophète ; mais

cela n'arrivera pas aussi imperturbablement que nous pouvons le dire. Quant à l'organisation de l'échange entre les peuples, au lieu du détroussement international qu'ils sont coutumiers de pratiquer, c'est encore une autre question. Nous voyons là une affaire politique et sociale, comme on voudra, beaucoup plus qu'individuelle. On nous parle d'une distribution de la richesse à opérer dans l'avenir, nouvelle et moins inique. D'abord, il s'agit de l'obtenir à l'intérieur de chaque société; ensuite, il s'agit d'instituer entre les différentes sociétés l'échange loyalement commercial ; nous n'y sommes pas. Chacun prendra la chose comme il pourra la prendre, mais il n'est pas douteux que, pour arriver tôt ou tard à ce qu'on veut prévoir, il ne suffira pas du jeu ordinaire des forces économiques. Vous aurez beau faire basculer l'offre et la demande, la surabondance ou la pénurie des bras, et l'appétence des besoins, la concurrence des capitaux et l'insécurité des placements, la facilité des transports et l'adaptation locale du sol, etc.

Nous n'avons plus, en ce qui nous concerne, qu'à indiquer sans ménagement les moyens par lesquels ce double résultat pourra être atteint, si l'on se place au point de vue qui est le nôtre, plus ample, croyons-nous qu'un autre.

En résumé de ce que nous avons dit jusqu'ici :

Des symptômes à part se produisent de temps en temps, au cours de l'histoire, qui annoncent la fin d'un chapitre et l'ouverture de celui qui va suivre. La crise économique avec l'enquête dont elle a été l'objet sont de ceux-là au premier chef. Le souvenir de ce XIXe siècle, dont nous arrivons enfin à voir le bout, restera comme celui d'une époque de transition désordonnée, de création violente et confuse, de matérialisme effréné ; siècle de mauvaise foi et de pillage, dégoûtant par-dessus tout le reste, c'est ce qui saisit d'abord, par son esprit de charlatanisme. Les découvertes de la science, ou, pour mieux dire, ses applications pratiques, sont venues trop subitement bouleverser les peuples. Ils se sont jetés avec fureur dans l'industrialisme ; les spéculations financières se sont greffées sur les entreprises du commerce, et le siècle n'a été qu'un long trente et quarante. A l'iniquité de l'exploitation traditionnelle s'est substituée la domination improvisée des joueurs servis par la fortune. Il nous faut à présent payer les frais de la bacchanale. Par où il est prouvé, une fois de plus, que le crime des pères, qui en sont quittes pour aller se coucher, est châtié sur leur descendance. L'observation n'est pas neuve. Les nôtres nous avaient échafaudé, en façon de château de cartes, une fantasmagorie. Nous en sommes aujourd'hui à l'écroulement. C'est l'évanouissement des mensonges, la fin d'un monde. — Sauve qui peut !

LES REMÈDES AU DÉSARROI SOCIAL. — MOYENS EMPIRIQUES PROPOSÉS

On ne manquera pas de nous demander quels remèdes à la situation nous entendons, nous aussi, proposer, car tout le monde en propose. Il est même curieux de voir comme les moyens mis en avant diffèrent d'un peuple à l'autre, et, chez le même peuple, avec les catégories professionnelles. Chaque tribu ou caverne a ses idoles, ne sachant rien de ce qui est à côté.

Un point doit être néanmoins retenu, sur lequel on s'accorde ; c'est, il est vrai, dans une commune ignorance. Les peuples « de la famille industrielle », puisque c'est l'expression, qui ont usé et abusé, non contents de s'entre-dévorer, en ce qui regarde ceux qui ne sont pas de la famille, s'accordent à ignorer une chose, qui est l'essentielle, étant le dessous de celles qui se montrent, étant le fond de tout. Mais ces choses-là, qui n'ont rien d'inaccessible puisque tout y converge, sont celles qu'on ne sait pas, parce qu'on ne veut pas les savoir. Ils ignorent donc que le monopole industriel, dont ils ont été investis, qui a fini par amener, comme terme aboutissant, la surproduction, ne pouvait pas durer toujours. Ils ont eu, sans l'avoir compris, leur époque dans la suite histo-

rique. leur rôle d'initiation. L'initiation est acquise,
l'époque est à bout. Les peuples initiateurs n'ont
pas eu en eux-mêmes, dans leur état d'incohérence d'où ils ne sont pas sortis, la capacité que
requéraient les entreprises dont ils sentaient le
besoin. C'est ainsi qu'ils se sont livrés, sans prévoir le lendemain, à la rapacité supplémentaire des
écumeurs de toutes rubriques. Les monteurs d'entreprises, qui n'avaient pour but que de faire leur
rafle au jour le jour, l'ont faite large autant qu'ils
ont pu, n'hésitant pas à engager l'avenir, qui n'était
pas à eux, et se retirant à mesure qu'ils ont senti
le terrain s'ébranler sous leurs pieds. Il y a donc
des années que la rafle est faite. Ce sont aujour-
d'hui les victimes de leurs aventures, ce sont les
peuples qui se trouvent en présence du désastre;
à eux de payer. Ils payeront de leur misère, avec
les vies humaines qu'elle supprime; il y passera
des millions d'existences; ils payeront longtemps.
Voilà pourquoi il ne s'agit pas d'une crise, comme
la science réglementaire qu'ils entretiennent à leurs
frais, à la dévotion de la piraterie qui s'est gorgée
sur eux et qui les gouverne, le leur dit par la
bouche de ses coryphées, et comme ils voudront
le croire; il s'agit d'une débâcle.

Nous qui ne sommes pas de la science académique, nous leur disons la vérité, qu'ils ne voudront pas croire; c'est notre emploi; nous ne
sommes pas là pour leur mentir. Nous leur parlons la bouche ouverte; on ne saurait leur parler

trop haut; quand ce serait la voix du tonnerre, ils ne l'entendront pas.

Voyons maintenant, quoi qu'il en soit, ce que les peuples proposent, à commencer par la France.

D'abord la Chambre de commerce de Paris. Elle nous donne la note de la haute pègre commerciale, du banditisme argyrocratique tel qu'il est chez nous. La Chambre de commerce attribue le désarroi à des influences multiples :

En premier lieu, à la surproduction, — c'est connu ;

Aux charges résultant de la guerre, et aux dépenses improductives de la paix armée, en même temps qu'à l'excès des travaux publics ; d'où la progression croissante des budgets. Les exigences fiscales écrasent le commerce :

A la crise qui a frappé les valeurs mobilières, à la propension aux affaires aléatoires (qui sont les jeux de bourse). — Oui, les autres affaires faisant défaut ; ce n'est qu'une conséquence ;

A la concurrence entre les produits de tous les points du globe. — Nous y voilà ; c'est d'où nous vient sur celui où nous sommes la surproduction, l'encombrement.

La Chambre des rapaces de grand vol demande en conséquence :

La stabilité gouvernementale ; — on sait ce que cela veut dire ;

La rigoureuse économie dans les dépenses publiques;

La constance d'un régime économique *libéral*, lisez : de libre-échange, au bénéfice des loups-cerviers. Exemple, ce sont eux-mêmes qui le spécifient, nous n'aurions pas osé le choisir : *La libre introduction des viandes d'Amérique*. Le cultivateur ne fait plus d'affaires que par la vente de ses bestiaux; mais il importe peu à ces messieurs de réduire à la misère le producteur agricole, celui qui fait la vraie richesse. Il leur faut être en état de soutenir la concurrence industrielle: par conséquent, produire à bon marché, maintenir à bas prix les salaires de leurs ouvriers, donner à ceux-ci les moyens de se nourrir pour peu de chose, la nourriture fût-elle mauvaise et même suspecte.

La concession à l'industrie privée — ce qui veut dire au monopole financier — de la construction et de l'exploitation des ports maritimes pour diminuer les charges budgétaires; tout l'opposé, pour le rappeler en passant, de ce que demandent les Américains. La piraterie économique ne perd jamais une occasion de faire sa main; elle entend se nantir dans la détresse du pays autant qu'elle se remplit dans sa prospérité. Comme si nous n'avions pas assez de la bancocratie et du brigandage de la voie ferrée! Cela se met aujourd'hui, pourquoi pas? sous l'étiquette de la liberté. O Liberté! que de crimes on commet en ton nom, et que de blagues on fait circuler!

Telles sont les conclusions des hauts monopoleurs.

Viennent ensuite les Chambres de commerce d'exportation, la Chambre des négociants commissionnaires, l'Union des Chambres syndicales.

Nous avons ici le sentiment de la flibusterie professionnelle : bédouins variés du négoce, courtiers, commissionnaires, intermédiaires des transactions avec les peuples étrangers, écumeurs internationaux.

Ceux-là trouvent exagérées, c'est-à-dire indiscrètes, les plaintes des commerçants. Il ne faut pas, disent-ils, laisser croire que la production nationale ne peut lutter contre la concurrence étrangère. C'est leur patriotisme à eux. Ils en sont pleins. Ils s'attacheront, aussi longtemps qu'ils pourront continuer leur écumage, à dissimuler le désarroi, à entretenir le chauvinisme commercial de l'esprit public, le somnambulisme de l'opinion, à prolonger sa fausse confiance, dût le commerce français en périr. Après eux le déluge !

« Il ne serait pas bon que la France, déclare l'Union des Chambres syndicales, fût un pays fermé. » — Pour ceux qui le disent, évidemment ; quant à elle-même, c'est chose à voir.

Les mêmes prélibateurs demandent « la protection de l'Etat pour les ouvriers ». L'expression est trouvée, il faut le reconnaître. Ce n'est pas contre les intérêts des patrons en position nécessaire de lutte avec ceux de leurs ouvriers, ce n'est pas pour obtenir aux hommes qui louent leurs bras l'élévation de leurs salaires qu'on réclame cette *protection de l'Etat*. On demande qu'il intervienne sur le marché de la main-d'œuvre avec toutes les forces de la nation, dont il dispose, pour réprimer les oppresseurs, ouvriers comme leurs camarades, qui se mettent, en jouant l'existence de leurs familles, à la tête des grèves. Encore une fois l'expression est caractéristique ; toute la tartuferie de l'iniquité bourgeoise est condensée dans cette antiphrase.

Ils osent enfin demander, pour ne pas laisser d'équivoque, « la suppression des quarantaines maritimes ». Ces gens-là ouvriraient à deux battants, pour que leurs coups de filets aillent vite, les portes de la France à l'invasion du choléra. Ce n'est toujours pas nous qui l'inventons. Il est, comme on le voit, impossible de les calomnier.

Ils n'en exploitent pas moins la France.

Gardons-nous enfin de négliger une manifestation significative entre toutes. Nous parlons du Congrès qui se tint à Paris au mois de novembre 1886, auquel prirent part les délégués de deux cent soixante-cinq chambres syndicales et sociétés industrielles ou de commerce, envoyés par quatre-vingt-cinq villes manufacturières de France. Le député dont nous suivons le travail signale avec raison l'importance de ce Congrès. C'est, en effet, la consultation de la France dans l'opinion de ses classes moyennes, celles qui sont réputées les plus intelligentes et les plus honorables, celles qui la mènent ; c'est, on peut le dire, le plébiscite de la médiocratie.

Du reste, les vœux formulés par le Congrès de 1886 diffèrent peu de ceux que nous venons de citer, rentrent dans les appréciations des chambres de commerce parisiennes. C'est dans la capitale qu'on fabrique en gros les idées, article de Paris, pour la consommation des départements, qui n'en produisent pas. Il fait bon voir qu'ils s'en pénètrent. Aucune énormité ne les offusque. Ils ne craignent pas, par exemple, de réclamer en toutes lettres, à l'instar des commerçants de la grande ville, qui peuvent après tout ne pécher que par ânerie, pour la libre introduction des produits alimentaires ; ils demandent spécialement, sans plus de vergogne, mettant le point sur l'*i*, *la levée de la prohibition qui frappe les viandes américaines*. C'est un comble. Si quelques-uns de ces malheureux finissaient, mangés vifs, par la trichinose, ils n'auraient, on peut le dire, que ce qu'ils méritent.

Décidément, nous sommes centralisés jusqu'à perfection de l'hébétement.

Il est ainsi bien entendu que les délégués de 1886 sont libre-échangistes, comme les boutiquiers de Paris. Les membres du Congrès se déclarent pour les principes des traités de commerce ; ils les admettent avec cette réserve qu'on leur demandera leur avis au point de vue technique.

Les vœux que nous rappelons ne sont autres,

jusqu'à présent, que ceux qui ont été adressés par le commerce des villes. Que nous prenions maintenant, par contre, passant des citadins aux producteurs campagnards, les demandes formulées dans ses réunions par la Société des Agriculteurs de France, nous pourrons constater que le caractère s'en montre complètement opposé ; aussi tous les comices d'agriculture sont-ils unanimes à réclamer un droit protecteur sur les blés d'importation. Une taxe de 3 francs par 100 kilogrammes leur est accordée en 1885, qui ne les satisfait pas. On dit pourtant qu'elle a diminué l'importation de moitié. Il n'en faut pas moins la porter, en 1887, à 5 francs. Ce sont toujours les mêmes Messieurs *du pain cher*, les protectionnistes intéressés, titulaires du sol, que la France vit jadis à l'œuvre, sous la Restauration et le régime de Juillet. Ces boute-en-train de la protection agricole ont derrière eux la masse des laboureurs qui labourent. Ceux-là ne sont pas inféodés au libre-échange. La taxation serait prohibitive, ils ne demanderaient pas mieux. Pour obtenir enfin, dans les conditions du mécanisme parlementaire, la première mesure, incomplète, qui leur a été accordée, il a fallu plus de six mois. Proposition faite à la Chambre des députés, remise à une commission, objet d'un rapport ensuite d'une discussion ; puis passée à l'état de projet de loi envoyé au Sénat, soumis devant lui à une discussion nouvelle, renvoyé à la Chambre et retourné au Sénat ; toute la procédure que l'on connaît. Bref, la question a été pendante assez de temps pour que le résultat n'ait été d'abord qu'au profit des agioteurs, — on l'aurait fait exprès, on n'aurait pas mieux favorisé leurs opérations, — en attendant qu'il bénéficie aux propriétaires du sol. Toutes les formes de l'argyrocratie se tiennent dans notre chère patrie. Quant à ceux qui cultivent son territoire, qui font l'existence du pays, c'est-à-dire dont les intérêts sont essentiellement le sien, ce n'est pas pour eux qu'on a voté la loi. S'ils arrivent quelque jour à posséder les garanties et les satisfactions qu'ils sont en droit de revendiquer, ils ne les auront que par le moyen d'une réforme de la législation concernant les baux et fermages qui la reconstruiraient sur un pied de justice et de bon sens. L'iniquité déclarée de ce qui existe est pour eux la grande cause de pénurie, plus que les pluies et les gelées qu'ils ont à contretemps et même que l'épaisseur de leur ignorance, qu'ils ont toujours. Elle est le grand obstacle à l'aisance du pays. Le point de départ de la reconstitution dont il éprouve le besoin serait dans cette réforme. C'est par elle seule que notre agriculture, qui accroîtrait sans difficulté d'un tiers en moins de dix ans le chiffre de sa production, sortira de l'état honteux d'insuffisance où elle se traîne. Toutes les mesures qu'on voudra prendre, qui ne sont certes pas à omettre, de protection douanière seront peu de chose jusque-là. Mais, dans l'état de parlementarisme qui est le nôtre, il faudrait

qu'un jour vînt où les hommes des champs, devenus maîtres de la situation, entreraient en majorité
dans les deux Chambres. On peut bien croire que
ce jour — heureusement, il faut le dire — n'arrivera jamais, que le régime ne survivra pas assez
longtemps. Cependant les argyrocrates de la terre
font les lois pour eux-mêmes comme ceux de l'industrie. Sauriens ou vautours, ils sont d'accord pour
s'entre-combattre. Leurs intérêts sont en conflit,
qui ne se produirait pas s'il était question de l'intérêt public, dont ils ont peu de souci.

Nous avons relevé d'abord les appréciations et
les vœux, pris au passage, qui nous ont paru carac-
téristiques. Nous constaterons cependant que les
moyens dont le commerce français propose l'application sont en général de second ordre ainsi que
les causes qu'il allègue. Chacun s'habille comme
il peut, à la largeur de ses entournures.

Il demande, par exemple, pour commencer, la
réduction des dépenses au strict nécessaire. De
même la réforme de l'impôt, dont on ressent universellement le besoin sans bien la définir. Il
demande la suppression des octrois ;

Il parle de mesures à prendre pour l'expansion
commerciale de la France à l'étranger : modifica-
tion correspondante du service des consulats ;
réforme du régime douanier dans les colonies, protection de la marine marchande ;

Il réclame pour l'intérieur contre les tarifs de
chemins de fer, contre le formalisme des douanes ;

Il réclame l'amélioration des voies navigables, etc.

Il est certain que toutes ces réclamations, dont il fait une salade, ne sont pas sans avoir, à différents degrés, leur importance. Il n'est pas douteux, par exemple, que les tarifs, dont il se plaint partout, des Compagnies de transports ne concourent pas à sa prospérité. Mais ces causes qu'il signale ne sont pas les causes essentielles et premières. Pour importantes qu'elles soient, elles ne sont, malgré tout, à mettre qu'au rang de celles que nous avons distinguées en les subordonnant, qualifiées d'accessoires ou adjuvantes.

On vient de voir les observations présentées par les divers organes du commerce français. Il manquerait à ce tableau un trait essentiel si nous omettions de signaler également le vœu unanime qu'ils ajoutent pour le développement à outrance de l'instruction commerciale. Disons, du reste, que les autres peuples qui participent à la production industrielle s'accordent à en demander autant. C'est le niveau de l'époque. Nous faudra-t-il admettre que cette réclamation universelle exprime bien en réalité, qu'elle exprime du moins partout l'insuffisance, dont on se plaint, du personnel commerçant ? Ou sa principale signification ne serait-elle pas plutôt, à bien la prendre, d'attester la complication croissante, l'énormité bientôt surhumaine des exigences qui accablent de plus en plus le commerce extérieur, le surmenage qu'il s'impose à l'aveugle en se préparant à l'aggraver toujours, la prétention irraisonnée qu'il a de poursuivre, au prix d'efforts de plus en plus excessifs, une tâche qui en arrive à se déclarer impossible ? En d'autres termes, ne faudrait-il pas voir essentiellement dans la réclamation que nous constatons une réfutation par l'impossibilité, par l'absurde, à l'adresse du système admis de tradition et de routine par notre commerce européen, qui s'obstine, refusant de s'avouer que ses conditions de trafic sont effondrées, à vouloir prendre la lune avec les dents ? Il y aurait apparence d'admettre cette dernière interprétation quand on voit un pays comme l'Angleterre, qu'on nous donnait pour le modèle de l'aptitude commerciale, reproduire à cet égard les vœux formulés par la France, qui n'a pas mérité les mêmes éloges. Les Anglais demandent aussi bien que nous le perfectionnement technique, traduisez : l'extermination par surmenage de la génération qui vient.

Tas d'imbéciles !

Struggle for life, la lutte pour la vie, expression brutalement inepte, éloquente, il faut le reconnaître, dans sa bestialité, mise en crédit par le mercantilisme britannique à l'usage du mercantilisme cosmopolite, qui fait chorus admirativement. Car tel est bien le dernier mot, il ne voit pas, au-delà de l'esprit bourgeois, sa conception suprême : le désordre sans frein, dit autrement le régime de la concurrence, l'aléa incessant de l'agiotage ; la déprédation meurtrière, qui est l'ordre — ou la forme civilisée du cannibalisme, c'est tout un pour eux, — chez nos peuples perfectionnés ; c'est-à-dire la lutte affamée, haletante, sans choix des moyens, sans vergogne, la bataille des fauves, à belles griffes, à belles dents, sans trève et sans quartier. Malheur à ceux qui tombent dessous ! *Struggle for life;* hourrah !

C'est en vue de cette compétition d'animaux féroces, dont nous ne voudrons pas donner notre part, que nous nous mettrons en quatre, pour nous faire succéder ensuite, sans comparaison à notre désavantage, par une jeunesse d'éreintés, surchargée d'instruction-fatras, autant que celle d'autrefois était chargée de latin, hébétée, exténuée, fourbue par les cultures forcées de l'enseignement commercial, auprès desquelles auront été peu de chose les bahuts, qui ne sont toujours pas fermés, de la décadence universitaire. Ce résultat ne tardera pas à se produire, étant tout à fait dans les tendances de l'esprit qui raisonne ou qui commence à raisonner, à quoi se met le nôtre. Il est, dit-on, indispensable, pour tel objet qu'on spécifie, de savoir ceci, mais il n'en serait pas moins utile de connaître cela, et il ne serait pas non plus de trop d'apprendre encore, etc., etc. Car on ne s'arrêtera pas : les programmes seront chargés à l'infini. Sans doute il est parfaitement vrai que tout peut servir à tout ; est-ce donc à dire qu'il faut apprendre, pour n'être pris au dépourvu, ce dont on n'aura

peut-être jamais une fois dans sa vie l'occasion de
se servir? Ce raisonnement, qui est à proprement
parler celui de la cuistrerie, mène tout droit,
comme nous l'éprouvons, à ses plus piètres conséquences.

Ainsi fera-t-on pour les études commerciales
comme, avant elles, avec ce qu'on appelait assez
drôlement les humanités. Toujours le même procédé de surmenage, où il est tenu compte de tout,
excepté de l'homme lui-même, fait de chair et d'os,
qui vit et qui travaille ; toujours la fausseté algé-
brique des abstracteurs qui furent nos grands-
pères, dont l'empreinte est restée sur tout le bric-
à-brac qui nous vient d'eux. Mais nous n'avons plus,
nous, à croire que l'intelligence acquiert son développement, à part du reste, par les procédés de
serre-chaude, mathématiques, polytechniques, tout
ce qu'on voudra. L'instruction et l'éducation qui
ne sont pas des mensonges, la théorie et l'œuvre
doivent marcher de pair.

Voilà pourquoi le seul principe de la pédagogie,
qu'elle devrait pour tout objet qu'elle se propose
ne jamais perdre de vue, n'est autre que l'*apprentissage*. On est apprenti pour arriver à passer
maître : on devient forgeron en forgeant : il n'y a
pas à sortir de là.

Il est vrai de dire qu'aucune époque ne l'a
autant méconnu que le siècle charlatan qui est le
nôtre. C'est ainsi que sa pédagogie est arrivée à
n'être, à force de se perfectionner, que le plus

ridicule des batelages. Nécessité sera d'en revenir, lorsque les choses iront dans leur ensemble à peu près comme elles doivent marcher, à la voie naturelle d'où on est sorti. On oublie cependant que toute la science, dont chacun a réellement besoin, est, en résumé, de savoir vivre. C'est précisément ce qu'on néglige, tout ce qu'apprennent le moins les jeunes gens dans les fabriques où on les chauffe. Vous aurez beau apprendre à nager sur le parquet de votre chambre, on nage, si on en est capable, quand on est dans l'eau. C'est en exerçant un métier qu'on s'y adapte. La société dans laquelle vous êtes condamné à vivre, sans avoir été consulté, vous en doit les moyens. Quand vous les posséderez, quand vous aurez le bagage élémentaire qu'ils constituent, vous irez aussi loin, sachant comme un autre lire, écrire et compter, que la nature et le sort voudront vous le permettre. La société a fait pour vous ce qu'elle avait à faire en vous donnant de quoi tout savoir. Ceux qui sont venus avant vous sont là pour vous transmettre ce qu'ils ont reçu ; il y en a de toutes les robes. Les moyens ne vous manqueront pas sans que l'Etat se substitue, ici comme ailleurs, aux initiatives des groupes et des individus pour tuer l'âme du pays. Jurisconsulte ou charpentier, vous passerez par l'apprentissage ordinaire de votre profession et vous exécuterez le chef-d'œuvre ; vous serez admis, s'il est reçu pour valable, dans la corporation que vous appellerez, si vous l'aimez mieux,

d'un nom moins vieilli, n'étant remparée du mur
d'un privilège, la Société syndicale. — A moins de
vous faire vous-même, ce qui est peu à supposer. —
Nous ne sommes plus au temps où villes et châ-
teaux devaient se tenir fortifiés contre les preux
ou les routiers ; les formes changent avec les
temps. Le privilège, sous toutes les rubriques dont
il a pu s'envelopper, tire à sa fin, autant celui
de l'État qui ne vaut pas mieux que ceux des
sociétés privilégiées. La diversité des fonctions
n'importe : elles s'entre-valent. rouage ou piton. par
nécessité de contexture dans le jeu total de la
machine. Telle est l'idée sommaire, que nos intelligences dévoyées n'accepteront pas facilement. de
l'instruction générale et professionnelle dans l'état
d'organisation républicaine. Cette idée a pour
base le fait de l'apprentissage constaté. soit comme
il est plus usuel, par le jugement d'une corporation
dont vous devenez solidaire, soit: à son défaut.
par celui du public lui-même. Au pied du mur on
voit le maçon. Toute autre qu'on voudra introduire
ne sera jamais. sous le pédantisme dont elle se
revêtira. qu'un truc d'usurpation monopoleuse au
bénéfice des classes nanties. Il n'existe pas. blague
à part, deux façons d'apprendre et de prouver
qu'on est recevable à la maîtrise dans une profession. et s'il en est une qui soit à donner comme
exemple de ce que doit être l'instruction réelle.
c'est assurément le commerce.

On n'improvise pas en trois ans les connaissances

qui demandent trente années de travail assidu, que l'expérience contrôle à mesure et dont la réflexion cimente les leçons quotidiennes. Ce qu'on supplée le moins, c'est le temps. Les livres, qui contiennent tout, ne sont lisibles, à vrai dire, que pour ceux qui les feraient s'ils n'existaient pas. Les hommes ne sont pas mis au monde — n'en déplaise à ceux qui le croient, qui croient à l'enseignement intégral du Positivisme — avec des casiers dans leurs têtes pour y loger des bibliothèques. La réceptivité de l'intelligence humaine a son amplitude limitée ; elle n'est pas à la mesure de quatre charretées de mémoire et d'encyclopédies. La limite de l'esprit, c'est-à-dire spéculatif, est dans la multiplicité du détail, lequel est justement le domaine de la pratique. On peut penser tout ; on ne pense pas à tout. En attendant, ce n'est pas la peine d'apprendre verbalement ce qu'on est sûr de ne pas garder si on ne le réapprend pas tous les jours par la nécessité d'un continuel usage. L'esprit pratique voit à quinze pas devant lui, vite et nettement ; il y va, voit quinze pas plus loin, verra de même tant qu'il marchera. Il faut avant tout qu'il soit leste ; c'est l'essence de l'esprit commercial. Son champ d'activité déborde, pour étendue qu'elle soit, celui de la théorie. Elle ne fera, sous prétexte d'instruction, que l'alourdir du poids de ses fatras. Il n'a besoin pour marcher d'être tant chargé de science : il n'en ira pas mieux ; on peut même croire qu'il en ira plus mal. À chaque jour, vous dira-t-il, suffit sa peine.

Le seul qui sache tout, c'est tout le monde.

Ces vues de bon sens trop simple ne sont pas transcendantes. Il semblerait qu'il n'est pas difficile de les saisir et de les appliquer. Il semblerait qu'il n'est pas trop tôt, que nous sommes assez longtemps restés dans les feux de Bengale, qui nous ont mal conduits. Mais les choses ne se font pas autrement : le tourne-broche de l'histoire s'y oppose, qui ne veut pas que rien arrive dans le monde à prévaloir de tant soit peu raisonnable avant que toutes les formes de l'erreur, pour laquelle est fait l'homme, soient successivement épuisées, amenées à bout, il ne faut pas dire de réfutation, mais de possibilité. C'est pourquoi les civilisations d'Europe ne se feront pas faute de passer encore par ce que nous appelons le surmenage de l'enseignement commercial jusqu'à ce que leur trafic d'exportation ait achevé d'en mourir. Alors enfin il leur faudra renoncer à marcher quand même dans l'ornière des faussetés.

Nous avons devant nous une alternative posée : ou accomplir sur le type de l'apprentissage professionnel, dont le modèle est naturellement dans les conditions du commerce, toute la réforme pédagogique ; ou, tout au rebours de ce que le bon sens prescrit, l'instituer entièrement, à commencer par l'enseignement commercial, d'après les trucs, aussi connus que décriés, de l'instruction classique avec ses lycées, ses bahuts, ses manuels, ses collages blaguologie sur toute la ligne. Comme le derni

procédé est tout à fait contre nature, à l'avenant
de notre esprit faussé par le régime des fictions,
il y a lieu de croire qu'il sera préféré. On ne finira
par en revenir au naturel que bien après, lorsqu'il
aura fallu renoncer, forcément, le plus tard possible, à celui qui ne l'est pas, usé, jugé et condamné
après qu'il aura fait tout le mal qu'il est appelé à
faire. Ainsi va le monde. A moins qu'on ne veuille
dire alors qu'on doit au même procédé d'avoir fait
plus de bien que de mal en achevant de tuer, ou y
aidant, notre commerce au dehors. C'est là une
question différente, qui n'est pas mûre pour le
quart d'heure.

Nous aurons eu, avant d'en venir là, un baccalauréat du commerce. Nous n'en avons pas assez
d'autres : baccalauréat d'enseignement secondaire,
spécial, idem ès sciences, idem ès sciences restreint,
idem ès lettres, scindé en baccalauréat de philosophie et baccalauréat de rhétorique ; sans parler
des Écoles du Gouvernement. Tout le monde aura
au moins un bouton de cristal. On dit qu'il y a
déjà en Chine, à moins que ce ne soit moins loin,
quelque chose comme soixante mille titulaires de
ce genre. Forte génération ! Mais nous ne tarderons
pas à éprouver, hélas ! qu'il faut plus fort ; nous
agirons en conséquence jusqu'à la perfection du
mandarinisme.

Il y aura un baccalauréat du commerce, pourquoi pas une licence, pourquoi pas une agréga-
tion ? Et dire que nous avions cru être au bout de

la cuistrerie ! Un moment arrivera, nous y sommes presque, où, pour voir la complication lilliputienne qui sera la France, il faudra prendre le microscope.

Il y aura des grades commerciaux, il y aura une matière commerciale comme il y a une matière médicale, dont les candidats du négoce devront bourrer le grenier à fourrage qui sera sur leurs épaules. On prétendra cataloguer dans leurs boîtes osseuses la flore et la faune du monde entier. Dieu les assiste et nous aussi !

Ces diplômés du calicot, — où êtes-vous, ombre archaïque de Gaudissart ? — parleront trois ou quatre langues, posséderont sur le bout du doigt tous les aunages d'Europe et nombre d'autres, connaîtront les changes étrangers à 247 pour 100, seront censés savoir convertir à livre ouvert les factures de roubles en douros. Ils auront absorbé, réglementairement, pour les rendre au plus tôt, en plus ou moins décente façon, devant un jury d'examen, toutes les fariboles alambiquées, toutes les charades oiseuses, comme tous les programmes en sont farcis, que l'esprit ne retient pas, dont on n'a, par le fait, jamais l'occasion de faire usage, que ne savent pas les fabricants eux-mêmes qui établissent les appareils, qu'on ne perd pas son temps à apprendre quand un travail sérieux l'occupe ; ils seront certifiés sur parchemin officiel personnifier ambulatoirement le contenu de trente dictionnaires ; ils auront sur eux l'estampille du

byzantinisme contemporain, le sceau de la pitre-
rie académique; ils seront gradés comme on
l'est aujourd'hui dans l'Université, ligaturés
authentiquement dans la toile d'araignée qu'elle
met sur le pays. En suite de quoi ils ne tarderont
pas à s'apercevoir qu'ils ne sont pas pour cela de
grands commerçants, qu'on ne fera pas en fabrique,
à l'instar des articles qu'ils auront à vendre. Ces
pauvres garçons ne seront pas, en définitive,
capables de répertorier un copie de lettres;
l'exemple n'est pas fantaisiste autant qu'on le croirait. L'Union des Chambres syndicales de Paris a
déjà fait cette remarque au sujet des Écoles commerciales du Gouvernement : « Les élèves qu'elles
produisent, en y apprenant tout, coûtent trop
cher, et ne savent rien. » Le commerce, vu dans sa
conception générale, est en effet quelque chose
de trop encyclopédique, par conséquent de trop
vague; pris, au contraire, dans sa réalité pratique,
il comporte un nombre trop grand de spécialités
trop distinctes, dont les apprentissages se res-
semblent comme le four et le moulin. En somme,
nos estampilles de la nouvelle instruction commerciale seront de force, précisément, à se faire rouler
sur tous les marchés du globe.

Nous l'espérons.

N'importe! Les Français, paraît-il, ont encore
besoin de passer par cette expérience; ils y passeront; mieux leur vaudrait prévoir sans la faire,
comme il n'est pas difficile de le prévoir, le résul-

tat qu'elle donnera. Nous aimons du moins à penser qu'elle en finira une bonne fois avec leurs prétentions saugrenues d'expansion commerciale. C'est tout ce qu'ils pourront en tirer de plus heureux, au-delà de leurs mérites.

Nous ne sommes pas, comme on a pu voir, de ceux qui voudraient méconnaître que les nécessités croissantes du haut commerce, de l'échange international, arrivent à en faire quelque chose d'extravagant à force d'être compliqué : nous ne pouvons trop le redire. Ceux-là, s'ils sont honnêtes, deviennent vraiment à plaindre qui auront à gagner le pain de leur vie dans l'exercice de cet infernal métier, et les peuples qui pourront entrer le moins dans le tourbillon commercial devront se regarder comme heureux. Cette promiscuité des nations dont s'est infatué, en partie naïvement, le xixe siècle, où nous sommes, en arrive aujourd'hui à se montrer ce qu'elle est, une utopie fallacieuse, en déguisement d'une conspiration d'écumage universel, dont la surprise touche à sa fin.

Mieux nous vaudra la mort de notre commerce extérieur, qui ne tardera pas.

En résumé, nos gens de négoce tournent le dos, on peut le dire, avec aussi peu de scrupule que de clairvoyance, à la solution nationale qui mettrait le bien du pays avant les intérêts des différentes cavernes qui lui sont substituées. Leur but est autre, de portée plus courte. Ils demandent le surmenage de la jeunesse appelée à faire le commerce de l'avenir en même temps que la réduction du salariat, qui doit l'alimenter, à la misère permanente érigée par eux en système; hébètement de l'esprit d'un côté, énervement physique de l'autre; double extermination. Ils demandent le secours de l'État, accoutumés qu'ils sont de l'avoir à leur service pour maintenir oppressivement dans les mêmes conditions arriérées d'insolidarité les producteurs manuels dont les premiers essais d'entente les alarment. Ils demandent l'épuisement infructueux de nos ressources par l'exagération des sacrifices qui devraient être, à les entendre, accordés au développement de notre marine, laquelle grève déjà trop le budget. Ils demandent l'expansion commerciale par tous les moyens, la diffusion coloniale à tout prix, les débouchés à tous risques. Ils s'inquiètent peu si les aventures dans lesquelles sera ainsi jetée la France ne finiront pas par la tuer. C'est le moindre de leurs soucis; trop ininstruits sont-ils pour y prendre garde; ils la vendraient vingt fois pour le placement de leurs cotonnades.

Voilà donc les moyens que notre commerce propose de mettre en œuvre; c'est-à-dire, sans nous arrêter sur le côté qu'ils comportent d'arbitraire inique, tout ce qui est le plus coûteux pour le moindre profit, tout ce qui offre le plus de chances de revers, tout ce qu'il y a de moins conforme aux ressources naturelles de la nation française, aux conditions actuelles qui lui sont faites, comme aux aptitudes qui sont les siennes, à sa tradition historique, à son génie. On veut prendre les bœufs aux charrues pour les mettre à courir la poste. En vérité, tout cela est trop bête, nous voulons dire trop spécial, pour employer un mot honnête. Ceux qui le réclament et qui le réclameront sont à perpétuité, notons-le, puisque l'occasion nous en est donnée, les ennemis incurables de la nation, qui est avertie une fois de plus de les avoir en défiance. Mais que voulez-vous que demandent des Chambres de commerce ? On ne s'attendra sans doute pas à ce que ces notabilités du comptoir aient perdu leur temps, qui est, comme ils disent, de l'argent et qui n'est pas autre chose, à meubler leurs cervelles d'idées économiques, politiques, logiques, philosophiques et morales ?

Si nous passons maintenant aux pays étrangers, nous ne voyons pas que leur commerce, à en juger par les vœux qu'il formule, se montre plus valable que le nôtre. Nous constaterons, par exemple, que ceux de l'Angleterre, qui peut servir de type, sont à peu près les mêmes qu'émettent chez nous nos commerçants. Les siens demandent qu'on prenne toutes les mesures pour abaisser le coût de la production, pour que la cherté de la main-d'œuvre soit réduite autant que faire se peut. C'est plus franc que « la protection de l'ouvrier contre l'oppression des grévistes » ; comme nous sommes une société plus avancée, nous le sommes surtout en hypocrisie, qui est le plus clair de la civilisation. Au fond, cela revient au même, à ce qu'on affame les producteurs salariés pour tenir tête aux concurrences étrangères. S'il y a des faméliques sur les bords du Rhin, il faut qu'il en soit de même partout, déclare l'orthodoxie économique, pour faire partout les affaires des usiniers. Cette société anglaise, qui a vécu de l'industrialisme et qui en mourra demain, ne sait que réclamer de toutes parts l'industrialisme à outrance, la surchauffe des usines, la navigation commerciale à toute vapeur, la recherche forcenée des débouchés, le surmenage du commerce, tout à fait comme chez nous. La dépravation hébétée de cette oligarchie du trafic est la même des deux côtés de l'eau. Elle ne trouve pas le désastre assez complet, assez ruineux ; elle n'est pas assez engagée dans les faussetés dont il est le dernier résultat.

Les commerçants de l'autre bord de la Manche se perdent également dans les détails, tarifs de chemins de fer, etc. Ils lavent aussi la tête à leurs agents consulaires, tant vantés, comme cela se fait toujours, par nos gens de la boutique en face. Ils réclament la création d'un ministère du commerce, comme nous d'un conseil supérieur.

Du reste, leur incivisme vaut celui des nôtres. Ils entendent que l'État les serve et lui rende le moins possible.

Tout cela est assez court de vue, comme il l'est chez nous. On peut conclure que ce peuple, qui s'est enfermé spécialement, trop huguenot pour faire autre chose, dans les préoccupations de l'existence matérielle, n'en est pour cela plus grand économiste.

La différence la plus saillante est que l'Angleterre ne fait pas appel au pouvoir, au *Roi*, autant que le fait la France, qui n'a pas cessé d'être, sous son étiquette républicaine, le peuple monarchique entre tous.

Quant aux appréciations des autres sociétés industrielles, nous avons eu déjà, en passant, l'occasion d'en dire quelques mots. Elles ne sont pas non plus de portée plus haute. Nous nous bornerons, pour ne pas nous attarder là-dessus, à constater que les peuples, comme ils sont à jamais incapables de rien comprendre, n'ont effectivement rien compris *à la leçon des événements*, si nous usons quand même de l'expression reçue. Il n'y a pas de leçons pour eux. Ils ont senti les causes de second ordre qui les ont touchés de plus près, où le bât les a blessés, qu'ils ont par conséquent surfaites. Quant à l'ensemble, il est resté pour eux à jamais inintelligible. On peut croire qu'ils ne retomberont pas dans les mêmes erreurs; ce ne sera pas par ce qu'ils ont appris. La France, pour ne citer que son exemple, n'entreprendra sans doute pas de sitôt sur un autre point du globe, en vue d'ouvrir des débouchés à ses commerçants, une nouvelle Tonkinade. Son budget ne le lui permet plus. Ainsi va le progrès, qui n'est pas une expression de rhétorique.

Il semblerait pourtant qu'un peuple soit pour le quart d'heure à excepter, lequel sort, il est vrai, d'une filière à part. Nous trouvons plus de souffle social dans les conclusions qui terminent l'enquête suivie aux États-Unis d'Amérique. Il paraît qu'on y ressent mieux qu'ailleurs le besoin de faire un pas vers un ordre de justice qui n'est jusqu'à présent nulle part. En conséquence, les objets recommandés à l'attention du législateur sont les suivants : outre la répression du pillage financier, qu'il opère directement sur les subsistances ou sur les transports, les enquêteurs invitent la législature à développer l'instruction professionnelle ; à répandre le principe de la participation aux bénéfices ; à introduire l'arbitrage dans les conflits entre patrons et ouvriers ; à constituer en un mot l'organisation des forces industrielles. Tels sont les vœux qu'exprime le bureau de Washington. C'est, il ne faut pas le méconnaître, une réédification de la société sur des bases absolument neuves. Il y a là comme un pressentiment de mutualisme.

Pour finir en deux mots :

Nos commerçants et nos industriels, au point de vue du positivisme bourgeois où ils sont placés, n'ont rien trouvé de mieux, pour conjurer la crise, que le surmenage du commerce et de l'industrie, surmenage sous toutes les formes, pratique et intellectuel. Le procédé peut avoir une valeur comme expédient transitoire, mais il n'a en rien le caractère d'une solution définitive.

Maintenant que nous avons passé en revue, sommairement. ainsi qu'on vient de le voir. les constatations réunies par l'enquête industrielle en France et ailleurs, dans les différentes professions, il nous sera permis de nous arrêter ici quelque peu pour préparer la solution que nous réservons. nous aussi. d'apporter. Si donc il n'y a pas autre chose à entendre par les remèdes à la situation. nous croyons en effet qu'on a proposé tout ce qu'il était possible de proposer. Nous ne nous donnerons pas pour capable de trouver mieux. Les spécialistes compétents. qui le sont. sans aucun doute. plus que nous, ont eu essentiellement pour objet le soin de leurs existences particulières, enveloppées dans le désastre où tout est noyé. C'est naturel. Mais on ne fera pas sortir de ce chaos, dans lequel se heurtent les préoccupations étroites et les compétitions iniques. la vérité dont le pays a besoin pour vivre. Le point de vue où nous nous plaçons n'est pas le même que de la part de nos contemporains. Nous les avons trop vus à l'œuvre ; nous avons leur mesure. Notre conviction. qui n'est pas improvisée. est qu'il n'y a rien de bon à en faire ni à leur faire. Toute notre politique est d'attendre. Elle aura son accomplissement et sa confirmation, sans qu'on ait eu l'idée, au goût de l'époque, de les interroger, comme on l'a fait. au sujet de la démarinade économique. Le résultat de l'enquête aurait été moins instructif s'ils avaient répondu aux questions qui leur étaient posées.

En résumé de ce qui précède, on a interrogé les peuples au sujet de la crise exceptionnelle dont ils sont victimes. Les peuples ont répondu ce qu'ils étaient capables de répondre, ce qui était à prévoir. Les peuples ont parlé comme les chevaux d'Achille, comme l'âne de Balaam, comme ils parlent toujours. Ce n'est pas leur faute si leur réponse est nulle. On veut leur supposer ce qui n'est pas en eux, une âme intelligente, une science et une prescience avec lesquelles ils n'ont rien de commun. La vérité est que les peuples sont faits pour souffrir; ils ne le sont pas pour comprendre. C'est justement pourquoi ils souffrent depuis si longtemps.

Rien ne pouvait mieux discréditer la prétendue raison des peuples, balayer les plus péremptoires mystifications de la démolâtrie. Rien ne pouvait mieux attester les conditions anti-organiques d'incohérence où nos sociétés sont plongées, l'insolidarité profonde qui les dissout. Rien ne pouvait mieux montrer à l'œuvre l'ignare égoïsme, la perversité obscure, la foncière immoralité par où le personnel de leurs bourgeoisies, avaleurs nés, propagateurs intéressés des bourdes argyrocratiques, est réfractaire d'instinct autant que de calcul à tout esprit sincère de sociabilité. Rien ne pouvait mieux rendre sensible, nous disons pour les yeux voués le plus obstinément aux lunettes roses, pour l'optimisme le plus robuste, ce que les hommes valent, en exhibant à nu leur essentielle iniquité,

leur dureté de cœur, auxquelles ne sont comparables
que leur entêtement de routine, leur parti pris
d'irréflexion, leur tendance hébétée à se perdre,
faute de conceptions d'ensemble, dans le détail des
causes, qu'ils mettent pêle-mêle, grandes ou
petites, sérieuses ou puériles, au même plan. Rien
ne pouvait mieux faire voir combien sont peu res-
pectables pour les esprits qui se sont faits ailleurs
qu'en bouteille les oracles des plus imposants spécialistes, souteneurs traditionnels de toutes les
sottises, revendicateurs de tous les abus, Josses de
toutes les orfèvreries.

On peut avec cela se rendre compte de ce qu'il
est reçu d'entendre par les remèdes sociaux ; offi-
cine particulière, thérapeutique *sui generis*. Les
moyens dont elle use, qui ne peuvent même pas
s'appeler des palliatifs, ne sont à vrai dire que des
échappatoires, des subterfuges empiriques. La
preuve nous est trop amplement donnée dans ce
qui précède.

La nature tend toujours au mieux quand les
choses vont bien ; elle ne sait que les pousser au
pire quand elles vont mal ; *vis medicatrix naturæ*.
Il n'en va pas différemment pour les individus et
pour les peuples. C'est le procédé de l'esprit instinctif, celui qu'emploient tous les n'importe-qui,
gens d'État ou de comptoir, qui se mêlent de traiter les nations. Tous ensemble, pris en bloc, ils
savent tout, ce n'est pas douteux ; isolément, chacun sait sa partie, ce qui revient à dire, ou autant

pour la circonstance, qu'ils ne savent rien. Les
Egyptiens d'Hérodote exposaient leurs malades
aux portes ; chaque passant donnait son conseil.
C'est à peu près l'histoire, qui ne date pas d'aussi
loin, de notre enquête sur la crise. Les guéris-
seurs zélés, dont elle a recueilli les consultations,
n'ont pu parler qu'en médicastres d'autant plus
disposés à ne douter de rien qu'ils n'ont pas la
première idée de l'organisme livré à leurs médica-
tions. Ils ne font, eux aussi, que celle des symptômes, appliquant leurs recettes ; ils ne vont pas,
nous l'avons vu, au principe du mal. On dirait, au
contraire, qu'ils n'ont pris à tâche que de l'entretenir, de le prolonger le plus qu'ils peuvent jusqu'à
ce qu'il se termine en queue de poisson. Car il ne
s'agit pas pour eux d'instituer sur des bases de
raison et de justice la prospérité publique. Il s'agit,
tout à l'opposé, de repêcher quand même, par
pièces et par morceaux, les intérêts à la dérive,
qui ne sont pas ceux du pays, qui sont, au rebours
des siens, ceux de la déprédation qui vit sur lui,
multiples et disparates. Le reste ne compte pas.
Ainsi les sauve-t-on d'âge en âge ; on les reprend
au fil de l'eau ; on les retape tant qu'ils peuvent
durer. C'est bien là le fonctionnement qu'on peut
appeler normal de l'humaine intelligence, qui lui
répond naturellement. Il est de fait que la plupart
de ceux-ci, qui sont réputés s'en servir, la mettent
surtout en œuvre dans l'ordre des faussetés. C'est
là qu'elle se complaît. Elle trouve, paraît-il, de

préférence, dans la complexité sans fin des questions argutieuses dont foisonnent les situations, traditionnellement héritées, qui portent à faux, l'aliment que réclame sa forme native d'activité. Tel est sans doute l'esprit de notre époque, le petit esprit de toutes les époques : mais c'est ainsi que les hommes procèdent généralement depuis qu'ils existent. Ils ne s'évertuent et n'avancent que dans le sens du mal, vers la perfection du mensonge, suivant la voie où le sort les mit en marche aux débuts de leur existence. Ils vont devant eux dans leur ornière. D'où résulte cette platitude qu'ils nomment emphatiquement la Civilisation. Ils l'ont pour l'ordinaire à peu de frais d'esprit, sauf les sophismes dont ils la compliquent. Sous le prétexte de remédier aux malaises dont ils sont censés opérer la cure, ils ne savent, de siècle en siècle, que pousser les choses au pire. Ils tireront sur la corde jusqu'à ce qu'elle se rompe ; c'est le bout de leur science. A preuve, encore une fois, les spécimens qui nous sont offerts par l'Enquête industrielle. Vieille est l'infirmité autant que l'espèce elle-même. *De principiis non est disputandum.* A quelle sauce voulez-vous être mangés ? Ne sortons pas de la question. Nous en sommes toujours là. Jamais le taureau n'est pris, comme on dit, par les cornes.

Et puis on est conservateur ou on ne l'est pas. Le programme est de résoudre les charades sociales sans donner dans le socialisme, de faire l'omelette,

c'est bien de l'époque, sans casser d'œufs ; voilà
où il faut du talent ! Ils la font, hélas ! comme ils
peuvent la faire ; ils ne donnent pas dans le socialisme : ils n'ont garde ; ils ne savent même pas ce
que ce peut être : ils ne s'en informeront pas. Que
veut-on de plus ?

Bien que fructueuse à d'autres égards au-delà
de ce qu'on s'était proposé, plusieurs causes ont
fait empêchement aux résultats qu'on avait pu
espérer de l'enquête. Elle a été rendue illusoire
sous le rapport de la médication économique par
les arrière-pensées personnelles des enquêtés
autant que par leur ignorance ; par la limitation
boutiquière de leurs idées, le quiproquo entre le
salut du pays et celui de leurs situations, qui sont
leur horizon du monde ; par l'atmosphère de fausseté qui les imprègne, par leur indécision d'esprit
et leur pleutrerie de caractère.

LES REMÈDES A LA DÉSORGANISATION ÉCONOMIQUE
D'APRÈS L'INDICATION DE SES CAUSES

Si maintenant nous devons indiquer, nous aussi,
tels que nous les concevons ou plutôt comme nous
prévoyons qu'ils se feront jour avec le temps, les
moyens pour sortir enfin du désarroi économique,

nous les indiquerons en reprenant une à une les causes générales que nous avons précédemment déterminées. Quand les causes n'existeront plus, les effets qu'elles ont produits auront en même temps disparu. Il n'est cependant pas à prévoir que l'initiative des hommes fasse désormais pour ce résultat plus qu'elle n'a fait jusqu'aujourd'hui. On pourrait même croire au contraire qu'il est dorénavant trop tard. La force des choses, qui ne recule devant rien, en faisant tout aussi dérisoirement que possible, comme c'est le train du monde, se chargera de la besogne. Ce n'est même pas à un autre point de vue que nous voulons prendre la question. Nous ne nous amusons pas, n'ayant pas d'illusions sur leur efficacité, à donner des conseils; bien plutôt nous attachons-nous à établir des prévisions, où les hommes comptent pour ce qu'ils valent.

Nous avons mentionné antérieurement, comme causes générales de la déconfiture, le surmenage effréné de la production manufacturière, l'épuisement dû au règne de l'agiotage, le bouleversement apporté par le fait de la guerre. A quoi sont opposables comme contre-partie la conversion de l'activité productive, la suppression du brigandage financier par la constitution de l'harmonie économique, l'armement du pays en masse pour endiguer la sauvagerie belliqueuse ; en deux mots, la Justice et l'Ordre. Nous avons à passer en revue, l'un après l'autre, chacun de ces différents moyens.

La première cause que nous avons relevée est la surproduction de l'industrie. La solution décisive contre la masse de cette surproduction serait sans doute, ni plus ni moins, de fermer les usines, comme nous les voyons, en effet, se fermer tous les jours. La solution serait ainsi d'en revenir, sans plus de malice, au travail des charrues. Mais ces choses-là ne se font pas du soir au lendemain. Pour avoir dans une société la transformation, qui s'impose, de son activité productive, un passage est à ménager autant que possible, quand les hommes ne sont pas assez dilués dans le gâchis pour être incapables de voir et d'aborder les solutions qu'ils ont devant eux. Autrement les solutions se font quand même qui ont à se faire, plus mal que bien, n'importe, parce qu'il faut appeler, à défaut des hommes, la force révolutionnaire des choses...

Pour porter remède à la surproduction, il n'y a, évidemment, que deux moyens concevables : réduire la production ou lui créer des débouchés nouveaux, c'est-à-dire en pratique, où l'absolu n'existe pas, la combinaison de ces deux manières d'opérer, l'une et l'autre mises en œuvre dans les proportions voulues par les circonstances.

Il est facile de comprendre que le second moyen soit celui auquel ne manquent pas de s'attacher préférablement les intérêts particuliers engagés dans la surproduction, s'ils viennent à bout de l'abattre sous eux. On peut même croire qu'ils ne voudront admettre que lui. Les intérêts particuliers voient

à quinze pas sur la route qu'ils suivent. Il n'y a pas
à leur demander davantage. Mais un gouvernement
capable de conduire intelligemment un peuple doit
voir plus loin. Des situations peuvent exister où il
devra préférer l'autre manière que nous venons de
dire, en vue de l'avenir du pays, pourvoir, en
d'autres termes, à ménager la transformation de
l'activité nationale.

Ce rôle de prévoyance est celui d'un gouvernement qui n'est pas au-dessous de sa tâche. Mais il
faut pour cela qu'il soit l'organe clairvoyant et
loyal de la vie collective. Si le gouvernement ne
représente, comme les nôtres, que les intérêts d'une
frelonnière d'exploiteurs en possession de se remplir sur la masse de la nation, s'il n'est que l'instrument de leur vampirisme, il agira comme eux,
agissant pour eux ; il ne saura ni ne voudra prendre
en main contre leur exploitation la cause du pays,
dont l'avenir sera sacrifié aux visées qui sont celles
de leurs cavernes.

Nous avons eu nécessairement cette male-for-
tune à l'occasion de la débâcle économique. Nous
avons entendu alors nos fabricants et trafiquants
réclamer à grands cris des débouchés lointains
pour tirer d'affaire leurs intérêts mal pris. Nos
magasins sont encombrés, tel a été leur raisonnement, par les produits de nos fabrications ; nous
n'avons pas d'achats au dehors ; en dépit des
taxes prohibitives dont elle est chargée dans le
but de livrer pieds et poings liés nos colonies aux

calculs exacteurs des métropolitains. nous sommes
battus par la concurrence étrangère jusque dans
les possessions françaises. Il nous faut de l'écoulement à tout prix, à tous risques pour la mère-
patrie, dont nous pressurons les mamelles. Nous
irons offrir nos articles sur tous les marchés du
globe, partout où nous ne nous étions pas donné la
peine de les présenter jusqu'à ce jour, partout où
ils ne sont pas demandés parce qu'on n'en éprouve
pas le besoin ; nous provoquerons les besoins de la
consommation, nous fouillerons la surface de la
planète, nous irons jusqu'aux antipodes, nous irons
jusque dans la lune.

Ainsi ont raisonné nos pirates du négoce. L'expédient était à la mesure de leurs idées commerciales. Malheureusement ils ont eu, comme toujours, pour leur répondre, des gouvernants dont le
sens politique et moral n'était pas plus large que
le leur. On s'est. en conséquence, jeté, à l'ordinaire des myopes, d'un mauvais pas dans un pire.
On s'est rué, tête baissée, à l'aveugle, dans le Tonkin. Notre mercantilisme a fait, dans cette aventure, l'opinion publique, la claque de cette lugubre
pièce ; il n'y a maintenant que justice à lui en
attribuer l'honneur. Trouve-t-il aujourd'hui excessif que, pour lui donner à gagner annuellement
5 ou 6 millions, la France ait déboursé, comme première mise de fonds, un demi-milliard ; qu'elle
débourse de plus chaque année une trentaine
de millions, indéfiniment, autant que durera la

conquête : soit ensemble, au bout de dix ans, près d'un milliard ?

Si on essaye de contester ces chiffres, nous n'ignorons pas que M. Floquet, président du Conseil, déclarait, le 22 novembre de l'année 1888, à la tribune de la Chambre des députés, que la subvention de la métropole pour l'Indo-Chine avait été ramenée, cette même année, de 20 millions à 15 et les effectifs militaires de 18.000 à 14.000 hommes de troupes. Mais nous nous rappelons également que deux jours plus tard, le 24 novembre, à Saïgon, le gouverneur général de l'Indo-Chine, en présidant à l'ouverture de la session ordinaire du Conseil colonial, prononçait un discours où il exposait sans réticence la situation économique, financière et politique du pays. Ce discours concluait à la nécessité d'un emprunt de 100 millions, garanti sur la Cochinchine, pour subvenir aux dépenses de premier établissement au Tonkin. Les négociations relatives à cet emprunt d'urgence étaient, disait-il, déjà entamées et sur le point d'aboutir.

Un gouvernement digne de ce nom ne se fût pas borné à constater empiriquement, ainsi qu'ont pu le faire tous les boutiquiers, le fait de la surproduction. Il en aurait pénétré la cause, par où nous avons commencé dans notre étude ; il aurait vu que, la production industrielle étant partout, l'Europe n'a plus maintenant à vouloir s'en arroger le monopole pour l'exploitation des pays qui n'en avaient pas hier et qui en ont à l'heure qu'il est. Il n'aurait sans doute pas empêché nos intéressés du commerce de le livrer, d'accord avec leurs conceptions traditionnelles et leurs exigences de situation, au surmenage qui leur a réussi comme on a pu voir. C'était à eux de s'arranger; on se tire les pieds comme on peut. Mais il n'aurait pas pris cette nécessité transitoire, commandée par des intérêts particuliers, pour une solution économique. Il n'aurait pas entrepris de leur ouvrir à ses frais — Dieu sait ce qu'ils ont été — des débouchés aux antipodes. Sauf quelques subventions, en vue de l'urgence, il se serait dit que sa tâche gouvernementale pour le salut de la nation, qu'il avait charge de conduire, était surtout d'amener chez elle, en y apportant les précautions qui seraient à prendre, une conversion des facultés productives en accord avec le changement d'une situation qui ne devait plus être la même. On ne pouvait trop s'y prendre d'avance; on aurait dû s'en aviser depuis longtemps.

Voilà ce que n'a pas voulu entendre la clique gouvernante des *Tonkinois* à la dévotion de l'écumage cosmopolite. Ce gouvernement n'a pas compris qu'il n'y a pas à s'en aller chercher au bout du monde ce qu'on a sous la main; il n'a pas compris, parce qu'il n'a pas voulu le comprendre, que le véritable débouché de la production manufacturière est à l'intérieur, dans l'accroissement de la consommation nationale, dans le progrès de l'aisance publique; le seul placement qui soit profitable autant que possible au pays lui-même, étant pour lui reproducteur de travail et de richesse. Ils avaient d'autres vues.

Cette œuvre scélérate 'de son gouvernement aura donc coûté à la France, d'ici quelques années, près d'un milliard. Ce serait sans doute peu si ce déficit ne compromettait pas son avenir. Le milliard de Saïgon et autres lieux, dépensé intelligemment sur l'étendue de son territoire, lui eût acquis bientôt une plus-value certaine de prospérité, dont les avantages se fussent montrés incomparables, il ne saurait y avoir de doute pour personne, avec les bénéfices aléatoires les plus exagérés que pût promettre l'engouement colonial. Nous ne parlons que de la France elle-même, prise dans sa masse, en mettant à part l'oligarchie des prélibateurs qui l'exploitent. On fait beaucoup de choses avec un milliard. Il y avait à faire des travaux publics, nous ne disons pas de ceux dont les monteurs d'affaires, l'industrie privée, puisque c'est le nom admis, ont l'adjudication pour s'enrichir sur la masse gouvernée; on pouvait, on devait faire les travaux publics au compte de l'Etat, vicinalité, canaux, entreprises d'utilité agricole pour développer la richesse du sol cultivable, par conséquent celle du pays, en alimentation autant qu'en suppléance de la production industrielle réduite à ses conditions normales. Travaux encore industriels pour une partie d'entre eux, mais de passage, dans un but

agricole, vers la solution, pour arriver le lendemain à rendre au besoin général des campagnes
les bras qui n'auront plus à demander leur emploi
aux usines. Ces mêmes travaux publics seraient
venus doublement à propos, s'ils avaient pu être,
d'ailleurs, pour premier résultat, en façon de revanche, l'occasion de rentrer dans la perte de huit
cents millions engloutis, quelques années auparavant, par l'État quand il s'était avisé de vouloir
prendre à sa charge, oubliant qu'il est incapable
de rien mener à bien, l'entreprise néfaste du troisième réseau de voies ferrées. On n'avait pas à
craindre ici, comme pour l'industrie — le travail
agricole a ce privilège — la surproductivité du
travail; un peuple n'est jamais tout à fait misérable qui ne souffre que du trop-plein des vivres.
C'est beaucoup, pour ne pas dire tout, que de ne
pas souffrir de la faim, que les salariés des agglomérations ouvrières connaissent trop, que les laboureurs connaissent peu.

Mais la France n'a plus le milliard d'encaisse ou
de crédit qu'elle a jeté dans l'eau. Elle n'a plus les
huit cents millions gaspillés de même sans plus de
fruit que d'achever l'omnipotence des malandrins
du railway. Elle pouvait obtenir, avec une pareille
mise de fonds, la conversion de son activité productive, la solution économique finale. Au moment
où nous sommes, il n'est plus temps; elle s'en est
enlevé les moyens. Elle n'a plus, en conséquence,
qu'à se laisser aller, comme elle ira, à la dérive

des événements, les yeux fermés, par la voie révolutionnaire que nous avons dite, où il n'existe d'impulsion que celle qui tient à la fatalité matérielle des choses.

Quand on a vu tout cela, on peut dire : Qui me délivrera de ce corps de mort ?

Le premier remède à la situation était de nous mettre en mesure devant les suites de la surabondance manufacturière ; le remède était de se préparer pour convertir l'activité industrielle en activité agricole, au plus tôt, sans perdre de temps, sauf à compter avec les exigences du passage ; il n'a été rien fait. Le pays avait les moyens d'opérer sa retraite sur la production alimentaire ; mais il y avait là quelque chose de tant soit peu intelligent, plus qu'il n'en faut attendre d'un peuple et de ceux qui le mènent. Il est donc arrivé que la clameur des intérêts en possessions antinationaux a, comme toujours, étouffé la voix de l'intérêt national, qui s'est d'ailleurs peu exprimée ; la centralisation est venue à bout d'asphyxier la France. La fatalité se chargera de la besogne, à sa manière, sans ménagements, au prix de quelques millions de vies humaines, qui n'ont rien fait pour être épargnées.

On n'ouvrira pas d'autres portes que celles des usines, elles auront beau se fermer, à l'activité productive du pays. Les hommes que nous avons et que nous aurons n'étant pas capables de se mettre en frais quant à l'initiative et à l'intelligence, d'autant que les moyens matériels ne sont plus à leur disposition, les choses ne se feront pas autrement que d'elles-mêmes, comme elles pourront; il n'en coûtera, disons-nous, que les vies humaines, ainsi qu'il arrive d'ordinaire lorsque l'action directrice de l'esprit n'est plus nulle part, quand tout s'en va en diffluence.

On ne reviendra certainement pas sur l'époque industrielle. Cette phase de surmenage a eu son temps; c'est une page dans l'histoire, qu'elle a tournée. Toujours faudra-t-il qu'on finisse par en arriver de force, puisqu'on n'y viendra pas volontairement, à la seule solution qui en soit une pour l'avenir, au travail agricole, suppléant au défaut de la production industrielle.

C'est notre conclusion. Voilà donc pour la première cause de la crise économique; nous passons maintenant à la seconde.

Cette seconde cause, avons-nous dit, a été dans l'agiotage à outrance que nous avons vu dominer toutes les opérations de crédit, d'industrie et d'échange; par où le pays exténué, dérouté de la vraie production qui aurait fait sa vraie richesse, ne s'est plus trouvé dans les conditions pour tenir en face de la débâcle. Il restera dans le même état de nullité, qui est le sien, jusqu'à l'heure actuelle, aussi longtemps que durera le règne de la piraterie qui s'est emparée de lui pour se gorger de sa substance. On ne voit pas qu'il y ait de raisons, dans les circonstances données, qui amènent de sitôt à prendre fin l'exploitation banquière. Car il faudrait, le jour où l'Etat voudrait se soustraire à l'empire du tripot, qu'il cessât d'être besogneux, emprunteur, livré de nécessité aux griffes de la juiverie; qu'il ne se fît pas, par conséquent, le premier instigateur de l'agiotage. C'est-à-dire que, pour commencer, il lui faudrait ne pas être coureur d'aventures; il faudrait qu'il ne se permît pas, respectueux de la vie du pays, de le jeter dans les fantaisies militaires, coloniales et autres, qui n'aboutissent en dernier terme, quelles que soient leurs péripéties, qu'aux franches lippées de la synagogue, aux razzias fabuleuses des kroumirs de la finance, dans lesquelles ils sont mis à même de râteler sur la ruine publique des prélibations qui s'élèvent, réglementaires ou non, à des centaines de millions. Ainsi se font les emprunts d'autant de milliards qu'on le veut, admiration de la badauderie bourgeoise, qui montent comme des tours Eiffel, quatorze fois couverts, tout le pays devenant un tripot. Tel fut, par exemple, en 1872, le fameux emprunt de 3 milliards, qui fut alors émis. La France dut suer, aux dépens de sa production, pour les payer à l'Allemagne, près de 5 milliards : 2 milliards, deux cinquièmes, 4 0/0, absolument perdus pour les contribuables, furent la rafle de l'écumage, n'eurent pour emploi que d'enrichir quatre ou cinq cents mille tripoteurs. C'est de la sorte que sont faites, à notre époque, les plus grandes opulences. Les brochets de la haute banque ne sont nulle part autant à l'aise que dans l'eau trouble. Il faudrait enfin que l'Etat fût capable de prendre lui-même en main les entreprises de véritable utilité nationale, de faire appel pour les exécuter aux fonds de l'épargne française. Or il a, au contraire, montré à cet égard son éclatante inaptitude.

L'Etat, au lieu de renoncer à être emprunteur, a, depuis dix ans, multiplié les emprunts ; il a augmenté la dette publique depuis 1877 de quelques huit milliards (portée de 26 milliards à 34) ; il s'est endetté de sept cent cinquante millions par an, tout en abaissant de plus en plus le chiffre d'amortissement.

Il avait pourtant les moyens, au moins les avait-il d'abord, pour arriver à se maintenir, vaille que vaille, à niveau de flottaison. Réduire les charges, augmenter, par contre, les ressources budgétaires ; s'attacher cependant et surtout à développer la richesse commune, le chiffre du revenu national ; d'ailleurs s'interdire sévèrement toutes les dépenses improductives, toutes les spéculations hasardeuses ; tel était le programme que paraissait devoir lui imposer l'injonction d'une nécessité péremptoire.

L'Etat a fait tout le contraire. Ce ne serait pas la peine de l'être si on ne profitait pas de la situation pour se mettre au-dessus du bon sens.

Les moyens de réduire les dépenses du budget étaient dans la simplification du système administratif et judiciaire : suppression des trésoriers-payeurs ; réduction de nombre ou même suppression totale des sous-préfectures et réduction des préfectures aux deux tiers ou à moins : sans parler des économies de personnel à introduire dans les services ministériels. A quoi devait encore s'ajouter. dans l'ordre trop touffu de la justice. l'élagage d'un certain nombre de tribunaux. Nous passons sur les procédés secondaires. qui étaient nombreux. Effectivement cet appareil centralisateur. avec tous les moyens d'invention récente qui sont venus décupler sa force, devient de plus en plus écrasant. d'ailleurs financièrement impossible. Mais on peut croire que les simplifications les moins discutables que demande une situation renouvelée à l'heure qu'il est du tout au tout ne parviendront pas à se faire admettre dans les circonstances où nous sommes. Sans qu'il y ait à s'arrêter plus que le besoin ne le comporte sur ce qui est assez connu. sur l'impuissance parlementaire et l'état négatif qu'entraîne le règne du partage, il est de fait que trop de possessions acquises, individuelles ou locales. ne cesseront pas de faire empêchement à toutes les tentatives sérieuses de réforme autant que durera le régime qui nous gouverne. l'essence de ce régime bourgeois étant l'exploitation de la masse gouvernée par tous les procédés qui peuvent être mis en œuvre. dont le pressurage budgétaire est un des principaux. L'armée du vampirisme, qui nous tient. la puissance administrative, qui sous-entend que le pays occupé par elle est fait pour elle, ne se trouvera jamais trop nombreuse.

En même temps que tout le monde est lié, c'est le sophisme, pris dans les mailles, plus ou moins intéressé, ou croit l'être, à ce qu'on ne touche pas au système.

L'augmentation des recettes était dans l'unification de l'impôt direct, c'est-à-dire dans l'établissement de l'impôt progressif sur le revenu en remplacement, partiel ou total, des taxes de consommation: système de fiscalité rationnelle et sincère, calcul de quotité au lieu d'une routine empirique où l'arbitraire a trop de part, au lieu d'un procédé coûteux de prélèvement, fallacieux en pratique et sujet aux mécomptes, insuffisant comme rapport, anti-économique dans ses résultats.

Mais il n'y a pas d'apparence que l'impôt sur le revenu soit jamais accepté par un régime argyrocratique. D'autant moins sera-t-il accepté que les nouvelles couches gouvernantes seront de plus petit revenu, la reprise fiscale par cascade leur étant ainsi moins facile qu'aux mieux nanties.

En dehors de la question de l'impôt, trois ordres de moyens pouvaient être conçus pour développer la richesse de la France : voies de communication (canaux et vicinalité), améliorations agricoles, — en ayant soin d'y ajouter la réforme de la législation rurale.

Mais les intérêts de l'argyrocratie rentière s'opposent à l'établissement des canaux ; les spéculateurs du railway se sont donné assez de peine pour arriver à tuer ceux qui existaient à côté de leurs voies de terre : ce n'est pas pour se prêter à la création de concurrences plus redoutables. Si les trois ou quatre canaux dont la France a besoin lui étaient une fois construits, elle aurait en quelques années doublé sa richesse. Mais les revenus de l'oligarchie voiturière en pourraient souffrir ; la France n'aura pas ses canaux. Quant à une réforme d'équité concernant les baux et fermages, il n'y a pas à supposer qu'elle soit sérieusement abordée aussi longtemps que les messieurs qui vivent du sol sans l'avoir eux-mêmes ensemencé continueront de gouverner la France. Notre prolétariat peut se convaincre que justice ne lui sera jamais faite, industrielle ou agricole, que par lui-même, le jour où il aura en main la force, qu'il prendra, tout vient à son heure, quand il aura l'intelligence. D'ailleurs, toutes les réformes de cet ordre, dont le but serait d'accroître l'aisance publique, auraient dorénavant contre elles, prises en elles-mêmes, une raison commune et supérieure :

Deficiente pecu...

L'État devait, de plus, avons-nous dit, s'interdire sévèrement toutes les dépenses improductives. On a, en moins de dix ans, accumulé successivement les suivantes :

Les fausses dépenses qu'a entraînées la construction du troisième réseau par l'État ;

Les frais de l'expédition du Tonkin après celle
de Tunisie ;

L'entreprise du Panama.

S'est-on mis en devoir d'engager les opérations lucratives qui auraient développé sur place la richesse
de la France ? Loin de là ; on a laissé, au contraire,
son épargne se disperser aux quatre vents du ciel,
chez tous les peuples besogneux. Ce n'était pas
assez, paraît-il, qu'elle fût absorbée dans les spéculations de piraterie industrielle, qui se montaient
chez nous pour donner corps aux jeux de bourse.
On l'a laissée aller s'engouffrer dans des entreprises étrangères ou dont les étrangers attendent
l'achèvement et le succès pour mettre la main sur
elles : emprunt russe, hellénique, serbe, turc,
égyptien, tunisien, etc., chemins de fer portugais,
espagnols, italiens, autrichiens ; crédit mobilier
espagnol, gaz belge, guanos du Pérou ; canaux de
Suez, Corinthe, Panama, etc. Mieux eût valu pour
nous faire chez nous celui des Deux-Mers, si l'État
avait été capable d'en prendre l'initiative, sans
parler des complications à venir dans lesquelles
peuvent nous jeter ces entreprises cosmopolites.
Nous suons les capitaux pour le décrassement de
tous les peuples, excepté pour nous-mêmes. Les
avantages de toutes ces spéculations, quand elles
ne sont pas que des prétextes de tripotage, ne
sont qu'individuels pour les souscriptions, alors

qu'ils devraient être au profit de la nation tout
entière, en même temps que des individus. On rapprochera, si on veut, ceci de notre système fiscal
(impôts de consommation) qui ne nourrit le budget qu'en coupant les bras au travail qui doit
l'entretenir.

Nous nous rappelons de même, à ce propos, ce
qu'un journal prussien demandait au mois de
novembre 1888 pour empêcher le drainage des
capitaux allemands à l'étranger. Il voulait qu'un
impôt spécial fût établi sur les capitaux allemands, qui souscrivent des emprunts étrangers.
On trouve, là-bas comme ici, des gens que rien
n'embarrasse. Le moyen compressif, mis en avant
par le journal d'outre-Rhin, n'est pas de ceux dans
lesquels nous ayons confiance. La proposition
attestait seulement que, par le temps de cosmo-
politisme financier où nous sommes, les mêmes
abus sont partout, et les hommes partout incapables de soupçonner les moyens qui peuvent les
faire disparaître.

Ces abus se produisent, en effet, nécessairement,
là où l'État n'est pas en mesure d'appeler les capitaux disponibles en provoquant leurs préférences
vers des opérations sérieuses, des entreprises d'utilité nationale rentrant dans les travaux d'intérêt
public, dont la charge lui est dévolue. On peut
noter, par la même occasion, que les travaux
publics, développés sur une large échelle, sont le
corollaire indispensable de la réforme fiscale ;

celle-ci, — nous entendons l'impôt sur le revenu, progressif autant qu'on voudra, — se montrerait sans doute à peu près illusoire pour le soulagement du salariat si des conditions économiques n'étaient pas créées du même coup en rapport avec elle, qui viennent au secours de celui-ci contre les tentatives de récupération auxquelles ne manquera pas de se livrer le capital atteint par le nouveau système d'impôt.

L'agiotage, en présence duquel se trouvait le Gouvernement, pour l'étouffer n'importe comme, à moins de le laisser étrangler le pays, n'était plus, il est vrai, ce formidable soulèvement des rapacités financières qui se produisit au début comme une marée de l'Océan, ce que nous avons appelé l'âge épique du grand écumage. Le temps n'était plus, où une rafle d'une demi-douzaine de milliards pouvait être opérée sur l'établissement du premier et du second réseau de chemins de fer, ou les actions des mines d'Anzin.

Avec les dernières grandes manipulations de banque et de bourse auxquelles avait donné lieu la rançon de guerre à négocier, l'époque miraculeuse était dans les vieilles lunes ; la spéculation avait dû se rejeter sur un nombre croissant d'affaires de second ordre, emprunts, loteries, entreprises industrielles variées, bitumes de tous les Marocs. La piraterie se fractionnait et foisonnait en se fractionnant. Réduite à faire flèche de tout bois, elle revêtait ingénieusement des aspects sans nombre qu'on n'avait pas soupçonnés au temps de la grande truanderie, s'offrait en quelque sorte comme la monnaie de l'époque antérieure ; elle n'en avait pas moins de portée. Ses terriers creusaient de toutes parts, indéfiniment ramifiés, minaient de plus en plus le sol du pays, dont ils s'emparaient tous les jours pour le drainer, en faisant sous lui le vide. Elle se préparait, on peut le craindre, à se montrer plus dangereuse, à la prochaine occasion, sous cette seconde forme, qu'elle ne l'avait été naguère sous l'autre, qu'elle avait prise d'abord.

Nous verrons cela demain.

Ce sera toujours au fond la représentation de la même farce. L'État n'aura su, ni osé, ni voulu prendre à la gorge le banditisme son compère. La France connaîtra plus tard, si elle survit à l'aventure où on l'a menée.

Il est évidemment de nécessité, il est d'urgence impérieuse de l'arracher à l'exploitation financière qui la paralyse en la maintenant à l'état d'anémie. Mais cela supposerait la stabilité dans les institutions politiques, l'ordre dans les finances, la justice dans l'impôt, l'économie dans l'administration, la régularité dans les conditions de l'existence générale. Mais il faudrait qu'il se dégageât de la nation une initiative capable de vouloir le bien public et de l'imposer, de procéder à l'exécution du brigandage, d'installer à sa place le règne du travail et de l'honnêteté, la République républicaine, que l'avenir nous garde. Mais il faudrait la vérité partout au lieu du mensonge. Nous aurons tout cela dans un monde meilleur quand il descendra sur la terre. Pour le quart d'heure, nos Mohicans de l'agio, qui tiennent l'État, ne sauraient accepter qu'on mette le feu à la broussaille où ils se remparent ; la tribu des budgétivores n'accédera pas davantage aux exécutions d'une réforme administrative ; pas plus que la tourbe des hommes de loi, qui vivent de la justice autour des tribunaux, ayant établi leurs budgets sur la difformité de la législation, ne voudra consentir à voir couper les sources de ses exactions autorisées. Toute cette honorabilité de gouvernement, couronnée par celle des Chambres, est une franc-maçonnerie de pillage qui craint l'avènement de l'ordre comme les oiseaux de nuit le lever de l'aube.

Nous n'aurons pas les réformes qui libéreraient enfin le pays en lui assurant, avec la possession de lui-même, sa prospérité intérieure, livrée depuis trop longtemps aux conjurations de l'écumage. En supposant une volonté droite et persistante, une clairvoyance désintéressée, une mise en pratique rectiligne, tout ce que le régime parlementaire ne comporte pas, la possibilité de leur exécution aurait pu encore se concevoir il y a une douzaine d'années. Même dans ces conditions de pure hypothèse, elle ne se conçoit plus aujourd'hui. Nous sommes venus au point que l'œuvre de rénovation dont le besoin vital de cette société réclame le secours n'est même plus possible matériellement. Aucun parti ne la lui apportera, on peut le prévoir en toute certitude, pas plus les radicaux que les opportunistes, et pas plus qu'eux les monarchistes ni les césariens de tradition ou de rencontre.

Les révolutions elles-mêmes n'y feront rien. Car il faut bien nous rendre compte qu'à l'heure où nous sommes à présent, nous ne devons voir en elles que des oscillations du régime bourgeois, de gauche à droite ou de droite à gauche. Ce sont choses qui se passent dans l'Olympe, au-dessus du pays. Parlementarisme républicain ou monarchie parlementaire, qui diffèrent peu, seront également impuissants. Toutes les commotions qui pourront intervenir ne feront que hâter la solution, qui est la banqueroute et ses suites. On ne renverse pas, à vrai dire, la République, précisément parce qu'elle est nulle, un syndicat de faillite.

Nous arriverons à pouvoir nous soustraire à la domination exhaustive de la piraterie dans la dissolution finale de l'Etat centralisé, qui est, tant qu'il persiste, son instrument acquis. Nous y arriverons en conséquence de la banqueroute universelle, au-devant de laquelle nous marchons à la manière des moutons qui vont résolument à l'abattoir.

Quand l'Etat émettra un emprunt *à lots*, comme font depuis longtemps toutes les villes, une loterie du dernier jour, comme il y viendra, vous pourrez dire alors que les temps sont proches. Nous arriverons le lendemain à la banqueroute, qui sera la solution finale. A vrai dire, nous ne ferons que rentrer dans les conditions habituelles de l'histoire ; il est de fait que le jubilé de la banqueroute, ostensible ou déguisée, s'impose aux nations au moins une fois dans chaque siècle. Rien n'est éternel sous le soleil. Vous ne ferez admettre pour de bon à personne que les hommes qui vivront après nous payeront de génération en génération jusqu'au dernier des siècles à venir les dettes de Napoléon Ier, pas plus que nos pères celles de Louis XIV. Que chaque âge soit enfoui avec ses turpitudes ; les vêtements ne survivent pas si longtemps aux corps des trépassés. Jusqu'à ce que l'ordre se soit créé dans les sociétés humaines, jusqu'à ce moment, — nous n'y sommes pas, — la périodicité de la banqueroute, à bout de folie et d'iniquité, les nations bourdonnant dans le trouble, est une loi fonctionnelle de leur existence.

Nous n'y sommes pas, avons-nous dit : nous ne sommes qu'à la veille. Demain nous finirons comme nos devanciers ont fini, par la banqueroute ; ce que nous pouvons avoir de meilleur. Nous ferons place nette à nos enfants. S'ils n'ont pas plus d'idées que leurs pères en fait d'organisation politique et économique, en fait de justice, ils recommenceront le même exercice d'écureuils ; autrement ils pourront l'éviter à leurs successeurs.

Il n'y a, en définitive, qui ne soit pas une blague, que l'écorce nutritive du globe et le travail qui en tire la nourriture des hommes, vermine du potiron terrestre. C'est là-dessus qu'on retombe, sur la terre que nous nous obstinons à ronger au lendemain de la banqueroute, qui est l'écroulement des fictions, le retour à la réalité. La réalité est toujours ce qu'elle fut à la naissance du monde. La vérité sociale n'est, après tout, qu'alimentaire. Comme l'a dit on ne peut mieux le psalmiste hébreu :

> Que les cieux nous arrosent d'en haut ;
> Que leurs nuées pleuvent à point sur nous,
> Et que la terre germe l'existence !

Voilà du moins qui est toujours vrai.

Telle est, conséquemment, la même encore que pour la première cause, notre conclusion pour la seconde : la substitution du travail agricole au travail industriel. On ne trouvera pas un autre moyen d'en finir avec le règne de l'agiotage.

Nous avons accessoirement signalé, au quatrième plan, comme cause déterminante, le krach financier de 1882. Mais les causes qui amenèrent cet écroulement de bourse étaient à part et ne renaîtront pas. Quoi qu'il en soit, le vrai moyen pour prévenir tous les krachs possibles, qui n'ont lieu de se produire qu'en dernière expression des bacchanales financières, est bien celui que nous disons. Il n'est pas ailleurs que dans l'exécution de l'agiotage par la création de l'ordre dans les conditions économiques de la société. En conséquence, nous n'avons pas à nous arrêter plus lontemps sur ce détail.

La troisième cause, préparatoire, que nous avons mentionnée comme générale, n'est autre que la guerre franco-allemande de 1870, envisagée dans ses conséquences industrielles et commerciales qui ont amené à se déclarer l'état d'universelle déconfiture dont souffrent maintenant les sociétés civilisées.

Nous avons eu, à ce propos, l'occasion d'émettre une assertion qui a pu paraître audacieuse. Nous avons dit qu'au point de civilisation où l'Europe est aujourd'hui parvenue, si une collision militaire vient à se produire entre deux nations, ce sera généralement celle dont la situation économique se trouvera être inférieure qui acquittera en fin de compte les frais de l'aventure. Ainsi la lutte et la défaite arrivent à prendre un caractère surtout économique. Voilà donc ce que nous avons dit, et nous le maintenons. Il y a cependant moyen pour la puissance victorieuse de se garantir contre cette ironie du sort; mais il est vrai que c'est encore par voie économique. Il dépend d'elle de faire si lourdes les charges de cet ordre dont il lui plaît de frapper la nation vaincue, que celle-ci reste littéralement écrasée sous le poids de sa défaite.

Væ victis, comme disait notre vieux Brennus, économiste sans le savoir, en pesant l'or du Capitole. Au fond, la chose n'a pas changé, quoique la forme ne soit plus la même.

A quoi on peut croire que les Allemands, instruits par l'expérience, ne manqueraient pas si leur invasion de 1870 devait se renouveler. Ils commenceraient par s'annexer, sous le prétexte d'occupation et de garantie, ou sans prétexte, la force primant le droit, les provinces qu'ils trouveraient à leur convenance. Ils frapperaient ensuite sur le reste une indemnité de guerre qui ne serait plus l'enfantine rançon des 5 milliards. Ils connaissent aujourd'hui les ressources productives de la France. L'indemnité serait sans doute si bien calculée que nous ne serions pas capables de la payer, comme l'autre, argent sur table. Nous devrions alors en servir les arrérages ; nous tomberions ainsi à l'état de peuple tributaire, comme on disait brutalement autrefois, avant l'argot diplomatique ; en même temps qu'un traité plus dur que celui de Francfort ferait de notre pays un marché pour la production de l'Allemagne, un débouché pour le trop-plein de sa population. Cependant la synagogue financière serait là pour fournir à l'étranger des administrateurs, percepteurs, soumissionnaires, courtiers, publicains de toutes les rubriques, en droit de trouver enfin que l'ordre règne et que la société est sauvée.

Ce serait la dernière extinction.

Nous n'avons pas à insister plus qu'il n'est nécessaire sur l'achèvement de notre industrie et de notre commerce. Il ne serait pas, après tout, possible que leur chute fût beaucoup plus profonde qu'elle ne l'est dès maintenant. Le désastre est un fait acquis; on ne reviendra pas là-dessus; ceux-là le comprendront tant et plus qui auront suivi, pour voir à découvert les causes de la catastrophe économique, l'analyse qui précède. Rien ne peut plus nous relever sous ce double rapport au point où nous fûmes jadis, rien, pas même une victoire complète au lieu d'un dernier écrasement.

Victoire qui est du reste, il faut nous le dire, peu à prévoir. Surtout en raison de nos divisions politiques, puisqu'on veut les appeler de ce nom; lesquelles ne sont, en réalité, que des oppositions sociales, des antagonismes, rien de moins, d'intérêts vitaux. C'est pour la vie qu'on lutte; combat de faméliques. Il nous faut voir le fond des choses. Tant d'acharnement n'interviendrait pas pour des questions de pur formalisme. Il s'agit donc d'hostilités sans trève, quoi qu'il arrive, comme sans merci. Nous ne demandons tous, spoliateurs et dépouillés de cette caverne qui est la France, nous ne demandons, pour parler la bouche ouverte, qu'à nous manger les tripes. Il n'y a pas à le trouver mal. En dépit de ce qu'en voudront dire les morphineurs, qui n'en croient rien, on ne rapprochera pas les Français. A tout le mieux peut-on espérer que les plus nombreux, dont nous sommes, avaleront les autres sans y apporter plus de retard que de malice. Jusque-là une nation qui manque ainsi d'homogénéité, où les partis sont plus hostiles entre eux qu'ils ne le sont envers l'ennemi d'outre-frontière, n'a pas à vouloir entrer en conflit avec une autre puissance ; elle se brisera au choc. Il faut qu'elle attende.

Eussions-nous même cette victoire, que nous ne devons pas nous flatter d'obtenir, il restera toujours permis de se demander si ses résultats ne nous vaudraient pas encore moins que les conséquences d'une défaite. Auquel cas il serait véridique de conclure qu'elle n'est pas plus à désirer qu'à prévoir. Aurions-nous seulement le bon esprit, du jour où elles nous seraient reconquises, de nous arrêter aux limites de nos frontières ? Qui n'aperçoit d'ici le tableau ? Notre chauvinisme affolé par l'ivresse du triomphe aurait-il assez de camouflets pour les trembleurs qui proposeraient de ne pas aller plus loin ? Au fond, il n'est personne qui puisse avoir là-dessus le moindre doute ; la reprise ne se ferait pas attendre des folies de conquête et des scélératesses guerrières qui firent autrefois déborder sur la France l'exécration des peuples. Nous voyons en ce moment le pays (qui ne sait, pas plus que ceux qui le mènent, où donner de la tête) acclamer déjà par avance le premier porte-épaulettes venu, candidat burlesque à l'Empire, qui n'a encore livré d'aucune façon, victoire ou le contraire, aucune bataille de Châlons ; quelle popularité irrésistible serait celle d'un héros de la revanche qui nous aurait rendu les bords du Rhin ?

Quelle exultation effrénée? Quel cataclysme d'insanité? Renouvellement du Césarisme... avec ses suites connues; un siècle pour le moins, et quel siècle! à recommencer. La perspective n'est pas belle.

Sans ajouter que le résultat tournerait, comme toujours, surtout au bénéfice de l'oligarchie écumeuse. La clique des riz-pain-sel a fait assez de petits, qui sont devenus gros. La bande à Mandrin, fournisseurs de l'intendance militaire, spéculateurs et agioteurs, après s'être attachée à le compromettre, ne manquerait pas de s'emparer du succès, s'il parvenait cependant à se faire jour.

Dans la seconde prévision comme dans la première, tout à perdre et rien à gagner.

La seule chose que nous puissions faire qui ait le sens commun est, en conséquence, de prendre toutes les précautions qu'il nous est donné de pouvoir prendre afin de nous tenir en garde, nous ne le serons jamais trop, en prévision d'une alternative dont une issue ne paraît pas plus rassurante que l'autre. S'il y a moyen de nous prémunir contre cette double menace, il semble que le moyen est de nous créer au plus tôt un organisme militaire qui nous mette en sécurité au dedans comme au dehors, nous voulons dire inagressif du fait de sa constitution autant qu'impénétrable, aussi rebelle aux ambitions intérieures qu'à l'invasion étrangère.

L'idée simple qu'on peut concevoir de la fonction

militaire chez un peuple libre, qui n'a en vue que la défense de son sol, est qu'il soit armé tout entier comme un seul homme de guerre. Apprentissage universel des armes, à titre de perfectionnement pour les adultes, après qu'il est acquis en mode élémentaire, comme c'est de leur âge, — on ne l'aura jamais trop précoce chez les enfants; — passage aussi abrégé que possible dans la promiscuité des casernes, une sale année ou deux à passer, en façon de vérification, qui n'admet de dispense pour personne; exercices fréquents, manœuvres périodiques d'ensemble, appels locaux et de régions, autant qu'il en faudra pour entretenir chez les défenseurs nés du territoire les capacités de guerre; encadrements solides par les hommes du métier, officiers ou aspirant à le devenir, qui ne soient plus qu'une même filière, sans privilèges, sortis des rangs les uns comme les autres; pour résultat le pays tout entier, c'est la matière de la défense, mis en moule dans les cadres, qui font ainsi l'armée nationale; autant de discipline sous l'uniforme, impitoyablement rigoureuse, que de liberté dans la vie civile; en d'autres termes, l'armée sur place, le laboureur-soldat, qui manie les machines de guerre, quand le temps s'y met, comme ses machines agricoles quand il est au beau; armée de pères de famille, force compacte, civique, sans brillant, peu facile à entraîner, qui demande plus de sûreté que de lauriers, qui ne se dressera pas comme le cheval de trompette au son du clairon,

qu'on ne jettera pas comme les corps de lignards
dans les aventures princières et conquérantes, qu'on
ne rendra pas non plus comme eux, tambours bat-
tant, à l'ennemi :... au résumé, le pays devenu un
buisson d'armes, où il est difficile d'entrer et d'où
il est impossible de sortir ; tel est, à grandes lignes,
le tableau d'une démocratie que le voisinage des
mangeurs d'hommes qui occupent les trônes oblige
à se tenir en défense.

« Haine aux palais, paix aux chaumières ; le
peuple français debout contre les tyrans, » sans
musique ; la liberté, l'égalité, la fraternité... ou la
mort ! Ah ! vous dites aujourd'hui que c'est de la
déclamation ! Nous aurions voulu vous y voir en
attendant que cela se remontre. Nous en sommes,
nous, toujours là ; il n'y a pas une autre solution.

Le système d'organisation militaire que nous
venons de dire est l'armement territorial, essentiellement défensif ; par conséquent, tout autre
chose que l'armée de ligne, celle que nous avions
hier, la même que nous avons vue finir à Sedan et
à Metz. On comprend, d'ailleurs, que cette troupe
d'ordonnance, force de guerre alerte, maniable
plus qu'aucune autre, ait gardé malgré tout des
séductions aux yeux des artistes de la spécialité, il
faut que tout s'explique ; elle fut incomparable-
ment, à l'heure qui fut la sienne, un instrument
d'attaque, l'armée, comme disent les stratégistes,
de *pénétration* par excellence. Elle en restera le
type, qui nous a réussi, pour finir, comme on le

sait. Ayant à maintenir au dedans la contrefaçon de l'ordre, au dehors le prestige de nos armes, deux pataquès bourgeois qui s'entre-valent, il fallait qu'elle se composât de troupiers finis, soigneusement séparés de la masse nationale, capables de ne pas plus reculer devant la reddition et la honte que devant la mort et l'honneur. Ils l'ont prouvé. Ils ont incarné l'idéal du militarisme. Les armées ne vont pas loin quand l'âme de la patrie ne vit plus en elles. Nous laisserons pour ce qu'ils ont valu les artistes et leurs automates. Qu'ils dorment en paix. Quand on a fait ces choses-là, on est enfoui dans l'histoire comme sous la terre, pour n'en plus sortir.

Il ne s'agit plus, aujourd'hui, des armées de pénétration ; c'est de plus haut qu'il faut voir les choses. Il s'agit, au contraire, d'avoir de quoi ne pas subir la pénétration. Cette armée de ligne est, à l'heure où nous sommes, une pompe à feu de l'autre siècle, qui ne répond plus aux besoins du nôtre. Les événements ne sont pas venus à l'appui du prestige que leurs grades conféraient à ceux qui la regrettent. Allez donc vous coucher, vieilles brisques ! nous ne vivons tous que notre âge ; une armée nouvelle vous rendra les honneurs militaires que vous a mérités celle de pénétration. Le temps n'est plus où les baïonnettes intelligentes pouvaient, comme vous le disiez, suffire, en suppléance des moyens que vous n'aviez pas, à gagner les batailles. Il nous faut plus, il nous faut autre chose que les troupiers finis, au bout de sept ans, que vous avez menés à la victoire et à la défaite ; il nous faut la nation en armes dans sa solidité compacte, formée de soldats suffisants, plutôt ouvriers militaires, qui vaudront surtout par leur nombre, par la puissance réglée de leurs manœuvres, par ce que votre science de stratégistes n'a pas su obtenir ; c'était trop avancé pour vous et de trop d'ampleur. La question actuelle de la guerre, qui n'est plus héroïque, est de mettre en œuvre, industriellement, des outillages volumineux et en mouvement d'autres machines, qui sont des masses énormes d'hommes.

Il va de soi que ces conceptions sont étrangères à vos idées, sont à vos oreilles des blasphèmes.

Entre les champions attardés du militarisme, jugé par le verdict des faits, et ceux qui sentent le besoin de se mettre au pas des nécessités de l'époque, le combat peut durer indéfiniment, jusqu'à l'extinction naturelle des premiers, sur le terrain du malentendu. Ils n'ont pas en vue le même objet. Le type de l'armée monarchique n'est pas du tout celui de l'armée républicaine ; elles diffèrent l'une de l'autre, nécessairement, comme les régimes qui leur correspondent. Les maigres bandes mises en campagne sous l'ancien régime, les compagnies de meurt-de-faim, stipendiés venus de n'importe où, entretenus à la diable, résistants à la marche, qui n'avait pas de chemins, autant qu'au feu, où n'était pas le plus grand danger, saccageurs au besoin de villes et de provinces, bandits quand ils n'avaient pas leurs gages, soudarts de profession, — c'était à peu près la même chose, — troupes, s'il en fût, de pénétration, armées de Turenne et de Vendôme, fournirent dans leur temps le prototype de la guerre monarchique. Son étroit brigandage n'a certes rien de comparable avec la fonction militaire des levées en masse, — elles sont aujourd'hui permanentes, — qui tiendront, barrières humaines, jusqu'à ce qu'elles soient par terre, pour garder jusqu'au bout l'intégrité de la patrie.

La défense que nous disons n'est donc pas autre que celle de l'armée territoriale. Vive la République ! Vive la France, qui n'en est pas séparable !

En attendant, comme la nation n'existe pas jusqu'à ce jour, nous n'avons pas non plus une armée nationale. Nous tarderons peu, malgré tout, à l'avoir. Cette solution est si bien dans le courant des faits que nous sommes en ce moment plus avancés à l'endroit de la question militaire que pour tant d'autres qui ne sont pas de portée moins essentielle. Depuis que l'Allemagne nous a écrasés, grâce à l'orthodoxie trop vieille des Etats-majors qui avaient dans leurs mains notre existence, il ne s'est écoulé qu'une vingtaine d'années ; nos portes sont restées ouvertes à l'ennemi pendant la durée d'une génération, à l'aventure, au petit bonheur ; telle a été, à vrai dire, la situation qui était la nôtre. C'est donc à peine si nous avons mis dix-huit ans à nous faire les trois quarts d'une loi militaire, à peu près le bail que peut mener à fin un régime de parlementarisme. Tout est bien, soit dit une fois de plus, qui finit bien. Pour des choses qui ne marchent que d'elles-mêmes, les choses ont marché assez vite. Nous sommes aujourd'hui sur le point de posséder une défense presque suffisante pour nous mettre en sécurité, différant peu de l'armement territorial ; nous y sommes, ou peu s'en faut. Il reste bien encore deux ou trois lacunes, anomalies d'ailleurs si flagrantes qu'elles ne peuvent pas tenir. Les exigences ultérieures ne tarderont pas à les faire disparaître ; ce n'est qu'une affaire de temps.

Le vieux militarisme a dû rendre l'âme.

Il y a le service, par exemple, des treize et vingt-huit jours. On a préféré livrer le pays aux expériences les plus ineptes plutôt que de gagner des années en admettant tout de suite, comme on le pouvait, l'armement territorial, qui, du reste, ne fut pas même proposé. Était-ce crainte de l'émeute et de la révolution ? Il n'est jamais entré dans la tête de personne que les armes puissent rester, dans les intervalles des exercices, à la disposition des miliciens qui sont exercés à les manier. Mais l'armement territorial de la nation, c'est fatalement la République ; là était le péril qu'on entendait conjurer à tout prix, jusqu'à obliger la France, de par la loi qu'on lui a faite, à subir le régime désastreux des vingt-huit et treize jours.

Ajoutez à ceci l'admiration servile qu'inspire aux pleutres, surtout quand il les aplatit, l'ascendant du succès. L'Allemagne a, paraît-il, dans ses institutions militaires, quelque chose d'analogue à nos appels de réservistes. Les législateurs de cette étoffe oublient aisément que les Français, pour battus qu'ils soient, n'en peuvent pas moins avoir autant et plus que leurs vainqueurs leurs qualités d'hommes de guerre, qui ne s'accommodent peut-être pas des mêmes procédés. Il ne faut pas attendre de nos faiseurs de lois qu'ils remontent aux causes ; leur façon de pratiquer est à leur mesure. C'est ainsi que les vaincus appliquent d'âge en âge, instruits par l'expérience, comme ils le disent sans plus de vergogne, les leçons que la guerre leur intime, en conformité de leurs mérites, à coups de pieds dans le cul.

D'où les vingt-huit et treize jours.

On les a conservés. Ils sont maintenus par la loi de 1872 et, plus récemment, par celle de 1889. Ce que ce régime de plate imitation nous gaspille annuellement de valeurs militaires, pour ne pas donner dans la sensiblerie, qui n'est pas notre défaut, en parlant de vies humaines, est quelque chose d'effrayant. Il est malheureux de voir la jeunesse d'un pays livrée à l'arbitraire d'ignares qui le sont assez pour être capables de s'imaginer que la préparation militaire, dont l'élément physiologique leur est un arcane, est une affaire de volonté mise en forme par la discipline, qu'un soldat, instruction à part pour laquelle ils demandent trois ans, peut s'improviser en treize jours. On n'aguerrit pas en treize jours ni même en vingt-huit un homme qu'on prend derrière un bureau ou dans un atelier de passementerie. Un homme n'est pas aguerri parce qu'on l'a renvoyé perclus de rhumatismes autant qu'il vivra pour l'avoir fait coucher militairement sur la terre humide, ou atteint de pneumonie, dont il guérira plus ou moins, en plus ou moins de temps, si elle ne l'emporte pas. Voilà ce que nous voyons se multiplier chaque année par des milliers d'existences qu'on immole sans utilité, sans retirer du système des avantages d'intérêt supérieur qui compensent la perte.

Pour ne rien dire de plus des dangers qu'entraînent les appels de treize et vingt-huit jours, en ce qui regarde la vie des hommes, on ne pouvait sans doute rien imaginer de plus vexatoire, dans toutes les professions, de plus dommageable sous tous les rapports. La production intellectuelle et économique en souffre comme la reproduction de la race ; au point que les populations regrettent presque le service de sept ans. Nous n'aurons rien exagéré quand nous aurons dit que le malheureux système qui est en règne est au nombre des grandes causes qui sont en train de nous faire le dépérissement de la France. Tout ce qu'on peut opposer en sa faveur est qu'il est arrivé à son moment de l'histoire comme une introduction, du reste parfaitement obscure, aux exigences du service territorial.

Le territoire d'un pays ne se transforme pas en un camp du soir au lendemain ; un peuple ne s'improvise pas de citoyens-soldats, hommes de guerre pour de bon, qui ne sont pas à confondre avec les soldats-citoyens du censitarisme.

Il y a encore, comme exemple à donner, la nécessité budgétaire d'avoir sans emploi une seconde partie du contingent. C'est-à-dire qu'avec le régime accoutumé des troupes de garnison, nos finances ne suffisent pas à utiliser, comme nous le disions, la totalité de nos valeurs militaires. La défense du pays est, comme le reste, subordonnée aux conditions de son budget. C'est déplorablement absurde ; nous n'aurons jamais trop de masse, qu'il nous faut armer. Une partie de nos hommes restent ainsi à l'état de demi-soldats, insuffisamment exercés, qui ne passent pas tous, à tour de rôle, sous les drapeaux pour y acquérir également leur instruction de patriotes. Nous sera-t-il donné d'y mieux réussir avec le service réduit à trois ans ? Le fait est que la loi nouvelle a répondu en maintenant deux portions du contingent à la présomption de ceux qui auraient voulu l'espérer. Quoi qu'il en soit, la solution ne se montre pas douteuse avec l'armement territorial. Ce régime, qui est tout ce qu'il faut pour un peuple qui n'a en vue que la défense de son territoire, est en effet le moins coûteux qui puisse exister, dont l'adoption mettrait à l'aise notre budget de la guerre jusqu'à présent surchargé. Il se trouverait par là en mesure d'en-

tretenir sans difficulté la masse entière de l'effectif. Nous y arrivons malgré tout. Nous avons vu
à la Chambre la Commission de l'armée reprendre
l'idée du renvoi conditionnel après deux ans de
séjour sous les drapeaux, — et moins encore,
évidemment, s'il est possible, — dispositif de la
plus haute portée à l'entendre comme nous l'entendons, qui n'a pas eu l'agrément du Sénat. La
proposition d'introduire dans la loi militaire le
recrutement régional, qui n'y était pas, est venue
de la même Commission. Des essais d'organisation
régionale avaient déjà été préparés antérieurement.
Pour finir, ceci est maintenant dans la loi militaire ;
l'article 45 de cette loi établit le principe du service régional, qu'il tempère, dans l'application,
comme il est juste, par la latitude laissée au ministre de la guerre de pourvoir à l'insuffisance
d'une région par l'excédent d'une autre. Cela rentre,
comme on voit, dans ce que nous avons dit ; c'est
l'acheminement vers le régime territorial, qui est
le seul rationnel chez un peuple républicain.

La considération de l'épargne budgétaire que
nous signalons est, par elle-même, de toute importance ; particulièrement le devient-elle dans l'ordre
d'idées où nous nous sommes placé, puisque c'est
dans celui de ses rapports économiques, dans le vif
de sa réalité sociale, que nous prenons ici la guerre.

Il nous faut l'armement en masse, le pays armé
tout entier sans autre but que sa préservation. Ce
procédé est le seul, au point de vue de la dépense

comme à tout autre, qui soit vraiment démocratique. Tout le rôle militaire que nous avons à tenir est de nous tenir chez nous, fortifiés dans la défensive. Cette attitude n'est pas autre chose en traduction diplomatique, voilà ce qu'il nous faudrait comprendre, que l'abstention armée devant l'Europe, l'abstention inflexible dans son parti-pris systématique, plus formidable que tous les instruments de guerre.

Nous sommes un peuple d'insurgés ; nous le sommes de par le tourne-broche historique, nous étant éveillés depuis plus longtemps que nous dormions, plus vieux que nous étions, avant les autres. Nous n'aurions pas eu, si nous avions su nous en rendre compte, l'indignité de nous résoudre à toutes les abjections que nous avons acceptées pour nous faire admettre à tout prix dans leur concert européen de Lestrigons ; nous n'aurions pas pris part au Congrès de Berlin ; nous ne serions pas allés aux antipodes sur l'autorisation sollicitée du gouvernement de l'Allemagne ; nous ne serions pas tombés, plus récemment, dans ce ridicule impair de convoquer les monarchies, qui nous refusent naturellement à fêter avec nous nos « Quatre-vingt-neuf ». C'est, en vérité, trop de bêtise, non moins que d'apostasie.

Nous sommes, quoi que nous fassions, et nous restons devant l'Europe du droit divin, un peuple d'insurgés, en rebellion. Epouvante et scandale des troupeaux humains, nous avons brisé, traîné sur la claie leurs sentiments. Ils nous abhorrent autant que nous redoutent les dévorateurs consacrés qui exercent de tradition le droit de les mettre en côtelettes. Nous sommes, grâce à nos pères, qui ne croyaient pas aller si loin, un peuple d'insurgés, en révolte au nom de la justice, contre l'iniquité. Nous sommes séparés du monde qui fut avant nous, par un fleuve de sang, le sang des mangeurs d'hommes, que nous versâmes, qui est reconnu pour avoir de la valeur, et le nôtre, qu'ils versèrent plus largement, qui n'en a pas. On ne fait pas alliance avec des gens de notre espèce. Nous n'avons pas à demander des alliances avec les rois. Nous serons bien forts le jour où nous l'aurons compris.

Vous entendrez cependant des Français patriotes, — ils se donnent pour l'être, ils ont l'âme, nous aimons à le croire, pavée des meilleures intentions, — acclamer la revanche par les armes. S'ils ont en vue le retour à la France des deux provinces qui lui ont été enlevées, assurément nous le désirons plus que personne. Mais pourquoi par les armes ? Pourquoi nous jeter de nouveau dans les hasards militaires et les complications qui les suivent, alors que nous avons les moyens de l'obtenir en toute certitude, quand nous le voudrons, sans risques de guerre, sans un coup de canon ? Il ne s'agirait pour nous que d'asseoir, à l'abri de notre armement défensif, les institutions qui feraient de la France la nation républicaine qu'elle doit être. Les résultats de prospérité qu'elles lui auraient bientôt valus exerceraient sur les populations détachées du groupe français, qui gravitent autour de lui, qui lui appartiennent par affinité de race et par sympathie de tradition, une attraction tellement irrésistible que rien ne les empêcherait de rentrer dans l'orbite politique de la France républicaine, sans absorption de leur autonomie. Elles s'en défient jusqu'à présent, et n'ont pas tort. Que gagneraient-elles à devenir des préfectures de la centralisation napoléonienne ? Tant que nous n'aurons à offrir aux adhérents qui sont prêts à nous venir que le régime des peuples conquis, nous ne les rattacherons pas à nous. Misérables ! cherchez la justice, vous aurez le reste par surcroît.

Nous ne parlons pas seulement de l'Alsace et de la Lorraine ; il en serait de même pour le Luxembourg et le pays wallon ; la revanche serait plus ample que ne la conçoivent ses plus outranciers partisans. Il est malheureux de l'entendre demander si mal, de voir si faible son pays quand il pourrait avoir l'omnipotence de la vérité... Malédiction !

Nous serions aujourd'hui, si nous étions capables de suivre avec intelligence la voie ouverte devant nous, plus près de posséder les rives du Rhin que la Prusse de s'annexer la Hollande.

Sortirons-nous, enfin, de l'ère de la sauvagerie belliqueuse et du carnage guerrier ? Les revanches armées sont, entre les nations qui ont le malheur de se trouver en contact de voisinage, un jeu de raquette, dont on ne voit pas le terme. Le xixᵉ siècle a ébauché, ce sera une de ses meilleures gloires, la division ethnographique des groupements européens, les *nationalités*, comme on disait il y a trente ans. Il léguera au xxᵉ la tâche de parfaire l'œuvre. Il n'est pas à prévoir que la raison ultime des pièces de canon, qui était celle des potentats, en soit l'instrument principal.

Jusque-là nous ne craignons pas de dire que les acclamateurs de la revanche militaire sont à nos yeux de fort mauvais Français, même les hommes les plus dangereux pour leur pays que nous connaissions en France. Mais vous ne ferez pas que les myopes voient plus loin que leur portée visuelle. Cette conception de la revanche armée, à la mesure des propagateurs comme des endoctrinés, est une de ces vulgarités assez épaisses pour être saisissables à l'esprit des masses. Il ne la comprendra pas autrement. C'est trop le dépasser que de vouloir marcher dans la donnée du patriotisme sans oripeaux, qui défendit laborieusement la France et la sauva, de Jemmapes à Hohenlinden, avec la bonne volonté des premiers venus qui ne se prirent jamais pour des militaires ; aussi sont-ils morts sans avoir même la médaille de chocolat. L'époque où nous sommes n'est en toutes choses qu'aux faussetés de suppléance ; elle ne cesse pas d'être dans l'ornière du chauvinisme, où il emboîta le pas sur les brisées des patriotes de la première heure, d'Austerlitz en passant par Moscou jusqu'à

Waterloo, jusqu'à Sedan. Sonnez clairons, roulez tambours, complétez la musique, fusils et canons ; à la bonne heure ! ces choses-là ne sont pas des idées. Cela s'entend avec les oreilles, pour longues qu'elles soient...

Nous avons donc toujours à craindre la reprise de l'aventure guerrière, qui serait pour nous, comme il a été expliqué, le coup de grâce, quelle que fût l'issue. Tout ce qu'il nous est permis d'espérer est que les choses continuent de se traîner, comme jusqu'aujourd'hui, en longueur. Plus longtemps elles persisteront à se montrer nulles comme elles se montrent, mieux elles vaudront.

Nous ne pouvons cependant pas avoir trop de force armée, qui ne sera jusqu'au bout, espérons-le, que la protection de nos charrues.

Armement du pays en masse ; défensive militaire ; abstention diplomatique vis-à-vis de l'Europe ; isolement systématique de la France, qui se présente comme l'avenir, s'il doit venir, en face du passé ; tels sont, en somme, les moyens que nous avons encore à notre disposition pour écarter le retour d'une conflagration militaire qui ne peut être que notre achèvement ; telle est, en trois mots, dans l'ensemble de ses lignes, la seule politique d'actualité qui soit raisonnable, que les exigences des temps qui viendront, à défaut de l'intelligence que nous n'avons pas, nous obligeront de plus en plus à suivre.

Il n'est que juste de reconnaître que nous ne

sommes pas trop en situation de nous plaindre à cet
égard puisque nous y arrivons malgré tout — tar-
divement, il est vrai, péniblement, de gré moins
que de force : — quoi qu'il en soit, nous y sommes
presque. Si tout le reste marchait du même pas,
nous pourrions croire que l'épreuve ne pèsera pas
in sæcula sur Israël. On n'aura pas maintenant beaucoup de retouches à faire à la loi que nous avons
enfin, depuis décembre 1889, pour qu'elle devienne
la mise en train d'une organisation quasi-suffisante.
Malheureusement ce résultat d'organisation armée,
qui est encore ce qui se montre le moins retar-
dataire, n'est qu'un élément de la question, qui
ne peut suppléer entièrement, pour considérable
qu'il soit, à la nullité trop notoire qui est partout.

En résumé de ce que nous avons dit au sujet de
la catastrophe économique :

Il n'y avait de recours contre la débâcle, contre
les différentes causes qui l'ont amenée ou déterminée, contre toutes les calamités qu'elles ont déchaî-
nées sur nous, il n'y avait de remèdes que ceux dont
l'indication est dans les pages qu'on vient de lire.

1° La surproduction, première cause de la crise,
réclamait, réclame toujours, pour l'avenir comme
pour le présent, la conversion de l'activité industrielle en activité agricole ;

2° En outre, l'élimination de l'agiotage, pour ce
qui est de la seconde cause, ne saurait être obtenue

que par le développement des travaux sérieux en vue des résultats agricoles ;

3° Enfin, le retour de la perturbation militaire, qui a été la troisième cause, ne peut être sûrement conjuré que par l'enrégimentation en bloc de la nation, l'armement de la masse agricole.

République des laboureurs, sous tous les aspects ; démocratie militaire des charrues, en hausse, qui n'est pas difficile, sur ce que nous avons aujourd'hui ; civilisation supérieure des sabots, — nous n'avons pas à sortir de là.

Sans préjudice, bien entendu, des moyens subsidiaires, particuliers, pour ménager le passage, en préservant, autant que faire se peut, les intérêts compromis par le régime antérieur. Mais ceci est surtout l'affaire des intéressés ; que ces messieurs des villes s'arrangent ! Nous avons vu, d'ailleurs, les expédients auxquels ils ont proposé de recourir, et l'erreur où on est tombé en voulant confondre des procédés secondaires avec la véritable solution.

PEUPLES AVENTURIERS ET PEUPLES DE VIE INTÉRIEURE

Nous avons signalé, entre les causes de la débâcle économique, celle qui est vraiment essentielle dans le fait de la surproduction, dont le débordement a précédé l'époque diluvienne dans laquelle nous sommes. Cette excès de production a dû son origine à l'essort brusque des applications industrielles, bientôt amené par le progrès commençant de la science chez les sociétés de l'Europe les plus avancées, qui avaient d'ailleurs la préparation pour en tirer parti. D'où le monopole, dont celles-ci purent s'emparer alors, de la fabrication pour l'usage du monde entier, c'est-à-dire de tous les pays du globe qui éprouvaient le besoin de consommer de la civilisation européenne.

Malheureusement, ce qui ne cessait pas d'être le moins perfectionné chez nos cohues civilisées, où la science n'entrait toujours pour rien, était le mécanisme social, qui demeure encore et de plus en plus, dans ce siècle de machines, la plus arriérée des machines. Ainsi ces découvertes, au lieu de bénéficier, comme il eût fallu, à l'aisance générale des agglomérations d'hommes, ont-elles été surtout au profit des exploiteurs en possession de vivre sur les peuples, ayant pour instrument de leur exploitation la force des pouvoirs. Ainsi la rédemption, que l'esprit scientifique apportait trop tôt, fut-elle immédiatement confisquée par la clique des nantis qui tenaient partout la place. Les nouvelles entreprises de l'industrie, devenue tout à coup une puissance avec laquelle on n'avait pas compté, ne tardèrent pas à donner corps aux spéculations financières. Désordre sur désordre et chapardage sur chapardage. On se jeta de toutes parts dans le mouvement les yeux fermés ; tous les bras furent appelés à concourir au banditisme et tous les capitaux, la production qui ne rentrait pas dans l'espèce étant reléguée au second plan ; les civilisations ne furent plus, livrées aux juiveries, que des cavernes de vol public. Ce qui devait être à tous fut l'usurpation de quelques-uns, accaparé par la prélibation. La substance des sociétés fut absorbée par l'agiotage.

En même temps que les peuples producteurs d'Europe étaient tenus dans l'épuisement par l'exhaustion que l'oligarchie des pirates, — usiniers, gens de commerce, gens de bourse, — exerçait à leurs dépens, les peuples étrangers qui faisaient la consommation, les débouchés, étaient commercialement rançonnés par les spéculateurs de l'industrie et du trafic européens.

Saleté inexpressible !

Ce brigandage à double face ne pouvait pas durer toujours. Cette suractivité manufacturière, cette fureur de monopole, cette fièvre de prélibation, cette putridité de mercantilisme ne devait sans doute avoir qu'un temps. La situation privilégiée qui avait donné lieu à cette effervescence de rapacité n'était pas pour être éternelle. On ne croira pas qu'il fût transcendant de prévoir que l'exploitation industrielle en viendrait vite à se tuer elle-même ; que les pays initiés par elle n'auraient hâte que de se mettre en mesure pour arriver à s'affranchir de leurs initiateurs ; que la surproduction de l'Europe, effet momentané, dis-

paraîtrait promptement, la production étant partout.

Il n'y avait rien dans tout cela qui ne fût d'une
simplicité niaise.

On peut penser qu'il n'était pas plus difficile de
comprendre que la production la plus sûre, celle
qui a le moins à craindre des caprices de l'atmosphère économique, est dans le rendement du sol,
pour peu qu'il soit apte à produire, qu'un peuple
met en valeur ; de même, pour la consommation
de ce qui n'est pas alimentaire, qu'elle doit être
avant tout cherchée sur place, dans le développement de son aisance générale ; que l'échange le
plus fructueux de son commerce, le véritable
débouché, est en lui-même. La production industrielle peut alors se donner carrière. Celui-là ne lui
fera pas défaut.

Telle eût été la conception d'un gouvernement
qui eût sincèrement exprimé l'intérêt national,
ou plutôt, pour mieux dire, qui aurait été la
nation elle-même. Mais ce point de vue n'était
point celui des prélibateurs, qui n'avaient au contraire pour objet que d'exploiter la nation. Ils
n'avaient pas songé à autre chose qu'à tirer parti
du coup de feu ; ils s'occupaient alors de faire leur
rafle, sur n'importe qui et n'importe par quels
moyens, le plus tôt possible ; après quoi le pays
s'arrangerait, quand ils se seraient retirés avec fortunes faites, comme il pourrait. Nous nous souvenons du temps où un dicton avait cours parmi les

boutiquiers de la boutique : « Celui qui ne devient pas millionnaire en quinze ans est un infirme ». Ils s'occupaient de se gaver ; ils n'avaient cure du lendemain.

Par ainsi le pays fut jeté dans les aventures de l'industrialisme, dans les casse-cou de l'exportation, dans les chausses-trapes financières, à corps perdu, au mépris du reste. On négligea sa vraie richesse : on l'exténua, on le vida, et on le jeta, quand il fut vide, à l'étranger. Il y a eu là, d'ailleurs, c'est justice de le reconnaître, plus d'ignorance et d'engouement, plus d'incurie encore que de scélératesse. Il demeure également vrai que, si on en avait vu davantage, on n'aurait pas fait autrement. Nos États de l'Europe au service des fouetteurs de nègres blancs, dont ils sont les garde-chiourmes, n'ont, en effet, cessé de marcher dans l'ornière des anciens pouvoirs féodaux, lesquels avaient pour dogme qu'il ne faut pas donner aux masses productives trop d'aisance, qui ne manquerait pas de tourner en péril pour les privilèges des privilégiés ; elles furent créées et mises au monde, taillables à merci, pour remplir les coffres du fisc, dont les exploiteurs ont les clefs ; telle est l'orthodoxie. Quoi qu'il en soit, cela ne changeait rien au résultat nécessaire ; tout était faux, tout était vide, prestige, iniquité. La première occasion, la première guerre qu'on verrait survenir devait être, dans ces conditions, le signal de l'effondrement.

Comme il arriva ; maintenant nous sommes au fond ; c'est de bon exemple.

On sait les suites. Nos gens de négoce — nous ne faisons pas de distinction entre eux, nous les mettons tous dans le même sac d'un bout de l'Europe à l'autre — n'ont eu alors d'autre pensée que de tirer à tout prix d'affaire leurs intérêts mal pris. Les débouchés que nous avions hier nous manquent à présent ; il nous faut en chercher ailleurs. Ce raisonnement d'épiciers en dèche a été universellement, dans chaque pays, celui de l'État, qui n'a pas vu plus loin que le bout de leurs nez. Car ils sont aujourd'hui le nerf des nations.

On aurait pu se dire qu'en perdant la clientèle des étrangers qui avaient assez le goût de nos articles pour se les procurer ailleurs que chez nous ou pour en installer chez eux les fabrications, notre commerce avec le dehors avait perdu le dessus de son panier ; on aurait pu se dire que les moyens ne se montraient guère de suppléer, surtout en peu de temps, au défaut de leur consommation ; qu'il n'y avait pas beaucoup de chances d'improviser des clientèles de remplacement chez les populations inconnues, qui ne désiraient pas nous connaître, qui ne s'étaient pas encore avisées de nous demander rien. Il est plus facile de servir des besoins que de les créer. Là où on ne porte pas de chemises, il sera vendu peu de faux-cols. Cela pouvait paraître assez clair, même à des commerçants, même à des gens d'État ; la vérité est qu'on est descendu plus bas que ces foncières inepties : la vérité est qu'on ne s'est rien dit.

La vérité est que nos fabricants et courtiers d'industries n'ont eu en vue qu'une chose : ils ont senti que leurs débouchés ordinaires s'en allaient sous eux, qu'il leur fallait en avoir d'autres. De là est née la politique en règne dans ces derniers temps, qu'on appelle COLONIALE. Ce n'est, en deux mots, qu'une pratique de brigandage cosmopolite au profit des civilisés, pour rançonner à leur arbitraire les populations qu'ils jugent incapables de se défendre. Cette iniquité de maroufles prend pour couverture l'honneur national ; on saisira le premier prétexte, que ne laissent jamais manquer les fugues des coureurs d'aventures qui ne demandent qu'à porter aux antipodes, pour le compromettre, le drapeau de leur pays ; alors on occupera militairement les contrées lointaines qu'on a en vue d'exploiter sans merci au moyen d'un système approprié de taxes douanières et de fiscalité.

La politique dite coloniale n'est pas la nôtre exclusivement. La France n'est pas la seule nation de l'Europe qui ait aujourd'hui son Tonkin.

Il en est de même, plus ou moins, pour chacune des puissances qui nous avoisinent. L'Italie est allée chercher le sien en Abyssinie. L'Espagne a Cuba comme empire colonial, en coupe réglée, on peut le dire, fauché à chaque génération, en attendant le Maroc dès que l'occasion sera donnée.

Elle nourrit, sur une étendue qui est à peu près celle de la France quinze millions d'habitants, qui ne font rien : ce n'est pas de quoi nous les blâmons. Essayera-t-elle de couvrir son brigandage ? Alléguera-t-elle aussi le trop-plein de son territoire, l'écoulement de ses produits ? Nous avons cependant vu la Belgique se lancer dans les explorations. Enfin l'Allemagne a installé ses comptoirs sur tout le pourtour de l'Afrique...

Tas de sacripants, qui préparent le massacre !

La colonisation est dans le courant de l'époque, d'accord avec sa platitude intellectuelle. Conforme à l'humanitarisme des Robert - Macaire, des courtiers internationaux, à l'avenant de l'écumage cosmopolite, elle rentre authentiquement dans les idées bourgeoises. Elle est bien dans l'instinct des carnassiers du *struggle for life*, à la hauteur de leur esprit, aux entournures de leur moralité.

Vidange sans nom !

Que nos loups-cerviers n'aient songé, dans la déroute universelle, qu'à sauver leurs échoppes ; qu'ils ne se soient pas le moins du monde, en le faisant, inquiétés de la patrie ; qu'ils l'aient précipitée d'un cœur léger, pour le salut de leurs intérêts, dans les derniers périls de mort ; que le patriotisme de ces misérables ait été chez eux à l'instar du reste, c'est naturel, évidemment.

Ils sont allés au plus pressé, à ce qui l'était pour eux ; il n'y a pas de mal à en dire. D'autant que les gouvernements eux-mêmes, que les nations avaient pu croire faits pour sauvegarder leurs vies, n'ont pas agi d'une autre sorte. Dans l'état honteux d'anarchie qui est celui de nos sociétés, livrées pieds et poings liés à l'exploitation des rapaces, dans les conditions générales d'incohérence et de pillage, dans les ténèbres d'ignominie où elles se débattent, il n'était pas possible qu'il en fût autrement.

La recherche famélique de débouchés lointains a été pour nos décavés de l'usine et du comptoir un expédient, qui ne leur a pas donné ce qu'ils avaient en vue d'obtenir. Ils étaient trop bêtes. Ils sortent de là encore plus maigres. Les colonisateurs, anciens ou nouveaux, ont eu partout la même déconvenue, qui prend maintenant le caractère d'un résultat universel. Nous n'y voyons pas d'inconvénients, s'il ne s'agissait que d'eux. C'était tout à fait à prévoir pour des gens qui auraient été capables de prévoir quelque chose.

L'infatuation coloniale restera pour l'avenir comme un trait caractéristique de ce XIXᵉ siècle, où il y a de tout, qui sera placé si bas à certains égards autant qu'il sera exalté sous d'autres rapports. Ces grandes entreprises de signification commerciale aux frais des États se présenteront sous l'aspect d'une transition entre deux âges : celui où on ne tentait pas de pareilles expériences parce qu'on ne le pouvait pas, et celui où on ne voudra plus entendre parler de ces énormités parce qu'on en aura trop subi les suites, qui auront rendu matériellement impossible de recommencer les aventures dont elles auront été l'aboutissant. C'est de cette manière seulement que les nations redressent leurs voies.

Laissons pour ce qu'elle vaut toute cette liquéfaction économique. On ne saurait du reste même nier qu'il n'y avait de recours pour certains peuples et qu'ils n'en auront pas un autre que dans ce qu'ont essayé individuellement les commerçants de tous les pays.

Car il faut distinguer entre les peuples. Il en est que la nature gratifia de ses faveurs, qu'elle fit capables de se suffire, tant mal que bien, de vivre chez eux, sur leur sol, sans avoir trop à demander aux hommes du dehors. Nous les félicitons. Il en est d'autres qu'elle priva de tout, qui dépendent forcément d'autrui. Faméliques à perpétuité, ils sont nés sociables par prédestination forcée, facteurs et pourvoyeurs du globe. Ces malheureux demanderont leur vie à tous les artifices, frapperont, haletants, pour se la procurer, à toutes les portes, où ils pourront. Ils devront la chercher aux quatre vents du ciel. Ils sont en nécessité de faire ce que nous n'avons pas à faire. Il est bon, hélas ! d'être pieux, quand on en est là. On s'arrange comme on peut et on bénit le Ciel jusqu'à ce que, l'heure étant venue du jugement social, qui mettra en place les nations, ils soient enfin rendus par la force des choses à l'ingratitude naturelle de leurs destinées. Misère et dispersion. pillage et massacre, débouchés à tout prix, épouvante et désolation ; qu'ils passent par là, puisqu'ils sont en obligation d'y passer. Nous ne pouvons que les plaindre sincèrement.

Il est cependant, ainsi que nous avons commencé par le dire, des peuples qui ont reçu du sort, par une sorte de paradoxe, invraisemblablement comme pour tout le peu qu'on voudrait trouver de bon dans l'existence, des conditions de vivre passables. Nargue de la fausse générosité internationale dont la piraterie cosmopolite, protectrice, comme on sait, de la consommation, recouvre ses appétits de crocodiles ; nargue de l'hypocrisie humanitaire ! Ceux-là n'ont à faire autre chose, puisque leurs moyens le leur permettent, que de se replier sur eux-mêmes, chacun d'eux s'enfermant chez soi, vivant en soi, pour soi, faisant sa production pour sa consommation, à l'abri, autant qu'ils pourront, de l'humanité. Qu'ils déploient donc tous les efforts dont ils seront capables pour transformer à ce point de vue, s'ils l'ont laissée jusqu'à présent se fourvoyer, leur activité productive. Égoïsme national érigé en règle, ce qui ne suppose, après tout, que la création de l'aisance publique au dedans de chaque société, le règne de la justice et de l'ordre.

La France est le type de ces peuples.

Tout est stupide sous la calotte des cieux, tout est mauvais autant qu'absurde ; rien de ce qui se fait ne se fait que mal. Comme il est important que nous ne donnions pas ici dans l'utopie, nous devrons nous le rappeler avant d'aller plus loin et ne pas le perdre de vue. Nous ne supposerons donc pas que les peuples exceptionnellement favorisés dont nous parlons entreront de leur gré dans la voie qu'ils ont devant eux, même la seule qui leur soit ouverte. Ils se refuseront à y entrer; ils renâcleront : ils aimeront mieux traverser toutes les épreuves, encourir toutes les déceptions, ils aimeront mieux crever de bêtise et de misère pendant plusieurs générations plutôt que d'en venir là. Ils y viendront quand ils ne pourront plus faire pire, à bout d'indignité; ils finiront, quand ils auront été fouaillés jusqu'aux moelles autant qu'ils auront eu la fortune imméritée de survivre, par où il leur serait facile de commencer.

Car on ne conseille pas les nations. Ce n'est pas parce que la suprême sagesse est en elles. Gratifiées ou non de la nature, elles iront, les unes comme les autres, au double terme où elles sont portées par l'inepte fatalité de leur évolution, leurs intelligences n'y entendant rien, leurs volontés n'y étant pour rien. Au bord du gouffre la culbute. Allez-y donc, nations que vous êtes! allez-y donc, perversités! Elles seront traînées jusqu'au bout, quoi qu'elles fassent, regardant en arrière, sur les talons. De telle sorte qu'elles passeront, comme nous aimons à le prévoir, ne demandant pas à les contrarier, sous les désastres qu'elles

seront mises en condition de subir, par les exter-
minations de toutes formes qu'elles se seront préparées, par les carnages sans nom, écrasées et
broyées, puisqu'elles le préfèrent ainsi, par la
main de la Nécessité, qui ne l'a pas clémente.

Ainsi soit-il !

Ce sera sans doute plus à leur goût que de
suivre les pionniers qui éclaireraient leurs étapes,
s'étant rendus capables de voir à plus de quinze
pas sur la route. A la bonne heure ! Nous savons
que les peuples ne sont pas des êtres intellectuels ;
nous savons qu'ils ne peuvent pas l'être ; nous
savons que le mouvement qui les pousse devant
eux n'a rien de commun avec l'activité de l'intelligence. Grand bien leur fasse pour l'amour que
nous leur portons ! Il est possible qu'on débute
par l'amour des bimanes doués de blague, *homo
sapiens*, comme ils se nomment ; on finit autrement.

Or le régime prohibitif entre les nations, que
nous sommes conduit à prévoir, amitié de chiens
et de loups comme il leur convient, s'appuie dès
l'heure actuelle sur assez de faits qui l'annoncent.
On ne commence par la sagesse ; tout au plus
finit-on par elle. Voilà ce que nous avons à exposer maintenant.

AVÈNEMENT FORCÉ DE LA PROHIBITION
A LA PLACE DU LIBRE-ÉCHANGE. — L'ÉCHANGE CONTRACTUEL

Il est certain que la transformation qui s'est produite, complémentaire du reste, dans l'ordre des échanges internationaux, a suivi depuis ces derniers temps une marche encore plus rapide qu'on n'avait pu d'abord le prévoir. Le fait le plus saillant de cette révolution a été pour nous l'abrogation du traité de commerce que nous avions avec l'Italie depuis 1881. On peut se rappeler qu'à la fin de l'année 1887 le ministre italien, M. Crispi, déplorait, avec la franchise qui est dans l'esprit de son pays, *que les autres nations fussent en train d'élever les barrières de douanes*; à quoi il ajoutait avec la même franchise que, du moment où cela se faisait partout, l'Italie ne pouvait se dispenser de faire comme les autres.

Elle a donc dénoncé le traité. Ce qui est arrivé depuis est connu. Après cinq mois de pourparlers au sujet d'un nouveau traité de commerce, il a fallu finir par une solution radicale sur laquelle on a inutilement essayé de revenir. Nous n'avons plus de traité avec l'Italie ; nous n'avons même plus le tarif général des douanes. Les deux nations se sont opposé l'une à l'autre, spécialement pour ce qui concerne les denrées alimentaires, une guerre de tarifs, relevant à l'envi les surtaxes de leurs articles réciproques. D'où un régime de véritable prohibition qui les sépare mieux que la chaîne des Alpes.

Il va de soi que la rupture a eu lieu comme tout se fait à l'heure où nous sommes, dans la forme de pleutrerie qui est partout, sans initiative ni prévision intelligentes, à l'aveugle, révolutionnairement si on veut, en ce sens que la révolution n'est que dans la force obscure des choses.

La dénonciation du traité de commerce ne devait pas réussir à nos voisins. L'Italie souffre, les faillites s'y multiplient dans ses contrées méridionales faute de débouchés pour ses vins, auxquels manque notre consommation ; de même le nord du pays par la dépréciation du bétail et la stagnation du commerce. On dit que la vente des produits agricoles a diminué en dix mois de 111 millions. Les économistes officiels, chaque pays a les siens, n'ont d'abord voulu voir en cet état de choses qu'une crise favorable à l'avenir commercial de leur nation, mise en demeure de s'ouvrir *des débouchés nouveaux*. Tous les peuples auront, chacun à sa mesure, cette échappatoire, par transition plus ou moins passagère, jusqu'à ce qu'ils soient obligés d'en venir à la prohibition, où il faudra qu'ils arrivent tous. Une remarque a été faite en même temps par les hommes d'État du gouvernement italien : c'est que les importations ont été affectées chez eux, en suite de la dénonciation du traité, beaucoup plus que les exportations. Celles-ci ont diminué en cinq mois de 38 millions, et les importations de 142 millions. Il y avait lieu néanmoins de penser, pour ce qui tient à l'exportation, que la France devait moins perdre que l'Italie par la rupture du traité. L'Italie, dont l'échange total est moindre, aurait ainsi proportionnellement plus de perte sur son commerce d'exportation. C'est en effet ce qui est arrivé. Il paraît qu'elle a perdu pour ses exportations, dans les neuf premiers mois de 1888, quelque chose comme 50 millions, soit 7 0/0 de son exportation totale, tandis que la France aurait perdu dix fois moins, pas 1 0/0 des siennes. Il paraîtrait aussi que le produit des douanes pendant le second semestre de 1888 s'est abaissé en Italie d'une quarantaine de millions comparativement à l'année précédente. Finalement, le relevé des statistiques, tel qu'il a été fait chez nous, sur les ordres du ministre du Commerce et de l'Industrie, a prouvé que les exportations de France en Italie ont diminué pendant l'année 1888 de 34 millions, tandis que les importations d'Italie en France ont baissé de 105 millions dans le cours de la même année. Quoi qu'il en soit, la situation monétaire, à en croire ce que disaient, à un moment donné, les économistes officiels de l'autre côté des Alpes, avait beaucoup gagné chez eux ; les valeurs italiennes étaient en hausse ; le crédit national s'était consolidé. A quoi ils ajoutaient qu'il s'était créé de nouvelles fabriques et des débouchés nouveaux, que l'exportation de la soie avait augmenté... Nous voulons le croire, sans nous informer davantage de ce qu'ils peuvent dire à l'heure qu'il est ; on s'y prend comme on peut pour ne pas mourir. Souhaitons que leurs masses gouvernées arrivent enfin à se suffire sans notre aide ni celle de personne. Moins les peuples entendront parler les uns des autres, d'ici à sept semaines d'années, mieux cela vaudra pour chacun d'eux et pour le monde entier.

En attendant, on a demandé, pour subvenir aux besoins du gouvernement italien, l'augmentation de l'impôt foncier. Ce n'est sans doute pas un témoignage d'aisance ; on a proposé d'élever le prix du sel (qui est en régie). Mais l'agriculture, dans les conditions où la rupture l'a mise, est incapable de surcharges, et quant au sel, plus cher que partout ailleurs, le prix n'en peut être augmenté sans compromettre la santé publique.

Nous voyons cependant que le déficit budgétaire, qui n'existait pas quelques années auparavant, est allé jusqu'à 73 millions pour l'exercice 1887-1888, et qu'il était déjà de 191 millions pour le suivant, au commencement de février 1889. Les frais excessifs qu'entraîne le développement d'une puissante armée, d'une grande marine, épuisent le contribuable italien comme les contribuables de partout ailleurs. La suppression des relations commerciales avec la France a pour résultat la misère des populations agricoles. Celle-ci est au comble dans la province de Naples, en Sicile, où le brigandage renaît, en Lombardie, en Sardaigne. On va pourtant devoir frapper de nouveaux impôts le pays appauvri. Ses gouvernants ont beau dire, il n'y a plus maintenant à nier l'évidence. Le discours du trône, vers la fin de janvier 1889, à l'ouverture de la session législative, en est lui-même au point de confesser que les nécessités financières exigent de réduire les dépenses à leurs limites les plus étroites ; force est de constater que la situation où l'Italie a été jetée par ses hommes d'Etat est un désastre. Au commencement de février 1889, des émeutes se déclarent à Rome ; quelques jours plus tard, une manifestation violente a lieu à la Chambre ; Crispi est mis sur la sellette.

C'est d'ailleurs justice de reconnaître que chacune des deux nations décline, dans cette mésintelligence commerciale qui les divise, la responsabilité de la provocation. L'Italie dit que, si elle n'avait pas dénoncé le traité de commerce, la France l'eût dénoncé. En fin de compte, il a été heureux pour nous que l'Italie ait pris les devants, qu'elle n'ait cessé de faire preuve de mauvais vouloir à notre égard pendant le cours des négociations. Nous avons dû entrer alors, par la porte de la nécessité, dans la pratique d'un régime nouveau, où il faut que nous arrivions pour l'existence du pays ; nous n'aurions pas osé y venir de nous-

mêmes, étant données surtout les influences anti-
nationales dont l'aristocratie industrielle et mercantile enveloppe le personnel de nos gouvernements.

Nous avons eu mieux, on peut le dire, que nous
n'avions mérité.

Les tendances protectionnistes, qui sont pour la
France l'ordre de nature et le bon sens, ont fini
par se déclarer avec un ensemble si impérieux que
le Parlement, dont la majorité était loin de les
partager, s'est trouvé dans l'obligation de se rendre
aux exigences de l'opinion. C'est ainsi que ces
messieurs ont dû frapper les grains venus du
dehors d'une taxe de 5 francs par 100 kilos. Il est
vrai que la loi sur les céréales n'a été votée, nous
l'avons déjà dit, que pour satisfaire aux besoins des
propriétaires. Il est également vrai, nous l'avons
dit encore, qu'elle l'a été de telle sorte qu'elle a
bénéficié surtout aux agioteurs de l'importation.
Plus récemment, vers la fin de 1888, à l'occasion
du vote de la Chambre concernant le budget
extraordinaire de la guerre, le ministre a dû s'engager à ne plus employer, à moins d'impossibilité
absolue, que des fournitures françaises. Il est de
fait qu'à cet égard on était allé loin. Exemples
complémentaires : charpentes en bois ouvré d'Autriche-Hongrie, machines à vapeur, locomotives
d'Allemagne (Cies Enq. industrielle), navires construits en Angleterre. Faut-il admettre que cette

raison de force majeure, derrière laquelle se retranchait éventuellement le ministre, comporte dans l'application une élasticité qu'on ne supposait pas? Toujours est-il que peu de temps après, à la fin de janvier 1889, on pouvait voir à Saint-Malo, sur le quai Duguay-Trouin, un navire à vapeur allemand, *la Pauline*, qui était venu là du port de Kiel pour débarquer un chargement d'avoine provenant de Libau (Prusse) et destinée à l'armée française. Les sacs amoncelés sur le bord du quai, en attendant leur expédition par le chemin de fer, portaient, pour ne laisser aucun doute, avec la marque d'un fabricant de Rennes, l'estampille officielle : *subsistances militaires*. A la bonne heure! Mais il faut également reconnaître que les dérogations de ce genre sont accueillies par l'opinion avec sévérité. « Ainsi le ministre de la guerre, ajoutait le journal qui rapportait le fait en question, s'approvisionne en Prusse, tandis que les producteurs français, ceux de Bretagne, tout spécialement, ne trouvent pas d'acheteurs pour leur avoine, dont la cavalerie est le plus important consommateur. » D'une autre part, il était tenu à Béziers, en octobre ou novembre de l'année 1888, — encore une machine argyrocratique, — une réunion provoquée par le Comice agricole de la région, où on décida de faire des pieds et des mains pour ne pas laisser renouveler les traités franco-italien, franco-grec, franco-turc (nous en avions avec tout le monde), ainsi que pour obtenir le retrait du projet de convention avec la

Tunisie. Quelques semaines plus tard, la Chambre des députés repoussait, en effet, le projet de convention commerciale avec la Grèce, qui fait des raisins secs. Vote significatif. Le temps n'est plus, malgré les raisins secs, au libre-échange. C'est, après le résultat négatif de l'affaire franco-italienne, le second pas dans la voie où les circonstances nous engagent.

Si nous passons maintenant aux autres pays de l'univers civilisé, nous avons déjà dit comment les grains de Russie, exclus de l'Allemagne par les tarifs de douanes, refluent ainsi sur notre marché, qui est mis en demeure de se défendre dans les années de rendement passable. Cette prohibition des blés russes par les Allemands a encore été renouvelée vers la fin de mai 1888.

Nous avons vu, de même, comment les prétentions douanières de l'empire d'Allemagne, en amenant de la part des autres États les représailles protectionnistes qui ont arrêté l'importation des matières premières, ont tué l'industrie allemande. Nous avons vu l'appel extérieur des blés d'Allemagne diminuer pour la même raison de moitié depuis un petit nombre d'années.

Les Allemands ne peuvent pas posséder en Russie des héritages de propriété foncière. Un ukase russe du 14 mars 1887 le leur interdit. L'héritier étranger doit avoir vendu à un Russe dans le délai de trois ans. Par contre les valeurs de banque

russes ne sont pas reçues en Allemagne. Échange
de bons procédés... internationaux.

LES BESTIAUX EN ANGLETERRE

Dans un récent article (voir le *Petit Journal*
du 20 avril 1889) nous avons exposé les griefs des
agriculteurs français dont les bestiaux sont exclus
d'Angleterre, sous le fallacieux prétexte qu'ils sont
atteints de maladies épidémiques.

Comme nous l'avons expliqué, les Anglais emploient un moyen détourné de faire de la politique
protectionniste et même prohibitive.

Il résulte de faits nouveaux que cette question
des bestiaux paraît devoir servir aux Anglais de
régulateur dans leurs relations avec les puissances
étrangères.

D'une part, ils viennent d'accorder le libre par-
cours aux bestiaux hollandais ; voici ce que nous
lisons dans le *Nouvelliste de Rouen :*

« Les bestiaux de provenance hollandaise ne
pouvaient, comme les bestiaux normands, être
débarqués en Angleterre que dans quelques ports
expressément désignés à cette fin et sous la condition d'être abattus dans un *animal wharf*, sorte
de boucherie aménagée dans les lieux d'arrivage
des animaux

« Ces mesures, qui avaient naturellement apporté un énorme préjudice au commerce du bétail, viennent d'être rapportées. A moins que la péripneumonie exsudative ou la stomatite aphteuse ne se signalent par quelque recrudescence, le bétail hollandais pourra fouler librement le sol britannique à partir du 1er juin prochain : entrée qui reste interdite par l'Angleterre au bétail de diverses provenances, au bétail français entre autres.

« Pourquoi cette différence de traitement? Il n'y a pas plus d'épidémie sur le bétail normand que sur le bétail hollandais. »

D'autre part, les moutons allemands sont arrêtés à la frontière, en grande partie tout au moins. Nous recevons la dépêche suivante :

« Londres, 23 avril 1889.

« Le marché qui restreint considérablement l'importation des moutons allemands cause une très vive émotion à Deptford, un des plus grands marchés de bétail de l'Angleterre.

« Une députation des négociants intéressés dans ce commerce est venue présenter ses doléances au président du conseil privé.

« Lord Canbrook a répondu qu'en présence de l'épizootie qui sévit sur la race ovine en Allemagne, il n'était pas possible de rapporter le décret en question. »

D'après les renseignements les plus dignes de foi, il n'y a pas plus d'épizootie en Allemagne qu'en Normandie. Les Anglais nous paraissent donc jouer un jeu très dangereux, car on peut fort bien s'entendre pour leur opposer des traitements réciproques.

Nous voyons cependant que l'entrée de nos bestiaux est interdite en Angleterre depuis plusieurs années, sous le prétexte d'épizootie contagieuse. Tout le monde sait parfaitement que celle-ci n'existe pas. Mais la *gentry* rurale, qui a expulsé du Royaume-Uni, en 1875, un million d'ouvriers de la charrue pour substituer aux cultures les prairies artificielles afin de ne plus faire que de la viande, prétend bien ne pas admettre de concurrence étrangère. Les bestiaux d'outre-Manche sont dangereusement malades ; c'est convenu jusqu'à nouvel ordre. Loyauté internationale.

Sans nous amuser à regretter plus que de raison les bons rapports des peuples, nous devons reconnaître en deux mots que, pour le quart d'heure, la protection est partout. C'est dans le nouveau monde comme dans le vieux. Le Canada protège ses pêcheries. Le Congrès des Etats-Unis vote une loi de représailles frappant les marchandises canadiennes d'un droit de 25 francs par wagon. Chacun chez soi. L'exploitation mutuelle a trop duré entre les peuples. On ne veut plus rien du dehors. Chacun se protège. Cordialité internationale.

Encore plus récemment, nous avons vu la Suède

frapper d'une taxe prohibitive de 140 francs pour
le premier trimestre, aggravée de 56 francs pour
chaque mois à suivre, sous peine d'amende ou de
confiscation, les marchandises que des voyageurs
étrangers viendraient offrir chez elle; en même
temps que la Turquie, à l'exemple de l'Allemagne,
de la Russie et de la Roumanie, en revient, elle
aussi, au régime des passeports. Les Etats-Unis
d'Amérique, dont nous venons de parler, se sont
longtemps fait prendre pour le type du libre-
échange, aussi longtemps qu'ils ont trouvé leur
profit à l'être. Jonathan ne s'était pas laissé embar-
rasser comme nous d'utopies humanitaires. Ce
temps est loin, nous avons eu déjà l'occasion d'en
faire la remarque. Les Etats-Unis sont aujourd'hui
prohibitionnistes, car leur régime douanier ne s'arrête pas à la protection. Ils entendent absolument
vivre chez eux, vivre sur eux-mêmes, — nous ne
disons pas qu'ils aient tort, — comme leurs moyens
le leur permettent.

L'extrême fertilité du sol aux Etats-Unis, leurs
richesses minières et le développement industriel
où ils sont arrivés, l'absence de charges militaires
qu'ils ont en leur faveur les mettent à même de se
suffire. Nous sommes, par contre, dans nos Etats
de l'ancienne chrétienté, qui ne sont pas des Etats
unis, accablés par les traditions de sauvagerie car-
nassière que nous avons héritées du moyen âge.
La vieille Europe, exténuée par les nécessités internationales de *guerre* ou de *paix armée*, devient de

la sorte incapable de soutenir au dehors la lutte économique. Nos concurrents du Nouveau-Monde gagnent de l'autre côté de la planète en agriculture, en industrie, en commerce, tout ce que nou nous obstinons à perdre.

Les fabrications industrielles sont installées aux États-Unis dans des conditions qui ne sont pas à comparer avec celles des nôtres, si bien qu'elles se plaignent, comme nous l'avons vu, de la surabondance de l'outillage. Il y a, depuis nombre d'années, à New-York, des fabriques de soieries. Celles-ci ne valent pas nos produits de Lyon, possibles, mais elles sont moins coûteuses.

Parlerons-nous, pour être sérieux, de la production des grains? Elle est à rien, de 8 à 10 francs l'hectolitre. Leurs compagnies de chemins de fer, qui se livrent entre elles une guerre d'extermination, font les transports au rabais. Il en est de même pour la traversée de l'Atlantique. Les blés américains arrivent sur nos marchés moins chers que les nôtres. Il n'y a pas de taxes douanières qui puissent obtenir la compensation. Ainsi encore pour les bestiaux. Leurs viandes salées, exclues de nos marchés comme suspectes d'insalubrité, raison ou prétexte, entrent chez nous par notre frontière de l'Est sous des couvertures allemandes avec le traitement de la nation la plus favorisée. Enfin, l'exportation des fruits fait concurrence autant que celle des blés, autant que celle des lards et autres victuailles, aux productions européennes.

Les États-Unis d'Amérique n'ont pas besoin de nous, et nous sommes, dans l'état précaire auquel nous ont réduits nos fautes accumulées, en nécessité de les subir.

Non seulement ils se passent de nous, non seulement ils nous expulsent des centres de trafic où nous étions jadis dominateurs sans rivaux, mais ils commencent à venir jusque chez nous vendre leurs produits à des prix inférieurs à ceux que nous pouvons accepter des nôtres.

Qu'arriverait-il demain si l'école d'hommes d'État qui préconise là-bas l'union douanière des deux Amériques, du Nord et du Sud, faisait prévaloir ses idées ? On sait de quoi nous voulons parler. C'est à peu près la doctrine de Monroë, pour couper court aux entreprises européennes, transportée de l'ordre politique dans l'ordre économique. Une grande partie du commerce que fait l'Europe, on peut dire la meilleure de celui que fait la France, est avec les républiques espagnoles. Qu'arriverait-il demain si les débouchés qui lui sont encore largement ouverts venaient à lui être fermés par suite de cette coalition ? Que deviendraient les populations qui se partagent notre continent ? Où pourrions-nous trouver encore les sommes requises pour y suffire à la préparation incessante de la guerre, aux exigences de la paix armée ? Quels moyens l'Europe aurait-elle de ne pas tomber dans l'universelle faillite au-devant de laquelle nous voyons ses États marcher, sous le fouet de leurs nécessités militaires, à pas précipités?

Voilà cependant, pour obstiné que soit chez nous le parti-pris de ne pas compter avec l'avenir, les perspectives peu rassurantes qui devraient nous tenir avertis.

L'opinion prohibitionniste s'est péremptoirement affirmée aux États-Unis d'Amérique dans les élections présidentielles qui ont eu lieu au mois de novembre 1888. La question prise pour plate-forme électorale était de savoir sur quel chapitre fiscal devait porter la réduction d'impôts qui était annoncée. Le président, sortant de fonctions, entendait qu'elle se fît sur les droits de douanes. Son compétiteur proposait, au contraire, de maintenir entiers les droits de douanes, et d'opérer le dégrèvement sur les alcools. Un abaissement dans les taxes douanières aurait pour effet de ramener la concurrence des articles européens exclus depuis plus de vingt ans. On a donc nommé le candidat protectionniste, le conservateur des droits de douanes.

À quoi s'est ajoutée cette confirmation, que la majorité républicaine de la nouvelle Chambre paraît devoir s'y réduire à quelques voix.

Le message d'inauguration du nouveau président est venu bientôt après, au commencement de mars 1889, consacrer le triomphe de la politique protectionniste et par suite l'isolement économique des États de l'Union américaine en face des États d'Europe.

Le signataire de ce message s'y prononce avec une extrême vigueur, à propos de l'affaire du Panama, contre toute ingérence des gouvernements étrangers. Il entend repousser les traditions débonnaires d'abstention systématique, et il s'opposerait à l'établissement de dépendances coloniales dans des Etats américains indépendants. Cette fois c'est tout à fait la doctrine de Monroë, nous voulons dire la doctrine politique, formulée presque en termes menaçants.

Le Sénat des États-Unis avait déjà signifié *amicalement* au gouvernement français de n'avoir à intervenir dans la question du Panama en aucune manière, économique ou politique, en même temps que la Compagnie de Nicaragua était reconnue à Washington comme société autorisée. Cette signification, adressée d'abord à la France, ne devait pas tarder à être étendue à tous les États de l'ancien continent.

La résolution dont nous parlons, votée par le Sénat américain, a été renvoyée à l'autre Chambre du Congrès pour être approuvée et votée également par elle.

Il faut avouer que le système de protestation adopté par les Etats-Unis ne semble pas avoir mal tourné pour eux jusqu'à ce jour, au point de vue fiscal aussi bien qu'à celui de la production sous toutes ses formes.

Après la guerre de Sécession, en 1865, les Etats-Unis durent constater l'existence d'une dette d'environ 14 milliards. Qu'auraient fait les puissances européennes? Elles auraient, on peut le croire, comme c'est leur routine financière, consolidé la dette, établi des impôts pour en payer les intérêts, même pour avoir l'air de servir une façon d'amortissement... après quoi elles se seraient remises à dépenser. Les Etats-Unis agirent autrement. Ils pensèrent que les gouvernements, comme les particuliers, s'enrichissent en payant leurs dettes ; qu'ils n'avaient mieux à faire que d'éteindre la leur au plus tôt, sans frapper d'impôts sur le travail national ; par conséquent de taxer les importations, exemptes de droit jusqu'alors. La fabrication indigène, une fois affranchie de cette concurrence trop lourde, ne devrait pas tarder à obtenir son plein épanouissement, l'industrie étrangère elle-même étant obligée, pour soutenir la lutte, de supporter sa part des taxes douanières sans pouvoir les rejeter entièrement sur la consommation.

Les recettes douanières produisent par année, à l'heure où nous sommes, près d'un milliard. On a pu ainsi rembourser effectivement 5 milliards et demi; on pourrait même rembourser davantage. Le nouveau président dit, en effet, dans son message, que la réserve du Trésor, en valeurs disponibles, atteint le chiffre de 3 milliards 700 millions. Seulement, les créanciers de l'Union préfèrent n'être payés qu'à leurs époques d'échéance. Voilà pourquoi la réserve s'accumule dans les caisses du Trésor. En somme, plus de 9 milliards ont été amortis en vingt-cinq ans. Cependant l'amortissement fonctionne avec régularité, à raison de 400 à 500 millions par an. Il n'y aura plus de dette à la fin du siècle.

On peut se rappeler que nos économistes orthodoxes n'hésitèrent pas à déclarer, quand ils virent inaugurer le régime de protection, que les Etats-Unis marchaient nécessairement à la ruine ; car un peuple protectionniste ne peut plus rien exporter, et il est nécessaire qu'il se ruine.

Or voici comment les Etats-Unis se sont ruinés :

En 1860, ils avaient à peine quelques milliers de broches à filer le coton ; ils laissaient presque inexploités leurs larges gisements de houilles et de nombreux minerais de fer ; ils n'extrayaient de leur sol que quinze millions de tonnes de houille et tout au plus un million de tonnes de minerai de fer ; la production du fer laminé n'allait pas au-delà de six cent mille tonnes.

Ils ont aujourd'hui environ treize millions de broches à filer le coton ; ils ont extrait, en 1887, cent deux millions de tonnes de houille ; en 1886, l'extraction du minerai de fer est montée à cinq millions sept cent soixante-quatorze mille tonnes, et la production des fers laminés à deux millions cinq cent mille.

Et de même pour une foule d'industries.

Tel est donc le résultat que leur a valu leur régime de protection inauguré en 1865 ; pendant que le Trésor encaissait des recettes énormes, l'industrie protégée se développait parallèlement dans des proportions formidables.

Nargue de l'économie orthodoxe! Voilà ce qui est à retenir pour conclusion jusqu'à présent. Nous reviendrons là-dessus.

Il est à prévoir que, lorsque la dette publique sera complètement remboursée, on diminuera plutôt les impôts intérieurs que les taxes de douanes, si l'on en juge par la direction des esprits dans la République américaine.

Ces exemples, croyons-nous, suffisent. Le vent est aujourd'hui à la protection, universellement. Les différentes nations n'ont plus qu'une même tendance, qui ne les rapproche pas ; elles tendent à s'enfermer chez elles, chacune pour ce qui la regarde. On peut croire que la situation ne les invite pas à se jeter au dehors. Il ne faut pas prendre pour moins qu'il ne vaut ce concours de symptômes. C'est l'entrée dans une ère nouvelle.

Si respectés que fussent les intérêts des rafleurs qui s'étaient imposés à l'hébétement des peuples, ils doivent maintenant céder à l'urgence famélique des conditions nationales, qui sont en grande partie leur œuvre. On en peut conclure pour celles-ci que la nécessité dont elles sont l'expression est évidemment quelque chose de terrible pour commencer enfin à ne pouvoir être sacrifiée, comme il paraissait dans l'ordre, aux prétentions de l'écumage. Où allons-nous?

C'est bien, ainsi que nous venons de le dire, l'entrée d'un autre monde. Nous avons touché le fond des cercles infernaux.

Pour continuer le tableau des relations internationales en passant des articles de trafic aux hommes, nous voyons que les États-Unis d'Amérique — c'est par eux que nous recommençons, — formés par l'émigration de l'Europe, ont éprouvé le besoin de se faire une loi qui exclut désormais les étrangers du droit d'acquérir des biens-fonds sur le territoire de l'Union. Les places, paraît-il, sont prises. Le Sénat légifère en vue de limiter et de restreindre l'immigration, de ne pas permettre l'entrée aux gens sans avoir, aux politiques dangereux. Cette République du nouveau monde, née de l'écume de l'ancien, où fermentait ce qu'il y avait encore en lui de vivant, est maintenant arrivée à se mettre au niveau de la civilisation européenne.

Janvier 89. — « La Commission de la Chambre a présenté son rapport sur la loi du travail et de l'immigration. Le projet soumis par la Commission propose d'interdire l'entrée des États-Unis *aux indigents, aux criminels, aux anarchistes, aux socialistes, aux personnes affligées de certaines maladies et aux ouvriers liés par des contrats.* Il propose, en outre, de taxer à cinq dollars tous les étrangers immigrants, qui devront, à leur arrivée, fournir un certificat émanant du représentant des États-Unis ».

Le rapport qui accompagne ce projet de haute cocasserie démontre que *l'émigration de nombreux indigents et même de criminels est facilitée par les autorités de leurs pays.*

Toutefois la préoccupation des États-Unis, menacés à l'Est et à l'Ouest, devant eux et derrière, n'est pas tant l'invasion de la part de l'Europe que celle des Chinois. On sait quels troubles cette appréhension a soulevés depuis longtemps déjà dans les États du Far-West, à commencer par la Californie.

Les enfants du Céleste-Empire ont d'indéniables qualités, sobriété, régularité, habileté pratique, valeur manuelle, qui ne permettent pas à la race anglo-saxonne de lutter avec eux. L'Amérique était mise au choix de couper court à la concurrence de tant de vertus irruptives en leur fermant ses portes, ou d'être enchinoisée sans retour avant un siècle. Qu'en eût dit l'ombre de Washington ? L'immigration mongolique avait débuté en 1835 par 8 individus; il en était venu 35,614 en 1882. La progression se montrait dangereuse.

Au mois d'août 1888, les États-Unis passent un traité avec la Chine pour interdire l'immigration des Chinois.

Vers la même époque, la Chambre des représentants adopte un projet de loi qui défend aux ouvriers chinois de rentrer aux États-Unis après en être sortis. Il ne leur sera pas délivré de nouveaux certificats d'identité, et les anciens ne seront plus valables.

Ces dispositions sont exécutées au pied de la lettre. Quelques semaines après, en octobre, plusieurs centaines de Chinois, qui viennent d'arriver devant San-Francisco, pensant y débarquer, se voient refuser l'autorisation de le faire. C'est en vain que le consul de Chine intervient dans le but d'obtenir qu'une exception soit admise au moins pour ceux de ses nationaux qui sont munis d'un certificat de retour.

On peut croire qu'il est difficile d'aller au delà ; l'exclusivisme américain y a réussi. Ne s'est-il pas trouvé un membre du Sénat pour proposer à cette assemblée d'accorder à une compagnie d'émigration une somme de 500 francs, comme frais de passage et d'entretien pendant deux mois pour chaque nègre qui consentirait à retourner en Afrique, d'où ses ancêtres furent extraits. Les États-Unis ont beau faire, il leur sera encore moins difficile de se débarrasser des Chinois que des noirs. Les peuples ont la vie assez longue pour payer tous les crimes dont ils se chargent.

Nous rappellerons enfin que des soulèvements populaires contre l'immigration chinoise ont également eu lieu, dans le même temps à peu près, en Australie.

Si nous revenons à présent des pays d'outre-mer à nos États du vieux continent, nous voyons qu'on expulse de Russie tous les sujets austro-hongrois qui se trouvent dans les provinces du Sud-Ouest ou en Pologne. Des centaines de familles autrichiennes ou hongroises ont dû ainsi repasser la frontière. Une des œuvres les moins contestables du XIXᵉ siècle, nous croyons l'avoir déjà dit, aura été de former les groupes nationaux, qui seront un jour, peut-être avant le XXXᵉ siècle, les États-Unis de la République européenne. Ces groupes veulent, en attendant, être chacun chez soi ; un pas de plus dans la voie où l'histoire les pousse devant elle.

On avait également parlé jusque-là, depuis des années, de renvoyer aussi les Juifs qui foisonnent en Russie. On avait même nommé pour cet objet une commission. Finalement on se décide à les garder. Ce qui n'empêche le gouvernement de Moscou de prendre un arrêté, en date du 30 mai 1888, pour obliger les Israélites habitant cette ville à en sortir dans un délai de quinze jours.

Un ukase de l'Empereur de Russie avait paru au mois d'août 1887, expulsant les commerçants juifs-allemands. On expulse, par contre, de Prusse, les Polonais. Encore tout récemment, dans les derniers jours de décembre 1888, des ouvriers galiciens, occupés dans les mines de Silésie, recevaient l'ordre de quitter immédiatement le territoire prussien.

Cependant il a été pris en Angleterre des mesures d'exclusion à l'endroit des Allemands et des Hollandais. Nous terminerons ici, comme il est ordinaire que le burlesque ait partout sa part pour cou-

ronner les choses humaines, en rappelant le projet
de tunnel sous-marin entre Calais et Douvre, dont
il est question depuis quelques années. Le *Board of
Trade* adressait encore dernièrement (janvier 1889)
une communication à la Compagnie du tunnel
pour l'informer que le gouvernement anglais
s'oppose. non seulement à l'exécution du travail,
mais à la continuation des expériences de forage
sous la Manche, *dangereuses pour la tranquillité
de l'Angleterre*. Personnellement. nous ne tenons
pas plus que les Anglais eux-mêmes. pour d'autres
raisons, à l'établissement du tunnel, qui profiterait
surtout. comme tout ce qui se fait, à la juiverie
internationale. Nous sommes d'avis que la France
n'est déjà que trop inféodée au mercantilisme
d'outre-Manche. Mais le fait est qu'il n'y a pas dans
la circonstance, dans cette hostilité de l'opinion et
du Parlement de là-bas contre le projet de tunnel,
que les intérêts du cabotage britannique. Ceci est
d'ordre économique.

Ce que nous en disons montre que les hommes
commencent à s'apprécier de nation à nation au
prix qu'ils valent. *Homo homini lupus;* façon de
parler, les loups ne s'entre-mangeant pas.

Nous procédons en France avec moins de car-
rure. Les hommes y ont sur leurs épaules, pour
saugrenu que cela semble ailleurs, des têtes qui ne
dorment pas toujours quand ils marchent, qui
rêvent même plus que de raison, farcies de bourdes

idéalistes. Ils ont cru à la fraternité des peuples.
D'où il est résulté que toute la vermine d'Europe
s'est habituée à venir vivre sur notre aisance, quand
nous en avions, ou sur notre débonnaireté, que
nous avons toujours ; jusqu'à représenter dans un
certain nombre de départements le dixième ou même
dans quelques localités le cinquième de la population, jusqu'à supprimer pour les deux tiers et plus
dans les chantiers de l'Etat, militaires ou maritimes
les ouvriers français. Même laissions-nous aux
étrangers des avantages que n'avaient pas nos
nationaux. Il semble qu'on en vienne aujourd'hui à
comprendre les choses, ou à faire de nécessité
comme si on les avait comprises.

Il s'est, en conséquence, déclaré, dans nos
départements du Midi, un soulèvement furieux de
l'opinion, jusqu'à l'émeute contre les ouvriers
italiens. A quoi ceux-ci répondent, comme nous
l'avons vu ces temps derniers en Algérie, à Blidah,
en faisant le coup de couteau sur les Français.

On demande, vers la fin de 1887, que les direc-
teurs des chantiers et ateliers de construction
maritime subventionnés de l'Etat ne puissent
employer dans leurs travaux qu'un sixième d'ouvriers étrangers ; pétition couverte à Bordeaux de
huit mille signatures.

Le Conseil municipal de Paris réclame aussi la
limitation du nombre des ouvriers étrangers, la
stipule dans ses contrats.

Le ministère de la Guerre, à peu près à la même

époque, dans une circulaire adressée aux chefs des établissements qui dépendent de lui, leur enjoint catégoriquement de n'avoir que des nationaux dans leurs bureaux et dans leurs ateliers. On dit qu'après cet avertissement les entrepreneurs, chargés de la construction des forts dans le Nord et dans le Sud-Est, n'en ont pas moins continué à employer pour les travaux dont ils avaient l'adjudication des Belges et des Italiens qui pullulent : 306,000 Belges dans le seul département du Nord, et 45.000 Italiens dans celui des Alpes-Maritimes.

Au même ordre de faits se rattachent les collisions entre ouvriers qui ont eu lieu encore plus récemment, au mois de janvier 1889, dans le département de la Haute-Marne. Il s'agissait de la construction d'un chemin de fer stratégique. Le préfet avait dû promettre, en octobre 1887, que la proportion des étrangers employés ne dépasserait pas un dixième. Les entrepreneurs n'ayant pas tenu compte de cette promesse, les terrassiers français ont fini par en venir à un soulèvement général avec menaces et voies de fait contre les Italiens jusqu'à ce qu'une répression militaire ait eu raison de l'émeute.

Des propositions qui vont à empêcher les abus de ce genre sont cependant soumises à la Chambre des députés. On demande qu'il soit introduit dans les marchés publics une clause pour obliger les entrepreneurs à n'employer que des ouvriers français. On demande qu'une taxe de séjour soit imposée aux étrangers, acquittable par eux-mêmes ou par ceux qui les emploient.

On propose enfin que les étrangers résidant en France y soient assujettis, comme les dispensés du service, dont ils n'ont pas non plus la charge, au payement de la taxe militaire. Il faut avouer que c'est à tout le moins. On paraît, du reste, s'excuser de la liberté grande en alléguant que la loi (promulguée en 1888) se borne à mettre les étrangers dans le droit commun par la suppression d'un privilège dont ils ont joui abusivement ; on allègue la justice, alors que la stricte application de la justice n'est pas abordée, qui pourrait aller, par raison de salut national, jusqu'à l'expulsion sommaire des étrangers que nous avons chez nous. L'exemple nous en est assez donné ailleurs. Cette flaccidité est encore un signe des temps, trop caractéristique.

N'importe ! nous sommes, nous aussi, en dépit de nos routines, malgré les influences qui agissent pour les faire durer, forcés d'en venir à la préservation du travail national, à sauvegarder la vie des nôtres, au rebours de l'exploitation humanitaire, vieille comme le monde, inique et bête autant qu'il l'est, préconisée par les forbans. Nous nous voyons mis en demeure de rompre enfin avec l'orthodoxie enseignée sorbonnesquement par les docteurs que leur État tient à ses gages. Nous arrivons, sinon à comprendre, du moins à sentir, en démenti de l'insolidarité brutale dont ils se sont attachés à maintenir le règne, qu'une nation est un corps vivant, où tout est lié, qui doit pour lui-même protection à tout ce qui le compose ; que la question est de protéger les existences des travailleurs nationaux, qui sont les éléments de la sienne, plutôt que de faire l'enrichissement des entrepreneurs cosmopolites qui exploitent au rabais les bras des meurt-de-faim, appelés des quatre coins de l'Europe.

Dans l'esprit de l'aristocratie financière qui se remplit sur nous, le pays n'est pas autre chose qu'un champ d'exploitation, mis pour elle en valeur par un salariat qu'elle y occupe à son service. Les producteurs qui lui produisent sa richesse, annexes des machines dans les ateliers ou instruments de la culture que les charrues ne font pas encore seules, peuvent du reste être nés sur le sol ou venir du dehors. Les moins coûteux sont les meilleurs, coolies de l'Inde, Chinois de la Chine, dussent-ils réduire à l'affamement les salariés autochtones. Vous ne ferez pas sortir nos classes nanties, tant qu'il y en aura, de cette conception épaisse, perpétuée de la tradition monarchique, laquelle n'a pas cessé d'être jusqu'à présent celle de nos hommes d'État. L'instinct de la masse nationale prend autrement la chose. Le pays, tel qu'elle le conçoit, c'est elle-même sur le territoire ; elle comprend ainsi que le devoir des gouvernants est, avant tout, de veiller au maintien de son aisance, de réprimer dans ce but les compétitions étrangères, produits ou hommes, qui viendraient faire irruption chez elle à son préjudice. La première des obligations qui incombent au pouvoir exécutif comme aux législateurs est la défense du travail national, est que le pays vive. Le reste ne vient qu'au second plan. La vie des travailleurs indigènes a le droit d'être protégée plus que les fortunes que l'industrie développe. Telle est l'opinion de la masse nationale ; sa pensée n'est point idolâtre ; elle s'obstine à croire que les hommes ont plus de valeur que les choses. Les classes éclairées n'ont jamais pu lui faire entendre le contraire. Le jour où celles qui ne le sont pas deviendront à leur tour l'État, auront la direction en main, on peut prévoir qu'elles la tiendront d'après cette donnée. Que l'écumage des écumeurs soit, diront-elles, international ou d'une autre rubrique, lés peuples sont des êtres vivants. Nargue des écumeurs ! Fermons nos portes et vivons !

La bourgeoisie, à l'apogée de son règne, au temps du régime de Juillet, n'avait songé, en fait de protection, qu'à protéger ses fabrications, c'est-à-dire ses fabricants, en attendant l'heure où elle trouverait plus fructueux de se jeter dans la sarabande internationale du libre-échange. Nous avons affaire aujourd'hui à un esprit tout autre, avec lequel on n'avait pas compté, qui est celui de la masse ouvrière. Il a commencé à se faire jour, il montre ce qu'il est, où il tend. Les réclamations du salariat indigène que nous avons notées comme des signes précurseurs, qui violentent nos Chambres bourgeoises en les engageant dans une voie que le Parlementarisme n'aurait jamais abordée de lui-même, traduisent l'esprit des travailleurs manuels. Voulons-nous dire qu'ils ont plus que les dominateurs de l'époque précédente la conception de la justice, ou même, plus simplement, qu'ils ont en vue la protection de l'industrie nationale ? Ce serait leur demander beaucoup. Du moins ont-ils en vue de protéger, en lui assurant ses conditions légitimes d'activité, le travail national, qui fait l'industrie. En ne pensant, naturellement, comme leurs devanciers de l'oligarchie bourgeoise, qu'à leur propre satisfaction, en n'ayant pas plus que les êtres humains ne peuvent l'avoir la justice pour objet, les ouvriers, à l'endroit desquels nous ne sommes pas suspect, on peut le croire, de partialité, apportent cette préoccupation de vouloir surtout protéger les hommes, qui les intéressent plus que les fabrications. Ils n'ont pas au-dessus de tout le culte des choses, laissant à l'argyrocratie la foi matérialiste. Ceci leur est particulier, sort de la route connue. Ainsi pouvons-nous, dès maintenant, pressentir sur quel type le travail, manufacturier ou rural, quand il aura le gouvernement, reconstruira les sociétés. Nous verrons demain à l'œuvre, après les bourgeois, les hommes de la production manuelle. En attendant, il est certain que ce type ne sera pas plus que l'idolâtrie de Mammon celui de la promiscuité des peuples. Il y a ici, chez ceux qu'on tient pour des ignorants, comme ils le sont, une intuition économique d'un ordre nouveau, il y a une façon plus élevée, humaine, spiritualiste, comme le travail lui-même et qui ne peut être inspirée que par lui, d'entendre les rapports des hommes et des nations.

Nous n'achèverons pas sans nous être arrêté sur un fait dont les conséquences ont eu assez de portée, plus récent que tout ce qui précède. Nous entendons parler de l'*Ordonnance* allemande relative aux passeports qui parut vers la fin de mai 1888. Aux termes de cette ordonnance, le passeport tient lieu pour huit semaines du permis de séjour. Tout Français est, de plus, obligé d'avertir soit le bourgmestre, soit le directeur de la police dans toute localité où il séjourne plus de vingt-quatre heures.

La *Gazette de l'Allemagne du Nord* ajoutait ce commentaire :

« Nous désirons que les Français soient plus réservés dans leurs rapports avec l'Alsace. Nous ne regretterons pas de voir la France prendre, de son côté, des mesures analogues, c'est-à-dire tendant à empêcher les Allemands de venir visiter leurs compatriotes. »

Les organes officieux de Berlin menacent notr pays de le mettre en état de blocus. Bismarck dénonce dans sa presse officieuse comme *espionnage accrédité* les emplois d'attachés militaires d'ambassade. Il préfère l'espionnage *couvert*. On a expulsé d'Allemagne en moins de deux mois, de septembre à novembre 1888, seize officiers français, venus en Allemagne sous couleur d'étudier la langue ou de se livrer à des recherches d'histoire ; on a de même expulsé deux correspondants de journaux français. Il est vrai que le nombre des Allemands expulsés de France est encore plus considérable. Espionnage international ; on admet que le métier, pratiqué sous cette forme, ne compromet pas l'honneur.

La réponse à la mesure que nous rappelons fut, quatre mois après, un décret du Président de la République française qui oblige les étrangers résidant en France à déclarer à l'autorité leur origine et identité avec pièces justificatives, — sur le rapport de M. Floquet, — *pour combattre le mouvement croissant d'immigration.*

La *Gazette nationale de Berlin* eut soin de voir dans ce décret un acte de représailles contre la loi allemande des passeports, dirigé contre les ouvriers allemands et italiens, « qui font aux Français une rude concurrence ».

Il paraît que la chose était en préparation depuis trois ans. Qu'est-ce qui n'est pas en préparation ? Du reste, rien de nouveau. Les formalités que prescrit le décret du 2 octobre 1888 existent depuis un grand nombre d'années dans plusieurs pays civilisés.

En conséquence de ce même décret, les ouvriers de nationalité étrangère ne pourront plus être em-

ployés aux travaux de défense qui vont être entrepris
dans les Alpes-Maritimes. Aucun ouvrier ne pourra
être embauché s'il ne produit un acte prouvant sa
qualité de Français (octobre 1888).

Cette prescription du ministre de la Guerre,
corollaire naturel du décret présidentiel relatif aux
étrangers, sera rigoureusement observée pour les
travaux militaires sur tous les points du territoire
où il devra en être fait.

Nous venons de montrer à l'œuvre, tel qu'il est
en réalité, l'esprit des peuples contemporains dans
leurs rapports de commerce. Il donne assez à pressentir pour le siècle qui va suivre et nous enter-
rer. Nos fils auront à se tirer de là comme ils pourront. En attendant, la confusion macédonienne qui
existe entre les routines qui s'en vont et les aspirations qui viennent, doublées de doctrine les unes
comme les autres, est une bouteille à l'encre où le
diable ne verrait que du noir. Nous avons dit ce
que nous avions à dire. Lavons-nous la bouche et
passons.

Les frontières de douanes qui séparent les États
étant ce qui vient d'être dit, on ne s'attendra sans
doute pas à trouver plus d'aménité dans l'aspect
que peuvent comporter leurs frontières militaires.
Il y a, de part et d'autre de la ligne géographique,
une zone de terre neutre de deux portées de projec-
tiles, rendue à l'état primitif, où ceux qui s'y

aventureront ne le feront qu'au risque des coups de fusils, touchant le but à trois kilomètres, qui pourront leur être envoyés. On ne répond plus de rien ; ne mettez pas le pied là ; vous pouvez vous le tenir pour dit, et les faits en témoignent à l'est de l'Allemagne comme à l'ouest. Les peuples sont juxtaposés, en présence, l'arme chargée au bras. C'est funambulesque, ridicule autant que terrible. On concevra, quoi qu'il en soit, qu'il était temps de sortir du narcotisme humanitaire dont l'Europe s'était laissé embabouiner au profit de la clique internationale des ralleurs. Elle en est sortie. Pour ce qui regarde spécialement notre peuple français, les tyrans sont toujours pour lui des ennemis, mais les peuples ne sont pas des frères ; ils le lui ont assez prouvé ; ils pourront, si sa leçon de 1870 ne lui suffit pas, le lui prouver encore.

Ce régime, que nous venons de dire, d'universelle suspicion, commerciale et militaire, haine et défiance mutuelles, paix armée ou guerre en expectative, préparation unanime en attente du massacre que tout le monde voit venir, ne ressemble guère, il faut l'avouer, au rêve d'agapes internationales dont nous avons été bercés pendant de si longues années. Ce n'est pas le libre commerce des nations ; ce n'est même plus la protection de leurs trafiquants ; c'est bel et bien la PROHIBITION, nous n'avons pas à retirer le mot, des choses et des hommes.

Dire que c'est là le vrai commencement de la fraternité des peuples !

Il n'y a de tels pour mettre partout les principes comme ceux qui n'en ont pas ; comme les ignorants qui ne savent même pas ce que c'est qu'un principe. Tous les procédés, tous les trucs sont ainsi désignés par eux. Nous avons des gens qui sont de force à croire que l'acier Bessmer est un principe. À quoi n'ont pas manqué nos gens de négoce. Ils ont érigé en principes la protection et le libre-échange.

Les intérêts se confondent volontiers avec les principes. L'*échange* est un principe ; il est même celui du Mutualisme. La protection et le libre-échange ne sont pas des principes ; ces expressions n'opposent, il faut s'en rendre compte, que des intérêts de boutiques. Les cotonniers du temps de Louis-Philippe étaient protectionnistes, pour le bénéfice de leurs filatures ; les courtiers internationaux du second Empire étaient libre-échangistes pour la domination de leur écumage cosmopolite. Les tisseurs de Lyon, qui emploient les filés-coton anglais et les soies grèges d'Italie, sont libre-échangistes ; les sucriers du Nord sont protectionnistes, et leurs voisins les raffineurs ne le sont pas.

Les premiers diront au Président de la République lorsqu'il viendra les visiter :

« Il nous faut le libre-échange. Les fabricants et

commerçants lyonnais ont toujours considéré la liberté commerciale *comme le régime naturel de leurs transactions, le seul qui puisse leur donner la prosperité.* »

« Dans vos récents voyages, Monsieur le Président, vous avez pu entendre, à l'Ouest comme au Midi, exprimer des sentiments contraires. Les partisans du système protecteur sont allés jusqu'à demander *que les traités de commerce ne fussent pas renouvelés à leur terme.* Nous devons protester contre ces déclarations. »

(Discours du président de la Chambre de commerce de Lyon au Président de la République, 7 octobre 1888.)

D'autres s'exprimeront autrement, à commencer par ceux que nous venons de dire, à continuer par les producteurs de bestiaux ou de maïs dans le Midi de la France, par les cultivateurs de blés dans l'Ouest, etc.

C'est sérieusement comique. Vous serez toujours orfèvre, M. Josse.

Nous ne sommes pas, quant à nous, libre-échangiste, nous ne sommes pas davantage protectionniste. Nous ne sommes ni fabricant de soieries ni cultivateur de betteraves. Nous laissons derrière nous la protection ; nous sommes, pourquoi ne parlerions-nous pas la bouche ouverte ? *prohibitionniste.*

Ceci demande une explication.

Nous avons personnellement l'habitude, ayant par-dessus tout l'utopie en horreur, de ne jamais faire un pas qu'en nous appuyant sur les faits; nous ne marchons, sans être, Dieu merci, positiviste, qu'avec leurs béquilles. Nous sommes donc prohibitionniste de par les faits contemporains que nous avons énumérés. Mais nous ne prenons pas non plus la prohibition pour un principe. Nous sommes prohibitionniste en fait, pour le quart d'heure, en attendant mieux. Nous admettons la prohibition, d'accord avec les témoignages qui sont devant nous, en préparation d'un état de choses moins incohérent que le régime prohibitif; nous concevons que ces deux termes d'une contradiction momentanée, la protection et le libre-échange, sont appelés à s'unifier dans la donnée de cette forme supérieure, nous disons de l'*échange contractuel*.

A peine si les organes de la civilisation, que nous avons à voir venir, sont encore constitués, en résultat du mouvement qui a ébauché pendant le cours du siècle ce qu'on a appelé les nationalités. Ils ont maintenant à développer les aptitudes qui sont propres à chacun d'eux pour devenir *fonctionnels* dans l'organisation harmonique de l'Europe. Double travail, à deux degrés : en premier lieu, d'élaboration intérieure pour chacun des organes qui devront fonctionner dans l'ensemble ; ensuite d'adaptation mutuelle entre les différents organes de l'organisme européen.

La protection et le libre-échange étaient deux
vues partielles, deux erreurs, l'une et l'autre au
profit des fabricants et des intermédiaires. La prohibition est le passage historique pour en arriver,
laissant les intérêts privés pour ce qu'ils sont, à
l'état définitif, à l'ordre de mutualité. Comme le
train du monde veut que le vrai ne procède jamais
que du faux, la prohibition est la coquille d'où
sortira plus tard le régime national dans l'intérêt
du pays lui-même.

En attendant, les flibustiers cosmopolites nous
ont, pendant de longues années, pendant toute la
période antérieure à celle-ci, préconisé le libre-
échange. Il n'y avait, sous couleur de doctrine dans
cette propagande intéressée, que les boniments du
mercantilisme. Elle a, quoi qu'il en soit, réussi à
capter l'opinion, au point que le libre-échange a
passé au rang des préjugés banalement reçus. Il
est toujours un des mensonges les plus volumineux, entre tant de mensonges auxquels la liberté
sert de couverture ; la liberté de la rafle et des
rafleurs, on ne regarde pas de si près à l'étiquette.
On croit faire preuve de largeur d'esprit, d'indépendance dans les idées, de libéralisme pour tout
dire, en se déclarant libre-échangiste. Il est généralement convenu parmi nos républicains les plus
ratilants qu'ils ne peuvent pas se dispenser de l'être.
Quelle pitié ! Ces pauvres garçons témoignent seulement par là, ceux qui sont sincères, que n'ayant pas
l'idée de ce qu'est le commerce à notre époque, sur-

tout le commerce international, ils n'ont pas davantage le premier soupçon de ce qu'est l'ordre évolutionnel dans le développement des conditions
humaines ; c'est vraiment dépasser la permission de
l'ignorance, qui prend ainsi le caractère d'une obstination irritante. Quel que soit le but proposé, un
ordre est à suivre pour l'atteindre. Avant que l'humanité se soit faite, avant que les peuples aient
contracté entre eux pour qu'elle se fasse, la première condition est que chacun d'eux ait commencé par se faire chez soi ; est-ce donc une vérité
si transcendante?

Il en est de la question de l'échange entre les
peuples comme de tant d'autres questions économiques (propriété foncière, intérêt du capital, fiscalité, population, etc. etc.). Elles ne se résolvent
pas dans la pratique de but en blanc ; il y faut
mettre, comme disait Proudhon, du temps et de
l'espace.

Prenons pour exemple de ce que nous voulons
dire la question de la propriété ou celle de l'intérêt. Ces deux faussetés, le capital-sangsue et
l'anarchie de la propriété parcellaire, qui exténuent
le travail producteur, sont le double pivot sur
lequel porte et se meut toute la structure de notre
iniquité légale et sociale. Aussi longtemps qu'existeront ces absurdités, qui sont des scélératesses,
et réciproquement, les naïfs espéreront en vain le
jour où la Justice descendra sur la terre. Prétendre
cependant monter à la tribune pour supprimer,

frappant coup double, par la vertu d'un décret, la marquetterie terrienne et le vampirisme du capital, qui ne valent pas mieux que l'appétence affamée du travail, serait évidemment une rêverie enfantine. Ce n'est pas ainsi, malheureusement, que les inepties sociales disparaissent et que s'accomplissent les révolutions. Les choses ne se font pas de cette manière dans le dévidement fastidieux de l'histoire.

Le seul aspect de la propriété foncière, telle qu'elle est chez nous, est une visible réfutation de l'individualisme qui l'a découpée à son effigie. A ne prendre d'abord que la distribution d'ensemble, on ne voit plus comme jadis les crêtes des coteaux frangées d'arbres, qui nettoyaient l'atmosphère des impuretés qu'elle transporte, buvaient les pluies et aménageaient les fontes des neiges. Les bois, dont les hauteurs étaient couronnées, arrêtaient les orages, régularisaient la température, entretenaient la salubrité des contrées qui s'étendent autour d'elles. On a dénudé les sommets ; on les a réduits à la calvitie. Nos villes sont, en conséquence, ravagées par les fléaux épidémiques, nos campagnes dévastées par les inondations. Comme on fait celle du feu, on fait la part de l'eau. Mais la distribution qui cesserait d'être personnelle, pour l'hygiène et la prospérité générales, ne saurait manquer d'être chose complètement négligée, en dehors qu'elle est de notre système d'individualisme ; en dehors de l'état chaotique où nous pataugeons de parti-pris. Chaque propriétaire, claquemuré à l'état insociable, fauche son herbe, coupe son grain, vend son bois dans la plaine ou sur la colline. Le meilleur voisinage est, pense-t-il, de n'en pas avoir. Il vous tond la vallée, il vous rase les hauteurs, insoucieux du reste du monde. Osera-t-on nier qu'il y ait là une lacune ?

Joignez à cela le gaspillage des petits détenteurs de la terre empiéteurs sans vergogne, chicaniers infects, eux-mêmes saignés à blanc par l'hypothèque, dévorés par l'usure.

Les résultats calamiteux du déboisement ne sont pas d'hier. Ils étaient signalés dès les premières années de la Restauration par les Conseils généraux d'alors. Si nous passons de ces résultats d'ensemble à d'autres dont l'action, tenant à l'accumulation d'influences partielles, est moins directe, nous voyons que les cultures sont déterminées sur chaque point par les besoins locaux des exploitations au lieu d'être adaptées à la nature du sol cultivé. L'horizon du cultivateur ne s'étend pas plus loin que celui de son morceau de terre. Là où on pourrait faire des ensemencements passables de grains, on fera, la nourriture manquant pour les étables, de mauvaises prairies artificielles ; d'où résulte partout le déficit du rendement au préjudice de l'aisance générale. Nous ne parlons pas de l'hébétement du gastéropode humain attaché à la motte qui fait sa subsistance annuelle. Est-ce assez clair? Avions-nous raison de dire que la fausseté du principe qui régit chez nous la propriété terrienne se traduit visuellement à sa surface par une difformité qui saute aux yeux autant qu'elle offusque l'esprit ?

N'importe ! il ne vous sera pas possible de supprimer, en recourant à des mesures exécutives, ces conséquences directes, ces inepties manifestes qui proclament l'absurdité de leur principe ; mais le train des choses ne connaît guère la logique de l'esprit. Végétation économique ! Prétendrez-vous opérer d'un trait de plume la métamorphose collectiviste de la production agricole ? Décréterez-vous l'abolition du parcellarisme ? Ce n'est pas sérieux. Tous les décrets resteraient impuissants. Ils ne feraient pas sortir ainsi du soir au lendemain la propriété de l'état d'isolement qui est encore à l'heure qu'il est sa marque originelle de sauvagerie latine. Vous n'apprivoiserez pas le monstre par un miracle. Pour arriver enfin à la civilisation de la propriété plusieurs étapes sont à franchir. Une pareille transformation n'est pas de celles qui s'improvisent. « Il y faut du temps et de l'espace. »

Il faut d'abord que la terre ait passé aux mains qui en font quelque chose de valable. Nous n'y sommes pas.

Nous voyons que nos cultivateurs sont amenés, malgré qu'ils en aient, à s'associer :

1º Pour l'usage des machines agricoles ; 2º contre les fléaux de la nature, les épizooties par toute la France, les hannetons dans l'Ouest, les gelées printanières dans l'Est afin de préserver les vignobles par la *nébulation* artificielle.

Nous les voyons se syndiquer :

Contre les ravages du phylloxera, cette syndication est du reste obligatoire, et contre les fraudes sur les engrais ; malfaisance des choses et des hommes.

Une loi, qui est encore trop récente pour avoir pu produire tous ses effets, autorise les riverains d'un fleuve à se syndiquer pour exécuter ensemble certains travaux d'utilité générale. C'est là un pas vers le régime d'association terrienne qui groupera les forces dispersées. « L'association, devenue la règle, accomplira des merveilles. On pourra concevoir et opérer en grand l'irrigation d'une vallée, le dessèchement d'un marais, l'aménagement de toute une région. De toutes parts s'entreprendront d'énormes travaux en comparaison desquels le percement de l'isthme de Suez ou le tunnel sous la Manche ne paraîtront plus que des jeux d'enfants. » (La REVUE SOCIALISTE, *le Socialisme actuel en France*, par G. Renard, janvier 1888.)

Les cultivateurs se syndiqueront demain, dans un effort encore plus large, pour acquérir collectivement la terre, dont la possession est leur rêve. Ce sera le dernier acte. En même temps que le mouvement des syndications agricoles se propage, le nombre s'accroît des exploitations de petite culture et surtout de moyenne. Mais il est clair que nous ne sommes pas au bout.

La grande culture (au-dessus de 40 hectares par exploitation) tient à présent près de la moitié de la surface cultivable que nous avons en France, (évaluée à 46 millions d'hectares) ; la moyenne culture (de 10 à 40 hectares) en occupe un tiers de plus ; ensemble les cinq sixièmes.

Dans le sixième restant est reléguée une plèbe de cultivateurs dont les parcelles de terrain ne dépassent pas 10 hectares. Ces damnés de la glèbe sont 4,802,697 sur 5,672,000 exploitations entre lesquelles se distribue le territoire. Nous ne parlons plus de son étendue de surface, mais le plus grand nombre de ses cultures, les quatre cinquièmes et plus, sont aux mains des faméliques. Il n'y en a pas un million sur ce dernier chiffre, qui va au-delà de cinq millions et demi, dont l'étendue soit supérieure à dix hectares. Ces imperceptibles termites du travail agricole, joints au salariat de la charrue, forment ce qu'il faut appeler le prolétariat rural. Voilà le lendemain de la Révolution dans nos campagnes. Ce ne sont pas leurs habitants qui en ont surtout profité. Ce n'est pas pour eux qu'a été faite, autant qu'on a l'air de le croire, la dépossession des *ci-devant*. Les moins escamotés n'ont gagné que des mouchoirs de terre qui ne sont que des loques à procès, des nids à hypothèques. Ces pauvres hères parviendront-ils à se faire un jour, sur la surface qui nourrit les hommes, une place moins dérisoire ? En tout cas, on peut affirmer qu'ils sont à jamais incapables de se la faire individuellement.

Qu'ils s'entendent, qu'ils se groupent, qu'ils s'emparent du sol. Quant à présent, sur les 5,672,000 occupants qui se partagent la France, combien y en a-t-il qui exploitent eux-mêmes leur propriété? Et quelles propriétés, nous venons de le dire, dont la contenance n'atteint pas dix hectares !

Combien de cultivateurs sont propriétaires ? et combien de fermiers ? Il faut pourtant que tous en arrivent là, nous entendons à la propriété, peu nous importe sous quelle forme, de la terre qu'ils mettent en valeur. Nous n'y sommes pas.

Le fait de ce passage ne saurait d'ailleurs se produire qu'ensuite d'une réforme équitable de la législation concernant les baux et fermages; cette réforme, qui n'aura pas lieu aussi longtemps que les Messieurs qui ne la mettent pas en œuvre auront la terre, aussi longtemps qu'ils gouverneront le pays, serait le premier pas dans la voie. Il faudra cependant que les parcelles de terrains s'associent ainsi que les producteurs dont elles sont les instruments de production pour constituer par les groupements qu'elles réaliseront des corps de culture, des exploitations rationnelles. Est-ce tout ? Il faudra, de plus, que la propriété du sol soit mobilisée,— ce qui présuppose l'existence d'un cadastre suffisamment régulier, qui est à faire ; — il faudra, de plus, que la propriété terrienne soit convertie en effets de portefeuille, autant en emporte le vent ! qui circuleront par toute la France. Toute la valeur que celle-ci incorpore sera de la sorte utilisée au lieu de rester systématiquement inerte. La terre ne vaut, comme toutes les valeurs, par ses produits et par elle-même, qu'en fonction de l'échange.

Ce sera le règne du travail, l'identification générale des valeurs, l'avènement de l'ordre *vrai*.

Que cependant les révolutions interviennent pour hâter l'œuvre, nous ne demandons pas mieux, mais elles ne la feront pas.

Telle est la solution à venir, qui tient en une page, pour la question de la propriété terrienne ; le résultat prévu est dans la nécessité de la marche historique ; mettez-y du temps... et de l'espace. Jusque-là ce n'est pas la peine de se jeter, pour l'effarement des badauds, dans les casse-cou du communisme et du collectivisme. La propriété, transformée à la satisfaction de tout le monde, par la voie évolutionnelle qui vient d'être dite, aura-t-elle rien qui ressemble encore à ce qui existe en ce moment ? Les enfantines timidités qu'on oppose aujourd'hui à vos férocités surannées paraîtront demain peu de chose ; quand le mouvement progressif de la mutualité, qui est le courant économique de l'histoire, aura, pour finir, vaporisé vos fortunes terriennes, on vous en donnera du communisme et du collectivisme ! En avez-vous dit assez de mal ? Avez-vous assez écrasé les défenseurs de ces inoffensives doctrines ? Vous pourrez les regretter.

« Il faut, vous ont-ils dit, que la terre devienne

une propriété commune. L'inégale propriété de la
terre engendre nécessairement l'inégale distribution de la richesse. Et comme cette inégale propriété est inséparable de la reconnaissance de la
propriété individuelle de la terre, il s'ensuit nécessairement que le seul remède à l'inégale distribution
de la richesse est de rendre la propriété commune. »

Tel est le raisonnement vainqueur que nous
avons vu poser comme la pierre fondamentale du
dogme collectiviste. Pour une formule, c'est une
formule. Est-ce donc à jeter les hauts cris ? Nous
nous hâterons de reconnaître qu'il y a dans cette
syllogisation assez de simplisme pour qu'elle ait
prise, autant que n'importe quoi, sur l'opinion.
C'est vrai, incontestablement, aussi vrai que peut
l'être un *a priori*, que l'esprit entend appliquer à
la réalité de l'existence, comme il lui est ordinaire
de la soumettre aux cadres de toutes ses conceptions, abstraites, mathématiques ou autres. Il n'y
a pas pour lui d'obstacles. Cette abstraction égalitaire, qui est en lui, s'imposera-t-elle miraculeuse-
ment aux sociétés, enfermées du soir au lendemain
dans les casiers d'une réglementation indéfectible?
Alignera-t-elle à son cordeau les végétations humaines ? Au diable soit la cuistrerie ! Nous cher-
chons, nous, à ne pas perdre de vue la marche
évolutive des sociétés, pour en venir pratiquement
à peu près au même point sans que personne ait
à y sacrifier, —absorbé dans la providence distributive de l'Etat, qu'il s'appelle commune ou sou-

veraineté nationale. — son initiative personnelle, sa spontanéité, sa responsabilité, tout ce qui fait la valeur de l'homme et du citoyen. Car la vraie position du problème social n'est pas autre. Il y a là de quoi compenser, on peut le croire, beaucoup de choses, étant admis que la perfection n'est pas de ce monde. Un homme est de chair et d'os ; un peuple n'est pas de bois. Si tout un chacun qui travaille n'est pas reçu à devenir s'il le veut, s'il le peut, millionnaire, c'est le règne organisé de l'oppression. Quand il n'y a plus de dignité chez l'individu, mettez de fierté si vous voulez, qui ne trouve pas son compte dans l'obéissance disciplinaire du moine moiné, le peuple, s'il n'est pas mort, n'en vaut guère mieux. L'institution de la propriété participe à la mobilité de tout ce qui existe ; elle est en état de transformation incessante ; elle change d'aspect avec les peuples, avec les siècles ; mais, si elle change d'aspect, elle ne s'exécute pas. Nous ne sommes plus, de la manière dont nous prenons ici la question de la propriété, dans le simplisme de l'abstraction. Nous voyons le temps à l'œuvre, commencée dès maintenant, qu'il poursuivra de même ; nous voyons les étapes évolutionnelles qui mènent au but : la terre morcelée, associée et mobilisée finalement. Je vous demande un peu ce que sera devenu le vampirisme domanial. Car tout cela, en définitive, nous parlons aux hommes de bonne foi, est surtout une bataille de mots.

Voilà pour la question de la propriété foncière.

De même, ou à peu près, si nous passons à l'intérêt du capital mobile. C'est encore une question
qui ne peut se résoudre en fait que graduellement.
La prétention ne serait pas moins fantaisiste de
vouloir opérer du soir au lendemain la suppression de l'intérêt en établissant une banque du
peuple sur la gratuité du crédit. L'intérêt n'est
pas autre chose qu'une prime d'assurance. Il ne
témoigne que de l'existence des risques à courir,
dans les conditions actuelles, pour les capitaux qui
se hasardent à prendre l'air, en proportion de l'incohérence qui est jusqu'à présent l'état tradition-
nel des sociétés. L'intérêt du capital y entretient
le désordre, mais il en est lui-même le résultat
nécessaire. Il ne faut pas prendre l'effet pour
la cause. Il tend à s'abaisser indéfiniment, à
mesure que l'ordre se fera dans nos cohues
d'hommes. Sa disparition sera la conséquence
naturelle de leur régularisation. Mais le travail du
temps, qui les amènera l'une et l'autre, n'est pas
une opération unisérielle. Vous ne serez au bout
que lorsque vous aurez détruit tout le système
d'impostures qui forment l'enchevêtrement social.

Travail qui ne sera pas un changement à vue.
Ce jour-là, une voix s'élèvera du milieu des peuples :
Rassurez-vous, enfants de la terre, vos demeures
ne sont plus des cavernes de vol public ! Et l'intérêt du capital aura cessé d'exister.

De même enfin, si on nous parle de la marche de
l'échange : pour y arriver, entre les groupes natio-

naux, ce sera encore à un point de vue semblable
qu'on devra se placer. Il faut la voir en cours
d'évolution dans la suite des siècles. On nous a
jeté de prime-saut dans la mêlée du libre-échange,
fait explicable, qui n'en est pas plus justifié, si on se
met dans la peau des écumeurs qui font leur main
sur l'imbécillité de nos nations modernes. Du reste,
il n'est pas rare de voir, à l'entrée d'une passe
historique, le début des choses anticiper en forme
obscure l'achèvement, dont l'heure n'est pas venue.

Cette immersion de surprise n'est aucunement
le futur trafic des peuples enfin parvenus à l'honnêteté de l'échange. Pour en venir là, tôt ou
tard, il faudra qu'ils commencent par établir, chacun chez soi, leurs valeurs échangeables; qu'ils se
retirent sur eux-mêmes, qu'ils s'y recueillent et
travaillent; qu'ils y apprennent ce qu'ils sont, ce
qu'ils peuvent produire, ce qu'ils ont besoin de
consommer; qu'ils déterminent, d'après cela, leurs
taxes de commerce, qu'ils instituent leur compta-
bilité internationale en ne laissant rien aux aventures et aux aventuriers; qu'ils règlent équitable-
ment leurs transactions, de façon qu'il n'y ait ni
gain ni perte pour aucun des contractants. Sortis
enfin de l'ornière d'immoralité commerciale qu'ils
n'ont pas cessé de suivre, ils peuvent faire, pour
se sauvegarder les uns devant les autres, ce qui
s'est fait pour favoriser à leurs dépens des intérêts particuliers. Quand ils auront ainsi dégagé
leurs barèmes d'échange, modifiables d'année en

année, qui ne seront pas à confondre avec l'échelle mobile créée autrefois pour la protection des cotonniers, pour le bénéfice de leurs usines, au détriment de la consommation française, ils posséderont alors un résultat conforme à leurs intérêts nationaux. Mais il nous faut, pour en venir là, passer par la prohibition ; il nous faut y rester longtemps.

Ce qui n'est pas à dire que celle-ci elle-même puisse être substituée sans ménagements au régime douanier. On ne croira pas que le revenu que donnent les douanes, qu'elle supprimerait, serait remplacé du soir au lendemain. La prohibition n'aurait lieu d'être établie, elle aussi, que par degrés successifs, en élevant de plus en plus, — qui ne seraient d'abord que de protection, en attendant qu'elles devinssent prohibitives, — les taxes douanières, à mesure, et en même temps que serait obtenue, sous leur couvert, la plus-value de la production intérieure qu'on s'attacherait à développer. Telle serait du moins la voie méthodique pour aller au but ; il est vrai que ceci supposerait, concurremment, des mises de fonds qui ne sont plus possibles après que tout a été absorbé par les gaspillages dans lesquels on a jeté coup sur coup le pays. Mais, si les choses ne peuvent plus s'obtenir par la filière du procédé rationnel, dont elles ne relèvent pas fréquemment, elles se feront d'une autre manière : nous aurons à revenir là-dessus.

Quoi qu'il en soit, elles n'en devront pas moins passer par la prohibition. Nous n'arriverons que par cette porte économique à introduire un jour dans le monde la loi du véritable échange, l'ÉCHANGE CONTRACTUEL, qui n'est, scientifiquement, que le règne à venir, établi entre les nations, qui seront alors constituées, de la mutualité universelle.

LA TRANSFORMATION AGRICOLE DANS LA PRATIQUE ET DANS LA LOI

Nous avons distingué, au cours de cette étude, entre les groupes nationaux pris au point de vue particulier qui est celui de leurs rapports d'échange ; il y a des peuples, avons-nous dit, que leurs conditions de nature firent capables de se suffire ; il en est, par contre, qui ont besoin pour vivre du secours des autres.

Nous avons mentionné la France comme type des premiers.

C'est effectivement un pays que les avantages du ciel autant que du sol dont il fut gratifié, autant que la valeur des races d'hommes qui ont fait sa population et son développement historique mettent décidément hors de pair. Située, comme elle l'est, à l'extrémité *far-west* de l'Europe, la France jouit sur presque tous les points de son territoire, baignée qu'elle est par trois mers, d'un climat quasi-maritime. Elle est restée à ce bout du monde, en face de l'invasion bar-

bare, comme le débris le plus indemne d'une civilisation noyée depuis des siècles. Elle vient **de**
loin. Aussi s'est-elle avisée de proclamer, il **y a**
déjà cent ans, au scandale de l'espèce, qui n'en
était pas là, que l'homme a des droits, à la différence des individus dont on fait le petit salé, **et**
ce qu'ils sont. Avouerez-vous que c'est superbe ?
Nous avons vu, pour ce qui est de nous, d'autres
peuples que le nôtre ; nous avons même dû les
trouver supérieurs sous plus d'un rapport, mais
la pensée n'est pas ailleurs que dans la tête, pour
fêlée qu'on la dise, dans la tête de l'humanité.
Quand celle-ci aura réussi, pourquoi pas ? à se la couper, elle pourra dormir sur son ventre ; l'iniquité
en aura pour longtemps ; si bien que nous sommes
en droit de le dire, tout Français que nous sommes
sans être ridicule plus que menaçant, et nous **le**
disons. Il est des vérités qu'il ne faut pas mâcher
aux peuples, dont il est bon qu'ils se souviennent.

Sur les cinquante-deux millions d'hectares qui
forment l'étendue territoriale de la France, la surface cultivée ne s'élève pas à moins de quarante-
six millions d'hectares, celle-ci divisée en cent
quarante-trois millions de parcelles, ce qui ne
fait pas en moyenne un tiers d'hectare pour chacune. Près de sept millions d'hectares sont consacrés à la culture du blé, donnant un chiffre annuel de rendement qui approche de cent neuf
millions d'hectolitres, dont la valeur monétaire,
si on fait le aclcul, — pour que personne, produc-

teur ou consommateur n'ait à en souffrir, — sur le pied de 20 francs l'hectolitre, dépasse deux milliards (2,180,000,000) à l'année. Deux millions environ d'hectares sont en vignobles, qui rapportaient, année moyenne, jusqu'en 1875, avant le phylloxera, pour un milliard et demi de francs, soit près de 38 millions d'hectolitres de vins. Ils en ont encore produit en 1888 plus de trente millions d'hectolitres, c'est-à-dire pour douze cent cinquante millions de francs. Aux vins ordinaires doivent s'ajouter les cidres, soit quelque chose comme une quinzaine de millions d'hectolitres ; soit plus de deux cents millions de francs.

Nous ne parlons pas des légumes et des fruits, qui n'ont pas ailleurs de rivalités ; nous ne parlons pas des produits de basse-cour. Tout cela est fait pour nourrir dans les cœurs indigènes l'amour sacré de cette patrie sacrée, où se fabriquent les chapons du Maine, les oies de la Beauce, en même temps qu'elle a le suffrage universel. « Ohé ! poullailles, disait Rabelais, faites-vous vos nids si haut ? »

Porcs allemands. — En 1880, on avait introduit en France pour 65 millions de viandes de porcs étrangers. (Décret Tirard en 1881.)

Objection. — On allait faire hausser, disait-on, l'importation des porcs vivants. Il n'en fut rien. Cette importation, au contraire, diminua d'année en année. En 1882, elle n'atteignait plus à 100,000 têtes et en 1888 elle était tombée à 27,130 têtes pour une somme de 2,767,000 francs.

Ainsi donc, en sept ans, nous avons diminué de 65 millions l'importation des viandes de porcs. Pourquoi ?

Parce qu'avec l'entrée de ces viandes par quantités énormes, notre production, découragée, s'était arrêtée: on ne faisait plus d'élèves. Dès que l'importation cessa, on se mit à l'œuvre ; les fermiers élevèrent des porcs, et non seulement on combla les vides causés par l'absence des lards salés d'Amérique, mais on parvint à entraver l'importation des porcs étrangers. Et ce qu'il y a de remarquable, c'est que le prix n'a pas augmenté, en sorte que le consommateur n'a point à se plaindre.

Conclusion : restitution à notre agriculture de 65 millions de produits, sans que le consommateur ait à payer un centime de plus. Tel est le résultat de la mesure prise en 1881.

Moutons allemands. — Les Allemands introduisent en France, par quantités considérables, des moutons abattus, à la taxe inscrite dans le traité belge, de 3 francs par 100 kilogrammes, ce qui crée un privilège énorme en faveur de la viande.

Cette question vient de prendre tout à coup un caractère aigu à la suite du décret du 5 décembre 1888 prohibant l'entrée en France, par les fron-

tières de l'Est, des moutons allemands et autrichiens atteints de la fièvre aphteuse.

La France, qui nourrissait autrefois 30 millions
de moutons, n'en a plus que 20 millions. Il nous
en vient du dehors un million et demi. Ne pourrions-nous les produire nous-mêmes ?

En 1887, l'Algérie ne nous avait envoyé que
440,000 moutons ; en 1888, ce chiffre s'est élevé à
735,487, et en 1889 à 1 million 100,000 ou
1 million 200,000 têtes.

Nos bouchers n'ont point tort de se plaindre de
l'invasion des moutons abattus, mais personne ne
peut rien à cela jusqu'au 1er février 1892.

Espérons qu'alors nous aurons notre revanche,
et qu'alors la viande allemande payera le plein
tarif, c'est-à-dire 12 francs par 100 kilogrammes.
(*Petit Journal* du 20 décembre 1889.)

Cette production, qui semble énorme, n'est
cependant pas suffisante. La France récolte en
grains, par exemple, 109 millions d'hectolitres ;
mais elle en consomme, dont 14 millions pour les
semailles, 120 millions. Il lui faut donc en demander au dehors, à moins d'années exceptionnelles,
une dizaine de millions ou plus. De même pour
les vins ; l'importation des vins étrangers a été, en
1888, de 12,658,000 hectolitres, en augmentation
de 400,000 sur l'année précédente.

Une quinzaine d'hectolitres de blé par hectare
est à peu près tout ce que nous obtenons en
France. Dans plusieurs contrées d'Europe et dans

les terres neuves d'Amérique on obtient souvent le double.

On a en Grande-Bretagne 26 hectolitres à l'hectare comme rendement ordinaire ; on va jusqu'à 28 et 29 ; on a de même habituellement dans l'Allemagne du Nord-Ouest près de 25 ; 24 et plus en Prusse, en Saxe et en Belgique ; 21 dans l'Allemagne du Nord ; 20 en Danemarck, en Suède et en Norvège ; 17,76 en Bavière. Ce dernier chiffre dépasse encore le nôtre.

Ainsi nous sommes, avec tous nos avantages de sol et de climat, en arrière des autres pays, sauf l'Italie et l'Espagne. Si la production totale du sol en culture de grains, si la valeur du capital foncier ont gagné chez nous, c'est surtout par le défrichement, comme nous l'avons encore vu ces temps derniers, après 1870. Quant au rendement moyen à l'hectare, il a sérieusement augmenté, le fait n'est pas douteux, depuis l'époque de la Restauration. Il n'était, en 1820, que de 10 hectolitres, 22 litres à l'hectare ; il était de 15,77 en 1880, soit une augmentation de 50 0/0, un tiers de plus, en soixante ans. Mais il a peu changé depuis une trentaine d'années. Il était déjà, en 1860, à peu près le même que maintenant. La culture n'est pas devenue, à l'heure qu'il est, notablement plus savante.

Il faut à la France, pour sa consommation annuelle, 120 millions d'hectolitres de blé. Est-ce donc le bout du monde qu'elle arrive à obtenir ce qu'on obtient partout ? Il suffirait pour la mettre au pair que le rendement de l'hectare s'élevât de 15,77 à 17,10, à peine 1 hectolitre et demi à gagner. Avec 20 hectolitres, elle ferait de l'exportation.

C'est pitié, on ne peut le méconnaître, qu'un tel état de choses dans un tel pays. D'autant que la solution irréfragable de cette question vitale, sans métaphore, nous est offerte par les agronomes. La solution est dans le développement scientifique de la production.

Elle doit, disent-ils, être demandée à la création d'espèces prolifiques par sélection rationnelle, aux cultures et fumures appropriées, à la science des assolements.

Les fumiers ordinaires ne suffisent pas ; ils ne rendent au sol qu'une partie des éléments absorbés par la végétation. Le concours des engrais chimiques est indispensable. Ils peuvent, étant bien employés, ce sont les observations acquises, élever le rendement du blé de *neuf* hectolitres à *trente-six* par hectare.

L'emploi d'une variété supérieure, qui est le blé à épi carré, avec des assolements convenables, donne un surcroît de production qui n'est pas seulement d'un hectolitre et demi à l'hectare, mais de 17 ou 18. Cette culture scientifique nous vaudrait bientôt, si elle était généralisée, au moins 70 millions d'hectolitres de plus chaque année. Les expériences ont produit suivant les régions :

25 hectolitres à l'hectare dans le Midi de la France, 35 dans le centre et 48 dans le Nord.

A ce compte nous ferions immédiatement une exportation active, pour plus d'un milliard par an. La France est, par ses conditions de nature, un pays de céréales, qui devrait en être un grenier.

Il semble, en effet, hors de doute que l'application des méthodes préconisées par les savants de la partie aurait promptement donné en agriculture des résultats d'une sûreté infaillible pour le relèvement du pays, pour sa libération économique. Seulement, nous devons bien comprendre que dans nos conditions actuelles d'exploitation parcellaire, nos laboureurs ne dépenseront pas annuellement 600 ou 800 francs par hectare pour la culture du blé. Il y a ici un désaccord entre les conclusions de la science et les actualités de l'état social. On peut croire que ce n'est pas la science qui a tort. Ses prévisions pourront se réaliser avec le temps, par les moyens que le régime de la culture associée, quand il sera pleinement établi, mettra un jour à la disposition des hommes. La grande agriculture, celle qui existera dans l'avenir dont nous parlons, demandera pour ses opérations des capitaux énormes, que n'ont pas les individus. Toutes les vérités se tiennent et tous les avantages qu'elles apportent avec elles, comme toutes les faussetés et tous les maux sont liés ; tout va du même pas dans la vie des nations et de l'espèce.

Il est vrai que nous n'avons pas besoin, dès maintenant, d'une aussi forte production. Du reste, on ne débute pas par ces choses-là. Qu'elles s'affirment à leur moment comme le terme d'un travail plus ou moins long qui les amène, c'est tout le possible ; on ne les improvise pas. Elles ne peuvent être qu'un achèvement. On ne va pas en quatre coups de collier à l'extrémité de l'horizon. N'importe ! Quoi qu'il arrive par la suite, nous n'avons pas tant à demander pour le quart d'heure. Nous en aurions assez, pour commencer de nous mettre de pair avec nos voisins, de produire comme tout le monde produit à nos portes, d'avoir, nous aussi, pour le rendement du blé à l'hectare, de vingt à vingt-cinq hectolitres.

L'avenir donnera ce qu'il donnera.

Mais ceci même supposerait comme entrée en matière l'établissement, un peu partout, d'un grand nombre d'écoles d'agriculture, qui du reste ne tarderaient pas à faire, au moins en partie, leurs frais d'installation et d'entretien ; l'enseignement pratique répandu par ces écoles aurait en un peu de temps, sous un petit nombre de conditions à remplir, une efficacité certaine.

La première condition que nous avons en vue serait, simultanément, une réforme de la législation rurale, par où les rapports du propriétaire et du tenancier fussent constitués sur une base qui ne fût pas iniquement absurde, perpétuée de l'âge féodal ; en même temps que le régime nouveau favoriserait le passage de la terre, comme il est de bonne économie autant que de justice, entre les mains qui la font valoir. Nous entendons l'institution de jurys d'arbitrage, composés mi-partie de propriétaires et de fermiers, qui sauvegarderaient également les droits des uns et des autres à chaque expiration de bail. Evidemment le cultivateur aura peu de zèle — nous n'en aurions pas, vous et moi, plus que lui — aussi longtemps qu'il ne sera pas accordé plus de garanties à son travail ; aussi longtemps que le propriétaire du fonds n'aura pas cessé d'être en droit, récoltant mesure là où il n'a pas semé, de s'emparer, au gré de son arbitraire, des améliorations effectuées, des résultats açquis. Le fermier cultivera comme nous le voyons cultiver jusqu'à présent, au jour le jour, pour ainsi parler, le régime légal qui ne cesse pas de lui être opposé, et, avec l'exploitation traditionnelle du laboureur, avec l'anémie permanente de l'agriculture, la détérioration systématique de la terre, qu'il ne se fait pas faute de pratiquer lorsqu'il voit venir l'expiration de ses baux. D'où il résulte que chaque fin d'exploitation est pour la propriété un désastre. Le tout de part et d'autre, soit de la part du propriétaire ou du fermier, au détriment de l'aisance générale du pays.

On peut dire qu'il reste encore chez notre cultivateur contemporain, en possession du suffrage, électeur et éligible, beaucoup trop de l'homme *de poëste*.

Il faudrait en outre s'attacher à obtenir (le plus

tôt qu'on pourrait serait le mieux), le développement de la mutualité, financière autant que personnelle, entre les travailleurs de la charrue. L'état d'insolidarité d'où ils ne sortent pas met la culture en poussière. La vieille conception domaniale de la propriété n'est plus maintenant qu'une routine arriérée dans sa brutalité primitive, en désaccord avec l'ensemble des nécessités modernes. On ne fait plus rien isolément. L'insolidarité des exploitations agricoles se montrera de moins en moins possible. Nous ne parlons pas d'un *crédit agricole*, qui ne serait toujours, aux mains de la Juiverie, qu'une machine banquière de plus ajoutée à tant d'autres pour le pressurage de la masse nationale. Nous parlons d'un régime d'association coopérative et mutuelle.

En attendant, il n'y a pas à se flatter, malheureusement, que des réformes légales comme celles que nous disons soient jamais admises, tant qu'ils tiendront le pouvoir, par les rentiers de la terre. Les hommes sont iniques avant tout. Mais n'importe par quelle voie, elles finiront par s'imposer, du moment où ces deux conditions extra-techniques seront parvenues à se faire jour ; alors on pourra mettre en œuvre avec le succès prévu par la science les procédés qu'elle recommande. Les savants d'une spécialité n'ont pas à sortir de leur cadre ; vous n'attendrez pas d'eux qu'ils soient des économistes, des jurisconsultes, des philosophes socialistes.

Enfin, pour arriver à cette vie ethnologique de

la France, ressuscitée dans la transformation de son activité productive, il y aurait lieu concurremment d'entreprendre et de mener à fin de grands travaux publics, voies de communication, ferrées ou autres, canaux, chemins de vicinalité, tout ce qui pourra concourir à l'essor de son agriculture. Ce n'est que par la facilité de sa circulation que la richesse d'un pays, surtout quand elle est agricole, peut atteindre tout son développement.

Il est clair que tout cela ne va pas sans dépenses, mais qui sont productives d'utilité publique ; avances justifiées, qui n'ont rien d'aléatoire, placements à bénéfices de longue durée, qui ne manqueront pas. On ne les a donc pas faites. Il n'y avait que ce refuge aux approches de la débâcle industrielle. Avec le secours d'une fiscalité qui pouvait être appelée révolutionnaire, prenant l'argent où il se trouve, on aurait employé les ressources de l'État de la manière la plus fructueuse, en même temps qu'on aurait appelé celles des capitalistes français dans des entreprises d'utilité nationale non moins que profitables pour eux-mêmes; cela aurait, n'est-ce pas, mieux valu que d'envoyer leurs épargnes se faire absorber dans des opérations intertropicales, quand elles n'étaient pas interlopes ? On aurait cependant, par la même occasion, mis enfin la France dans la voie que la nature ouvrit devant elle quand elle la créa. Il fallait entrer sans hésitation dans cet ordre d'idées, qui est celui de l'accomplissement évolutif. Il était encore temps il y a une douzaine d'années. On n'a rien fait, on n'a rien voulu faire.

La refonte agricole du pays n'est pas une entreprise qui aille sans dépenses, non ; mais le résultat de ces dépenses était sûr ; mais c'était sous un bref délai, *tertio die*, la résurrection de la patrie dans les conditions de vie qui sont les siennes ; c'était sa puissance invincible dans un avenir qui était le lendemain. On le pouvait encore il y a une douzaine d'années ; on a préféré engager la France dans des aventures beaucoup plus dispendieuses, qui n'étaient pas seulement improductives pour elle, qui étaient l'achèvement de sa perte. On a jeté le pays dans l'utopie ruineuse du troisième réseau de voies ferrées à construire et à exploiter par l'État, qui n'est pas capable d'autre chose que de tenir la masse qu'il gouverne livrée en proie à l'écumage financier ; nous en avons du moins retiré une démonstration concluante ; coût de l'expérience : *huit ou neuf cents* millions. Après quoi on l'a jeté dans les expéditions de Tunisie et du Tonkin, ce qui fait ensemble, pour première mise de capitaux, 700 millions au bas mot. Enfin on l'a laissé engouffrer son épargne dans les tranchées de Panama, sans exclusion de l'emprunt russe, un chiffre de 1,900 millions. Soit, au total, pour toutes ces entreprises trop aléatoires, quelque chose comme 3 milliards et demi.

C'était assez, plus qu'il n'en fallait, pour sauver la société française par le moyen que nous disons.

On n'avait d'ailleurs que ce recours pour se prémunir. — nous entendons : pour prémunir le pays, — contre les éventualités menaçantes qui étaient dans l'air. Il était encore temps il y a une douzaine d'années ; il n'a plus été temps depuis ; à présent c'est de l'histoire ancienne. Le gouvernement devait. en attendant, laisser les déconfits de l'industrie s'ouvrir à leurs risques des issues de trafic où ils pourraient, comme ils pourraient, pour le trop-plein qui les encombrait actuellement. C'étaient leurs affaires personnelles, dont il n'avait pas à se mêler ; ce n'était pas le sort de la France. Il suffisait de leur préparer pour le lendemain un accroissement de marché intérieur dans celui de la prospérité nationale. On pouvait croire que le gouvernement était là pour sauvegarder la masse du pays autant qu'elle pouvait être sauvegardée, pour l'empêcher autant que possible d'être accablée par la soudaineté de l'écroulement qu'il y avait lieu de voir venir. Le travail complexe qui aurait dû être mis en cours d'exécution, à l'effet d'opérer la substitution agricole, étant encore, du moins en partie, industriel, aurait fait le pont pour le gros de l'industrie. Quant aux spécialités, c'était à elles de se pourvoir.

On a mieux aimé tenir pour négligeable de favoriser le développement agricole de la France ; on a préféré l'engager dans le pétrin des spéculations cosmopolites, la compromettre dans les entreprises lointaines ; on a envoyé ses enfants porter leurs os au bout du monde pour la protection des exportateurs d'articles manufacturés, pour l'avantage des écumeurs qui brassent les opérations de trafic et les opérations de bourse.

La France a donc été sacrifiée aux visées rétrécies du mercantilisme. Il nous sera permis de faire à ce propos une observation qui aura, croyons-nous, son intérêt.

On parle de la question sociale ; cela vaut sans doute mieux que de la nier. A n'en parler que pour la France, ne vous semble-t-il pas, en vérité, que c'est de préférence dans cette voie naturelle qu'on aurait à chercher, si on le voulait bien, la solution pratique de la question dont il s'agit? N'est-ce pas là, dans ce développement agricole du pays en conformité de ses aptitudes, sans qu'il y ait besoin de chercher midi à quatorze heures, que la solution sociale paraît être appelée à se dégager le 'plus simplement ? — on peut même dire avec plus de facilité, heureusement pour lui, que presque partout ailleurs. — Il l'a sous le nez, sous les yeux... La solution se compose, en effet, de deux éléments distincts, la création de la richesse dans le groupe national et sa répartition. Il faut avouer que celle-ci, d'ailleurs mal venue de ceux qui ont aux dents leur lopin, ne suffit guère en fait; ce n'est pas ainsi que les choses vont dans le déroulement économique de l'histoire.

Il en est généralement de la question sociale comme, en particulier, de la question fiscale. Celle-ci n'est pas essentiellement de réduire les impôts ou de ne pas les augmenter. Cette fiscalité de pleutres ne serait en rapport, si elle devait faire loi quelque part, qu'avec l'extrême détresse de la masse contribuable. Il faut voir les choses avec plus de largeur. La vraie solution est que les contributions croissent moins vite que la richesse contributive. De même pour la question sociale prise dans toute son étendue.

Le commencement est de créer l'aisance publique. C'est là-dedans que les conciliations se produiront le moins difficilement, que les besoins auront le plus de chances d'obtenir les satisfactions qu'ils réclament. On puise dans l'abondance, on ne partage pas la pénurie; on ne coupe pas les liards en quatre; on ne tond pas sur un œuf. Telle est la véritable position de la fameuse question sociale, qui n'est pas dans les nuages, qu'il faut prendre dans le terre-à-terre de sa réalité pratique. On la pose mal. Ce n'est que dans le développement de la richesse générale, ce n'est que par là, s'il faut vous le dire, que vous entrerez de fait dans sa solution. Développez avant tout, Jocrisses que vous êtes! la richesse publique, la distribution viendra plus tard; vous ne taillerez en plein drap, socialistes, partageux, justiciers mes amis, vous tous qui défendez la cause de l'équité, ayant votre intérêt à plaider pour elle, qu'à la condition d'avoir de l'étoffe. Et puis, force est d'avouer que les hommes n'ont pas l'esprit égalitaire autant que vous voulez le dire. Avez-vous l'ambition d'être millionnaires? Vous n'y avez peut-être jamais pensé ; nous non plus. Il est probable que vous seriez comme nous quelque peu embarrassés de l'être. Les huit-ressorts de ceux qui le sont vous éclaboussent-ils dans la rue plus que les voitures de place? Les opulences ne nous gênent pas, et nous n'en sommes pas envieux. Nous ne demandons véritablement, chacun de nous, *populo* que nous sommes, qu'à vivre à l'aise en rémunération congrue du travail que fait chacun de nous. Si celle-ci existait pour tout le monde en même temps que la sécurité ou n'importe quoi qui en aurait l'air pour la garantir, on peut croire qu'il y aurait peu de socialistes. Le jeu ne vaudrait pas la chandelle.

On surfait le Socialisme. La vérité est qu'il existe surtout comme opposition par les hostilités qui s'efforcent de comprimer *per fas et nefas*, aveuglément ou de parti-pris pervers, ses revendications légitimes.

Ceux qui ont eu, dans ces dernières années, indépendamment de leurs mérites, la fortune hasardeuse de mener la France, auraient été mieux avisés de la mettre dans la voie que nous disons, plutôt que de la jeter dans celle des casse-cou. Possible est-il que l'ignorance ait ses excuses ; le cannibalisme n'en a pas. Trop de possesseurs d'opulences mal acquises, échafaudées trop vite, auraient pu faire sagement de prévoir le danger,

qu'ils auront tôt ou tard à courir, de passer pécuniai-
rement. sinon de leurs personnes, qui importent
peu. sous les justices qu'ils auront appelées à les
frapper. Leur intérêt, bien entendu. devait leur
conseiller de se garder pour l'avenir, en vue de
l'impunité finale, dont ils ne sont pas sûrs, une
porte de sortie, qui leur, restait. La solution pai-
sible de cette fameuse question sociale, grossie par
leur couardise, amplifiée par leur tartuferie, était
devant eux. grande ouverte; la seule solution qui
s'accorde avec le besoin de notre société française,
la seule qui soit vraie pour elle, répondant par
une prédestination particulière à l'ensemble des
aptitudes qu'elle tient de la nature. Ils n'avaient
qu'à entrer, s'ils avaient eu cette prévoyance, dans
la solution agricole. Les conditions offraient plus
de facilité pour qu'une transaction intervînt, qui fît
une issue à ceux qui avaient intérêt à ce que les
exécutions de choses et d'hommes fussent écar-
tées. La foule n'y regarde pas de si près quand
l'aisance règne; le peuple est débonnaire autant et
plus que les autres souverains; il a, comme eux, les
dents moins longues quand il a le ventre plein.
Un jour viendra ou ne viendra pas où nos intéressés pourront avoir à se repentir de n'avoir pas
voulu le comprendre.

Passons à un autre exercice. Le fait est que ceci
est devenu, à l'époque où nous sommes, de l'histoire ancienne. Il est écrit de vieille date que
chaque chose a son temps; on a gaspillé nos res-

sources ; il n'est plus temps, nous ne pouvons plus rien. Nous sommes à vau-l'eau. Comme il n'y a pas à s'inscrire en faux contre les faits, peut-être, après tout, sera-t-il aussi bon de ne pas trop médire de ceux-ci, qui peuvent nous conduire plus loin qu'il n'eût été admis par personne d'aller, au-delà de ce qu'auraient osé les révolutionnaires les plus audacieux, jusqu'où il faut que nous allions. Vive Dieu ! auraient dit nos pères. La force à la merci de laquelle nous sommes à présent est celle qui ne recule devant rien, ne voyant rien. Exécration sur elle et pitié sur nous !

LE PROLÉTARIAT AGRICOLE

Sommaire. -- I. Division du prolétariat. L'élément citadin et
l'élément agricole. — II. Le prolétariat rural est aujourd'hui
étranger à la démocratie qui ne le connaît plus. Ses conditions d'existence ; son caractère ; son état de dépression
intellectuelle et morale. Il est impossible que, dans les conditions où il vit présentement, le paysan soit patriote et
citoyen. Comment son idéal démocratique ne saurait s'élever au-dessus du césarisme. — III. Comment les intérêts
du prolétariat rural ont été négligés ou même sacrifiés
en 48 et 70. La Défense nationale en 1870 dans son rapport
avec la question agricole. — IV. Cette même question ne
pouvait avoir rien de commun avec le mouvement parisien de 1871. — V. En résumé, si le paysan est hostile à la
démocratie urbaine, la faute en est à celle-ci ; il sera révolutionnaire dès qu'elle saura le vouloir.

I

Le prolétariat se partage en deux éléments, non
seulement distincts, mais opposés, on peut même
dire réciproquement impénétrables : il y a le prolétariat des villes et celui des campagnes.

Tous les deux sont essentiellement intéressés

6*

au succès de la Révolution, tous les deux iniquement foulés par l'exploitation du régime capitaliste. La législation concernant les baux et fermages n'est pas moins abusive que le système de
lois sur les coalitions et grèves d'ouvriers et les
rapports des salariés avec les patrons : elles ne
mettent pas moins le fermier à la discrétion du
propriétaire qu'elles ne livrent le travailleur
industriel à la merci de ses exploiteurs. La sincérité des rapports économiques, les droits du travail producteur sont, d'un côté comme de l'autre,
effrontément violés. Les deux classes laborieuses
ont également supporté pendant un demi-siècle, à
l'exclusion des riches, l'impôt sanglant et déprava-
teur de la conscription militaire. Mais, par un
désaccord étrange, tandis que la classe ouvrière,
consciente de l'iniquité dont elle pâtit, est l'habituel organe de la revendication, la plèbe rurale
fait au contraire la force aveugle dont dispose la
réaction pour écraser le peuple des villes ou pour
déjouer les effets de ses victoires momentanées.

II

Cette anomalie, disons-le, tient à ce que jusqu'ici la Révolution n'a pas su, faute de se rendre
compte des moyens qu'elle a dans sa main, se
rattacher cette masse de quatre ou cinq millions

d'exploités ruraux, dont l'énorme appoint la rendra, dès qu'elle saura vouloir le mettre de son côté, absolument irrésistible. Mais, pour qu'elle réalise cette conquête décisive, il faut que les coups portés dans ce but ne le soient pas à faux, ce qui n'est pas aussi facile qu'on pourrait le croire et suppose une véritable connaissance de l'élément campagnard. Malheureusement cette intelligence a jusqu'à présent fait défaut. Composée de besoins, de griefs, de déclassements, de mécontentements citadins, la démocratie militante, celle qui fait les insurrections et les écroulements politiques, ne connaît pas le paysan.

Aussi a-t-elle commis à son endroit les bévues les plus lourdes, comme si elle avait pris à tâche de s'aliéner une classe d'hommes qui se détermineront en faveur de la Révolution pour peu que celle-ci prenne les moyens de leur faire une bonne fois sentir, par une démonstration palpable, qu'elle est leur cause et l'expression de leurs intérêts.

L'homme des champs, comme les fantaisistes qui ont trouvé bon de le chanter sans se donner la peine de le connaître l'ont poétiquement appelé, est une espèce d'homme tout à part, qui n'est sans doute point l'homme des bois, mais qui n'est pas encore l'être civilisé des sociétés perfectionnées. Bimane aussi peu attrayant que puisse l'être aucun type humain tant qu'il est mal lavé de la fange et du limon originels, il est encore dans la nature, dans la brutalité et l'ignorance. L'isolement et le silence de la vie des champs, sa monotonie continue, l'uniformité, la dureté du labeur qu'elle réclame et sa lenteur, l'insuffisance permanente des causes de stimulation, la grossièreté des aliments, tout, jusqu'à la société des bêtes avec lesquelles travaille, mesurant son pas sur leurs pas, et vit l'homme des campagnes, concourt à tenir son cerveau dans une espèce de torpeur contemplative où le plus habituellement ses facultés sommeillent. Le nombre des combinaisons qu'il a dans la tête est incroyablement réduit. Observez-le patiemment, faites-le parler ou plutôt laissez-le parler, plus vous le pratiquerez de longues années et plus vous serez étonné de l'étroitesse du cercle dans lequel tourne sur lui-même ce mécanisme intellectuel. Le paysan vit de préjugés, acceptés sans contrôle, que l'expérience journalière dément toujours sans les détruire jamais ; de traditions séculaires, transmises de père en fils, vraies ou absurdes, indiscutées ; d'apophthegmes appris par cœur, qui lui tiennent lieu de raison des choses. Même en ce qui le touche de plus près, dans le cercle de ses occupations, il ne crée rien, n'invente rien, ne perfectionne, ne s'ingénie ni ne s'avise, ne supplée rien. Tout ce qui est nouveau lui répugne, dévoyant chez lui la routine, qui est le fond même de son être.

Voudrait-on en conclure que, sous la gangue massive dont elle est enveloppée, l'intelligence du paysan manque d'une certaine solidité ? La conclusion serait injuste. Si son esprit, lent à se mouvoir, est peu ingénieux, en revanche il n'est pas dépravé. Il faut même lui reconnaître une sorte d'acuité dont la forme est particulière. Sans doute, sa vue ne s'étend pas loin, mais on ne peut dire qu'elle soit faussée. Dans l'épaisse fibre où elle réside, son âme, alimentée par un sang vigoureux, est exempte de sophisme et de sentimentalisme comme son corps de nervosité, douée de peu de souplesse mais robuste. Au fond, son jugement reste sain, et, s'il ne se meut que dans un cercle étroit, il y fonctionne généralement avec rectitude, en raison même de sa lenteur. Seulement ses idées se développent peu, et ses conceptions sont simplistes. Il est resté presque entièrement l'homme des époques primordiales, sa pensée est élémentaire. S'il est vrai que le progrès des siècles l'a entraîné à sa remorque, c'est à une longue distance. Vous retrouverez dans sa bouche les sentences bibliques et les adages du temps d'Homère.

Cette sagesse primitive, où sa pensée se renferme sans discussion possible, est la règle intime qui préside à toutes les actions de sa vie, voire politiques, si vous faites le lourd quiproquo de chercher en lui le citoyen. Il ne conçoit la société que sur le patron de la famille, c'est-à-dire de celle qu'il connaît, fondée sur l'arbitraire de son chef naturel. L'alpha et l'oméga, le mot unique de sa conception politique est simplement le despotisme, comme chez les nègres du Congo. Vous ne le ferez pas sortir de là. Vous ne caserez pas dans sa cervelle le mécanisme trop complexe des idées d'association, de groupement, de délégation, de mandat, de contrôle, de responsabilité, de mutualité, de régime contractuel, tout ce que résume le mot de liberté, qui n'est pour lui qu'un son dans ses oreilles. A tout cela il vous répondra, comme Ajax ou Diomède :

> Que le pire des États est l'État populaire.

Il aime naturellement la force. Il faut un maître, disaient les paysans en 48, qui tienne le manche de la charrue. En conséquence de cet aphorisme, ils votèrent pour le neveu de Napoléon. Ce vote, réitéré par eux avec une persistance si expressive, et qu'ils renouvelleraient encore, n'avait pas trait seulement à la gloire légendaire qui s'attachait au nom de l'Empereur ; il ne tenait pas moins à ce que ce nom, il ne faut s'y méprendre, sans impliquer le retour du vieux régime monarchique de mémoire abhorrée, c'est-à-dire tout en consacrant la Révolution comprise à leur manière, personnifiait à leurs yeux l'idéal politique de l'homme primitif, le despotisme.

Ce n'est pas par accident, par un engouement passager, sous l'influence de conditions particulières et transitoires que les masses rurales ont dix fois en soixante-dix ans acclamé le régime impérial, mais parce qu'il était réellement en harmonie avec le cours naturel de leurs idées. Ces idées, il faut y compter, ne se modifieront pas de sitôt dans les cervelles paysannes. Il se peut que, sous la pression de circonstances particulières, par nécessité de résistance, esprit de protestation, pour s'opposer au retour du régime divin qu'elles détestent plus que toute chose, il se peut que les campagnes, empêchées d'exprimer leurs véritables préférences, reportent, à défaut de mieux, leurs votes sur la bourgeoisie républicaine, peut-être même, si on les pousse à bout de patience, les donnent au socialisme. Cette conversion des villageois ne sera de longtemps qu'une apparence, et la démocratie, en supposant qu'elle soit capable de voir devant elle, fera sagement de ne pas s'y fier. Aussitôt que la bride sera lâchée au suffrage rural, le naturel reparaîtra et l'âne reviendra au moulin. Tant que le campagnard demeurera le cultivateur parcellaire, ininstruit et sans garanties, vestige des temps barbares, qui existe aujourd'hui, rendant des plébiscites ainsi que bêlent ses moutons, il acclamera le césarisme.

Après tout, la démocratie « éclairée », aurait-elle tant le droit de reprocher aux électeurs de nos campagnes leur attachement pour l'Empire? Les vétérans de la République n'avaient-ils pas eux-mêmes commencé par être, à leurs débuts politiques, les brigands de la Loire, les *patauds*, les Bonapartistes de 1815? Les *libérâtres* de la Restauration n'avaient-ils pas concouru, pour une large part, moitié par jésuitisme et moitié par niaiserie, à confectionner cette légende napoléonienne d'où devait sortir, vingt ans plus tard, la seconde incarnation de l'Empire? L'épopée impériale n'avait-elle pas été une machine de guerre entre les mains de l'opposition qui battait en brèche le régime de Juillet? Entre autres badauderies qui renfermaient juste assez de vérité pour avoir une valeur comme instruments de charlatanisme, ainsi que le veut l'époque, n'était-il pas admis en thèse populaire chez les républicains de 48 que Napoléon, le Messie révolutionnaire, colporteur de la liberté, l'avait promenée dans l'Europe sur les pointes de ses baïonnettes ? Le libéralisme n'a-t-il pas récolté, quand les campagnes ont fait pousser le régime de l'Empire, ce qu'il avait semé. En somme, le paysan, dans sa rusticité, dans son isolement, dans l'état d'ignorance qu'on lui reproche, n'est en retard, tout compte fait, que de cinquante ans au plus sur les citadins avancés. Ce n'est pas de quoi le traiter de si haut dans la longue ascension des âges...

Il n'est point de chose humaine, périssable et durable, qui n'ait en elle-même, plus ou moins, un élément de fausseté par où elle doit s'écrouler et un élément de vérité par lequel, jusqu'à nouvel ordre, elle tient debout. Il faut reconnaître, où elle se trouve, cette part de vérité, et comme Turenne disait qu'il faut être loyal même avec les coquins, ainsi devons-nous être juste même à l'endroit du césarisme. Il serait puéril de prétendre qu'un régime gouvernemental, qui s'est reproduit à deux reprises dans un demi-siècle, acclamé dix fois par la masse d'une nation, n'ait eu que la valeur d'un prestige suspendu en l'air. Il n'eût sans doute pas subsisté s'il n'avait possédé devers lui un élément de vérité pour lui servir comme point d'appui, un principe constructif et vrai, en un mot révolutionnaire. Le premier Empire tenta de remettre à neuf l'absolutisme monarchique : c'était l'assise ruineuse, par où il s'effondra. Mais il dut consacrer, en dépit qu'il en eût, la plupart des conquêtes civiles de la Révolution ; c'était là son côté réel, sa raison révolutionnaire, qui le fit exister. De même, le second Empire avait sa fausseté imminente, l'argyrocratie qui le mina et par laquelle il devait tomber, construction vermoulue, au premier heurt, mais il avait concurremment sa part de vérité qui l'a maintenu pendant la durée d'une génération ; il a dû, lui aussi, consacrer un principe d'avenir, une conquête révolutionnaire ; un seul, mais fondamental. La suite prouvera bientôt qu'il était suffisant. Il lui a fallu conserver le suffrage des multitudes. C'était son rôle marqué dans le cours des destinées. Il a été l'introducteur des masses rurales dans la vie publique. Par lui le droit politique de ceux qui n'ont que leur vie en ce monde est entré dans les mœurs. Ce droit fondamental a eu, sous ses auspices, le temps de s'établir, si carrément assis et si fortement cimenté, que rien ne saurait plus le démolir et que tout pouvoir qui essayera d'y toucher désormais, peu ou prou, s'y brisera.

Etrangers aux griefs des populations urbaines qui voyaient l'envers du système, placés à un point de vue tout autre, les exploités de la glèbe, les laboureurs ci-devant vilains ont maintenu vingt ans par leurs votes le pouvoir qui, pour le quart d'heure, leur donnait l'aisance matérielle et qui les faisait électeurs. En votant pour l'Empire, ils étaient révolutionnaires à leur façon. Etait-ce donc si bêtement agir pour des simples d'esprit? A moins que ce ne fût plutôt cette force impersonnelle que nos pères appelaient religieusement la sagesse de Dieu, supérieure à l'humaine prudence, distincte de celle des hommes et cependant immanente dans le peuple et parlant par la voix des foules ?

Ce second Empire avait deux faces bien différentes, l'une aristocratique et l'autre plébéienne, la première qui s'identifiait au banditisme financier, et l'autre qui regardait vers les foules campagnardes. Celle-ci n'était qu'un masque. Introduit par les intérêts de la haute pègre capitaliste, acclamé par l'instinct des populations villageoises, qui étaient l'instrument de la chose et lui donnaient corps, idéalisé par leurs légendes, Napoléon Robert-Macaire s'est tenu dix-neuf ans en équilibre sur la corde de cette équivoque. Les opérations audacieuses de la clique césarienne ayant échafaudé sur cette base de la confiance rurale une prospérité

factice, les paysans, qui ne voyaient que l'apparence, ont cependant profité de l'aubaine. Ils n'en
demandaient pas davantage et contemplaient pieu-
sement dans la personne de leur élu le miracle de
leur propre foi, attribuant au fétiche qui n'en pouvait mais ce qu'elle seule en définitive créait et
soutenait. Par ainsi le système se donnait, en langage officiel, pour sauvegarder « l'ensemble des
intérêts conservateurs ». Synthèse bizarre ! Mysti-
fication singulière ! En fait, l'Empire, miné au
dedans par les charançons de l'agiotage, *montait
le coup* à ses rustiques commanditaires, mangeant
leur blé en herbe, comme il parut le jour où la
faux entra dans la moisson ; mais on peut croire
que la plèbe des campagnes mettra encore du temps
avant d'avoir compris, si jamais elle comprend, la
rouerie napoléonienne.

Le vote répété des campagnes donnant à l'Empire
leur blanc-seing n'était au fond que l'expression
de leur instinct révolutionnaire, moins énergique
peut-être, mais non moins obstiné chez elles que
chez le prolétariat des villes. La France rurale, en
acclamant Napoléon, à vrai dire n'acclamait qu'elle-
même, la République des paysans, telle qu'elle est
apte à la concevoir, réalisée dans le despotisme,
incorporée dans une idole. Car, au xix⁰ siècle de
l'ère chrétienne comme au 1ᵉʳ, le Césarisme n'est
essentiellement autre chose que la forme bâtarde,
l'expression inférieure, anthropomorphique, de la
Démocratie, à l'usage des plèbes dégradées par les

traditions de servitude et incapables de s'élever à l'autonomie politique.

La légende du deuxième Empire, maintenant en voie de se faire, aura tué celle du premier. Metz effacera Waterloo.

Est-ce à dire que nos masses rurales en viendront de sitôt à se trouver guéries de leur infatuation napoléonienne? Ceux qui pourraient le croire ne connaîtraient pas quelle fixité ont les idées dans la cervelle de l'homme des campagnes. Elles ne sont pas en effet chez lui comme pour le citadin une monnaie circulante; elles naissent et grandissent avec son individu, elles sont incorporées à son organisme. Dans l'imagination simpliste du paysan, idolâtre comme aux premiers âges, Napoléon est resté jusqu'à ce jour une figure mystique, un symbole où il a trouvé moyen de fondre ensemble sa rédemption de 1789 et sa revendication patriotique. Ajoutez que par ses conditions d'existence, par son tempérament et ses habitudes, par la forme de ses instincts, par sa conception brutalement patriarcale de la famille et de la société, l'homme des campagnes est le suppôt naturel du despotisme. Il aime la force, il ne conçoit que la force, il ne respecte qu'elle. La double loi qui régit les brutes, celle de la force et de l'habitude, détermine souverainement ses idées et ses actes. Il a déjà plébiscité pour l'Empire une dizaine de fois; cela seul, ne vous y trompez pas, lui est une raison suffisante pour qu'il l'acclame encore autant de fois que vous l'interrogerez plébiscitairement. Donnez-lui le choix, sans ambages, entre l'Empire et toute autre forme gouvernementale ; le lendemain de Sedan comme la veille, après un quatrième désastre, après un dixième, il votera encore et toujours en faveur de l'Empire.

Le paysan votera pour l'Empire indéfiniment, à moins qu'il ne soit plus exact de dire qu'il acclamera l'Empereur autant qu'on le lui proposera. Car les abstractions n'entrent guère sous la calotte épaisse qui emboîte sa cervelle ; la forme politique n'est pas ce qui l'intéresse le plus. La politique telle qu'il la prend, faisant bon marché des principes, qui ne se voient pas, va tout droit aux personnes, qui sont visibles et palpables. Il lui faut une autorité qui soit de chair et d'os. C'est sur une tête humaine déterminée, prédestinée, valant du reste ce qu'elle peut, autrefois celle du roi, depuis celle de l'empereur, que l'esprit rural a coutume, aujourd'hui comme jadis, de placer son espoir et de rassembler ses complaisances.

A-t-on remarqué que cette plèbe campagnarde ne vote vraiment avec ferveur que lorsqu'elle répond à la voix de l'individu privilégié à qui elle a reconnu la mystérieuse puissance de faire parler son somnambulisme et d'interroger ses oracles ? Vous la voyez alors se presser en masse autour du scrutin comme un troupeau à l'abreuvoir ; les ouailles connaissent la parole du berger. Vous l'entendez qui bêle *Oui* (tout ce qu'elle sait dire),

comme un seul mouton. Faites la comparaison
entre les chiffres des votes plébiscitaires pendant
le second Empire et ceux des élections du Corps
législatif. Tout le monde dans le premier cas fait
acte de présence ; dans le second vous relevez toujours une assez forte proportion d'indifférents. Le
peuple n'est vraiment lui-même que dans le plébiscite, qui est incontestablement en matière de
suffrage la perfection de l'insanité.

Le paysan croyait jadis à l'homme que désignait
héréditairement le sort de la naissance. Cela s'appelait le droit divin, qui serait dit aussi bien l'état
de simple animalité. Il croit maintenant à l'homme
que le choix du peuple désigne, conception plus
intellectuelle. Évidemment c'est un progrès. En
attendant que sa conscience soit assez éclaircie pour
lui permettre de s'y voir, il se contemple dans son
Elu. Le césarisme est sa façon d'entrer dans la République. Avait-on supposé qu'il passerait d'emblée
de l'idolâtrie monarchique à la démocratie sans
idoles ni figures?

Quant aux comparses des Deux-Décembre, l'éclat
emprunté qu'ils reflètent ne capte pas le suffrage
rural au point de l'aveugler autant qu'on pourrait
le croire sur la valeur qui leur est propre. Le vote
du campagnard, nous le disions tout à l'heure,
étant surtout affaire de personnes, il peut même
arriver que les inféodés du césarisme, si la main
de l'empereur n'est plus là pour les soutenir, soient
appréciés par leurs électeurs ordinaires au poids de

leurs mérites intrinsèques, jusqu'à rester sur le carreau. C'est ce qu'ils ont éprouvé, assez surpris de leur déconfiture, aux élections du 20 février 1876. En induirez-vous que nos campagnes ont commencé à se nettoyer du virus napoléonien? Si on vous le dit, ne vous y fiez pas. Ceux qui s'endormiraient dans cette illusion courraient risque d'en être brusquement réveillés. Que d'aujourd'hui à demain vienne un usurpateur qui fasse preuve de force ; qu'un sacripant, né pour le bagne ou pour le pouvoir, prenne en main, pour parler comme le paysan, le manche de la charrue, vous verrez le césarisme.

Par ses mœurs et par ses idées le paysan garde, en effet, l'empreinte de la dure oppression qui a brusquement pesé sur lui. Dans ses vices comme dans ses vertus, vous retrouvez l'*homme de poëste*, le vilain lié à la glèbe, taillable et corvéable. Il est encore le pauvre hère des temps féodaux, ignorant et pusillanime, humble d'allures, cauteleux, prudent, comme il doit arriver chez un être inférieur qui sent son infériorité ; menteur, dissimulé, rusé, voire même narquois ; — la ruse est la défense du faible et le mensonge son échappatoire, comme l'ironie sournoise est la revanche du pauvre homme. Mais ceux qui le connaissent ne se prennent guère à ses épaisses finesses, apprises de tradition et, pour employer son langage, cousues de fil blanc. Ses habiletés sont tours de lièvre essayant de donner le change aux chiens, dont malgré tout il est la proie. D'ailleurs, frugal de vie, satisfait de peu, économe jusqu'à l'avarice, régulier dans ses habitudes, courageux au travail bien que mou à la douleur et poltron devant le danger, il est résistant à la peine comme habitué séculairement à pâtir pour l'aisance d'autrui. Ce sont vertus de meurt-de-faim.

L'homme des champs est resté un être déprimé. Devenue un instinct machinal, la terreur sous laquelle il fut courbé de si longs siècles a persisté au fond de son âme ; la crainte enveloppe son existence. Dans l'isolement où il végète, l'homme des campagnes a peur de tout : peur des voleurs et des gendarmes, des incendiaires et des rats-de-cave, des gens de loi et des *partageux*, peur des vivants et peur des morts. Car les objets diurnes et réels ne suffisent pas à sa disposition craintive : sa poltronnerie s'idéalise ; il lui faut des terreurs nocturnes, des appréhensions visionnaires, des épouvantes surnaturelles. Au fond il est encore païen. Le monde réel qui l'enveloppe ne se distingue point à ses yeux du monde imaginaire émané de son esprit. La mystérieuse action de puissances d'un ordre supérieur que les gens des villes méconnaissent, lui paraît s'exprimer dans les plus simples accidents de l'ordre visible qui les recouvre. Il croit aux influences occultes, aux visions, aux incantations, aux rêves et aux présages.

Si on voulait un jour soumettre à l'infaillibilité du peuple, par rogation plébiscitaire, une question comme celle des sorciers ou des revenants — pourquoi pas aussi bien que celles de l'ordre poli-

tique ? — on en obtiendrait une réponse plus instructive assurément que ne le fut jamais et ne le
sera aucun oracle du même genre : car on éprou-
verait, chiffres en main, ce que peut la propagande
trop niaisement vantée des écrits quand il s'agit
de faire brèche dans le roc cyclopéen du préjugé
rural. Il ne serait plus permis de s'illusionner sur
le résultat obtenu après trois siècles de science
et de philosophie par ce qu'on est convenu d'appeler la diffusion des lumières. On serait peut-être
forcé de voir ce qu'on veut toujours ne pas voir :
que notre société repose, malgré tout ce qu'on peut
dire, sur une masse compacte de quatre millions,
ou plus, d'êtres humains dont la pensée n'a fait
depuis les âges barbares aucun progrès essentiel et
pour lesquels toutes les conquêtes dont se glorifie
l'esprit moderne sont parfaitement non avenues.
Possible est-il qu'on en vînt alors à mieux comprendre ce que l'invasion politique des classes
rurales peut valoir pour une société ; au moins
on reconnaîtrait peut-être la nécessité de s'adresser pour leur éducation sociale à d'autres moyens
de propagande, plus matériellement efficaces.

De cet affaissement de l'intellect et du moral
chez le prolétaire de nos campagnes, issu en droite
lignée de l'esclave agricole d'autrefois, intermédiaire historique entre le serf d'hier et le cultivateur libre de demain, il résulte que le sentiment
qui, chez les peuples primitifs, fait la dignité de

l'homme barbare ne saurait exister en lui. L'ardent amour de la cité n'entre point dans son âme ; il ne connaît que le clocher, figure tout imaginative. qui n'est en rien la même chose. Il n'y a aucun fond à faire sur sa vaillance patriotique.

Allez donc faire entendre à son intelligence bornée ce que c'est qu'un groupe ethnographique, une unité nationale, une frontière naturelle, la solidarité de contrées situées à des centaines de lieues avec lesquelles il n'entretient aucun rapport ou commerce direct. Il vous répondra : « Que m'importe ? chacun pour soi ; si l'ennemi est en deçà de ce fleuve que vous appelez le Rhin, il ne fourrage pas dans mon champ ; et, quand il y viendrait, il m'en coûtera peut-être moins de l'accepter que de lui faire obstacle. »

La patrie de l'homme des campagnes, comme ses idées, se borne à l'horizon du champ où il promène sa charrue. Sa faculté de concevoir s'arrête là où se limite sa faculté de voir. Qui lui fait une ligne de défense pourvu qu'il sauve son bétail ? Si donc vous livrez en temps de guerre les conseils et l'armée d'un peuple à la prédominance de l'esprit rural, la nation est perdue.

Il était autrefois de règle militaire que le paysan ne fût pas considéré comme belligérant et que le soldat de l'un ou de l'autre parti, sans distinction, vécût sur lui. Le roi Guillaume de Prusse, en maintenant dans la guerre franco-allemande cette règle empirique, sans y mettre plus de transcendance, était dans la réalité en même temps que dans la tradition. Plus avancés en fait d'idées, nous avons, nous, changé tout cela et nous faisons élire dans l'extrémité du désastre par le souverain en sabots des assemblées *rurales* qui ne savent que livrer la Patrie sans même avoir conscience de la honte qu'elle subit. L'ennemi a dû bien rire. Les paysans n'ont été, après tout, en 1870, que ce qu'ils furent, ni plus ni moins, à toute autre époque de l'histoire. Ne sont-ils pas les descendants de ceux qui, en 1815, suivaient la queue de l'invasion cosaque avec les corbeaux et les loups, s'étant munis de sacs pour piller les villes ? Ainsi ont-ils partout favorisé les mouvements de l'ennemi, lui dénonçant ceux de nos troupes, gardant pour lui leurs vivres parce qu'ils le craignaient davantage, et les refusant aux Français.

III

Cet être humain si déprimé, ce paysan qui ne tient au sol, comme l'animal, que par les racines matérielles de son existence, est pourtant le futur auxiliaire de la Révolution, qui doit décider de son triomphe lorsque celle-ci l'aura fait naître, par une de ces rénovations qu'elle seule a puissance d'opérer, à la vie du patriotisme.

Car au fond le paysan est révolutionnaire, ainsi que nous l'avons déjà dit, à son point de vue. La scission qui existe entre lui et la plèbe des villes n'est en réalité qu'un malentendu. Rien ne tenant, chez l'homme des campagnes, en présence de son intérêt quand il voit clairement celui-ci, il sera socialiste malgré tous ses instincts et tous ses préjugés dès que la conscience lui sera donnée que les salariés ont raison de l'être, jointe à la confiance qu'ils pourront accomplir leur révolution sans mettre en péril les droits acquis du paysan. Si, en effet, le laboureur, jusqu'à ces derniers temps, a toujours voté en faveur de l'ordre gouvernemental, cela tenait à ce que, n'entendant rien à la protestation des villes, il ne voyait que trouble et folie en dehors de l'ordre qu'il connaissait. Il est de fait ou d'aspiration propriétaire; il l'est avec obstination, avec férocité, parce qu'il l'est devenu révolutionnairement. Si de nouveaux révolutionnaires, qui lui sont étrangers, entendent changer la forme du gouvernement, que lui importe ? Il a traversé toutes les formes, il n'a gagné directement à aucune d'elles ; là-dessus il est sceptique. Si c'est au fond de l'ordre social qu'ils veulent toucher, quelle sera sa part ? Que deviendra sa propriété ? Dans la brutalité de son égoïsme, il n'a pas vu d'autre question, il a voté pour l'ordre ; il entend que l'ordre subsiste, dussent périr les ouvriers et les villes. Il a crainte qu'une révolution n'ôte ce que l'autre a donné, et il est pour l'ancienne, celle de

1789, dont il a profité, contre celles qu'il ne connaît pas[1].

Mais le moyen de rattacher le paysan à l'idée sociale ne serait sans doute pas de recommencer les errements de 1848, où la République, pour s'affectionner les campagnes, ne s'avisa de rien mieux que d'exiger d'elles les fameux 45 centimes. Il est vrai de dire que par contre elle les gratifiait, très inopinément, du suffrage universel ; c'est-à-dire que, pour la durée d'une génération, elle remettait entre leurs mains l'omnipotence, dont elles ont fait l'usage qu'on sait, désastreux et providentiel ; car rien n'est tel que l'intrépide foi du mysticisme, qu'il soit religieux ou politique, pour ouvrir à doubles battants les portes de la Destinée. Mais que faisait aux campagnes l'acquisition d'un droit qu'elles n'avaient pas revendiqué et dont elles étaient incapables d'apprécier la portée ? Vous ne saviez donc pas, malheureux, que pour vos 45 centimes, pour le plat de lentilles d'Esaü, le paysan livrerait dix fois et ses droits politiques et ceux de sa descendance jusqu'à l'expiration des siècles ?

En 1870, nous voyons autre chose. La France est envahie, ses ressources militaires livrées aux mains de l'ennemi ne lui laissent plus chance admissible d'opposer au flot de l'invasion ce qu'on

---

[1] Nous empruntons ces réflexions à un opuscule des plus remarquables publié à Bruxelles en 1870 : *De la Constitution du parti révolutionnaire en France*, par Victor Arnould.

est convenu d'appeler une défense dans les règles. Plus d'armée, plus de matériel; désorganisation complète. Le prestige napoléonien en s'évanouissant n'avait rien laissé après lui. Or les armées, quoi qu'on en eût dit, ne s'improvisent pas dans les désastres ; les légions ne surgissent pas de terre.

Cependant, d'un autre côté, comme il est d'expérience acquise et de nécessité qu'une armée d'invasion sur un sol étranger, si pleinement victorieuse qu'elle soit, ne tarde pas à fondre comme beurre dans la lèche-frite lorsque le peuple envahi a bien pris la résolution de ne pas se laisser asservir, il restait un suprême recours : développer, par tous les moyens, au sein des masses, surtout rurales, ce sentiment universel de résistance nationale qui est l'arme et le salut des désespérés. On était dans cette alternative : ou ce parti énergique ou la ruine du pays.

Il n'était pas de moindre évidence que, pour ce faire, les paroles ne suffisaient pas ; il fallait ou jamais des mesures pratiques et radicales, il fallait faire intervenir une double sanction : intéresser le paysan dans la défense du territoire en même temps que le prémunir par des exemples d'une juste sévérité contre cette tendance naturelle qui le porte du côté de la force. Qu'a fait la Délégation de Tours?

Dans cette nécessité du salut public, la dictature républicaine de 1870 a-t-elle tenté aucun moyen de rendre sensible à l'esprit rural que la cause du cultivateur, la cause de la Révolution et, par conséquent, la défense de la Patrie n'étaient qu'une seule et même chose ? Dans cette détresse de la Nation où le poids de sa résistance, les dangers personnels, les menaces de l'invasion, les dévastations qu'elle entraîne pesaient principalement sur la plèbe agricole, la Dictature républicaine a-t-elle dégrevé le laboureur d'aucune des charges qu'il supporte. C'était de simple justice. Loin de là ; il a éprouvé au contraire un surcroît de contribution, il a dû subvenir aux dépenses de guerre.

A défaut de mesures effectives, lesquelles pourtant étaient d'urgence, a-t-on seulement donné aux gens des campagnes le moindre gage ou preuve, même une simple promesse de sollicitude, leur témoignant que la République avait le sentiment de leurs besoins et s'intéressait à leur sort ? Les deux vétérans du barreau, expédiés à Tours en attendant que leur jeune collègue vînt s'occuper enfin de l'ennemi, avaient trouvé le temps de s'employer... véritables Josses politiques, à des réformes judiciaires ! Leur est-il venu à l'esprit de penser aux baux et fermages, aux abus de la législation qui régit l'existence du prolétariat campagnard ? Est ce donc que cette question fût moins intéressante au point de vue juridique et surtout, dans la circonstance, d'une actualité moins pressante ? S'ils avaient témoigné dès lors quelque velléité de provoquer cette réforme, du moins auraient-ils essayé ce qu'il était en eux de faire pour disposer les masses rurales en faveur du Pouvoir qui représentait à la fois la défense du sol national et la Révolution. Sans dissiper des préjugés accumulés chez elles de trop longue date par les intrigues réactionnaires, toutefois auraient-ils obligé l'attention des campagnes à se fixer sur le fait étrange de ce gouvernement d'un genre nouveau, osant sous l'enseigne malfamée de la République rompre en visière à la classe riche pour prendre en main la cause, traditionnellement négligée, des travailleurs ruraux.

Il n'en a rien été. Au lieu de chercher la nation où elle est en effet, dans la masse profonde du peuple, on s'est arrêté à la voir où elle n'est pas, dans cette couche mêlée et suspecte qui la surnage. On a eu peur de violenter ce qu'on a pris pour l'opinion publique, celle de trois ou quatre cent mille parasites qui ne pouvaient être patriotes, et on n'a pas su s'adresser à la grande opinion publique des huit millions de Français, qui constituent la vraie nation, celle qui travaille. On a fait de la conciliation avec les descendants des émigrés de Coblentz, et des Vendéens avec les zouaves pontificaux; on a fait de la conciliation avec les vassaux de l'Étranger, inféodés par la finance, la grosse industrie et le haut commerce; on a parlé de conciliation dans une défense commune, quand il n'y avait plus qu'à soulever désespérément, dans un nouvel effort de la Révolution, les énergies latentes de la masse populaire. On n'a pas su se rendre compte de ce que doit être réellement, dans cette société tout à part qui est la France d'aujourd'hui, une défense nationale. On a parlé au paysan de l'indépendance et de l'honneur, et du salut de la Patrie; grands mots assurément. — Vous en parlez fort à votre aise, Messieurs les avocats de Paris; mais, pendant que vous mettez en ligne vos armées formées à la hâte par l'appel forcé de nos enfants, si l'ennemi enlève ma récolte et dévaste mon champ, où seront alors mes moyens de vivre? Quel dédommagement en aurai-je? Quelle garantie m'assurez-vous? — Si le dictateur avait raison, le paysan avait-il tort? Ce fut, ainsi que les campagnes, surchargées sans compensation, exposées aux risques de guerres, et manquant de bras pour les cultures, incapables d'ailleurs de mesurer la portée de la question nationale, réclamèrent la paix à grands cris, et, pour n'y pas manquer, suscitèrent dans leur affollement cette assemblée de hobereaux, députés à tout faire, intrépides à la honte.

Les plèbes rurales n'étaient-elles pas dans la logique?

Il n'existait effectivement que deux voies rationnelles : ou la soumission sans vergogne, la prodition de Bordeaux consentie dès le début, ou la Révolution. Mais quand il fallait à tout prix intéresser directement au salut de la Patrie l'irrésistible armée des déshérités, la grande canaille, en un mot soulever la nation, on a eu peur. On n'a pris, tout considéré, que des demi-mesures ; on n'a fait qu'une quasi-défense. Quand il fallait repousser l'ennemi sous la sanction de la mort, ou, ce qui est pire, du déshonneur de la nation, on a craint la Jacquerie ! Triste chose que cet esprit bourgeois !

En somme, on n'a pas su dans le suprême péril, ou plutôt on n'a pas osé déchaîner le vrai génie de la France, le seul qui ait pouvoir contre ceux de l'Étranger, son génie révolutionnaire.

Aussi peut-être, s'il faut le dire, est-ce que chaque chose ne saurait venir qu'à l'heure éternellement fixée ? Nul ne savait alors ce que l'on sait à présent ; les temps marchent à toute vitesse.

Il est certain que cette façon de faire entraînait comme corrélatif l'emploi le plus vigoureux des moyens financiers et gouvernementaux dont un pouvoir dictatorial puisse être armé. En dégrevant le prolétariat, ce qui était de nécessité, il fallait, par compensation, reporter sur les classes *dirigeantes*, ce qui était de justice, les risques matériels de la guerre où elles avaient jeté la nation fourvoyée par leur direction. C'était bien le moment ou jamais de se rappeler le mot de Danton s'adressant aux riches : « Vous n'avez, on le sait, ni courage, ni honneur, ni patriotisme. Le peuple prodiguera son sang ; rien ne vous fera contribuer du vôtre : *Livrez donc votre or, misérables, livrez votre or !...* »

Il fallait un emprunt forcé, frappant sur les grands contribuables, remboursable ou non remboursable, selon l'issue de la résistance. Par ainsi les capitalistes auraient été intéressés du même coup que la plèbe à la victoire nationale, et garantie eût été prise à l'endroit de leur mauvais vouloir.

Car il ne faut pas l'oublier, de l'instant où on frappe les *hautes classes*, puisqu'ainsi s'appellent aujourd'hui nos boutiquiers repus, il est à peu près nécessaire qu'il intervienne alors une sanction sérieuse. C'était grave, il n'en faut douter, mais le seul recours était là. On n'est pas dictateur à demi ; il faut se montrer alors *à la hauteur des circonstances.*

IV

Sur ce propos, un seul exemple qui serve à fixer les idées.

Au commencement d'octobre 1870, l'armée allemande se développait vers les frontières de la Normandie dans le dessein de se ravitailler. Aux premières nouvelles de ce mouvement, les conseillers municipaux et notables bourgeois de la ville d'Evreux s'empressent d'envoyer à l'ennemi une proposition de rachat. Aussitôt informé de ce fait, le ministre de la Guerre, qui venait d'arriver à Tours, fait venir en sa présence les con-

seillers d'Evreux, et leur applique une objurgation
foudroyante qu'il termine en leur déclarant qu'il
les livre... à l'indignation publique! — Nos ventrus se retirent enchantés d'en être quittes à si
bon compte.

Ce n'était pas là ce qu'il fallait faire. Il est par
trop naïf d'adresser des reproches à des gens qui
sont incapables de les sentir. Le dictateur devait
se borner à constater froidement l'acte de haute
trahison, puis abandonner les traîtres à la justice
méritée.

Ceci était de la plus haute portée; non pas assurément en ce qui concernait les personnes des
bourgeois de cette ville, qui sans doute, prises en
elles-mêmes, étaient aussi banales que celles des
premiers bourgeois venus; mais comme acte significatif dans les circonstances données, c'est-à-dire
au début d'une défense nationale.

On n'improvise pas chez une classe incurablement pourrie, comme l'est aujourd'hui notre bourgeoisie mercantile, le sentiment patriotique. L'intelligence et la pratique de la solidarité nationale,
qu'étouffe nécessairement la factice unité de la
centralisation, ne sauraient guère se bien concevoir
qu'avec des mœurs publiques créées ou à créer
par le fédéralisme. L'exécution des notables et insi-
gnifiants traîtres d'Evreux n'aurait pas rendu patriotes ceux de toutes les autres villes qui se hâtè-
rent de les imiter, mais le même esprit de conservation égoïste qui les faisait traiter avec les

Allemands leur aurait dès lors conseillé un tout autre genre de prudence.

Il est surtout indispensable, quand on assume la tâche de sauver un pays, de connaître les ressorts qui sont à mettre en jeu ; ce qui suppose que l'on n'ignore pas qu'il existe une question sociale, voire même qu'on en a fait l'étude la plus suivie, puisqu'au fond des défaites comme des victoires de tous les peuples, c'est toujours une question sociale, ainsi que l'histoire nous le témoigne, qui est la clef des événements.

Mais que peut-on espérer de l'esprit bourgeois?

La dictature de Tours a failli à sa lourde et glorieuse mission, en partie par mollesse bourgeoise, en partie faute de connaissance.

Elle a eu le sort que doit encourir un gouvernement de Salut public qui, ne s'étant pas rendu compte des conditions intimes de la nation menacée et de ses propres moyens d'action, est nécessairement indécis et sans énergie pour se mettre, faisant litière de tout, au niveau du danger public. Son pouvoir est tombé sous l'ignorante hostilité de ces masses provinciales qu'il n'a pas su s'affectionner, ameutées contre lui par les intrigues d'ennemis qu'il aurait dû paralyser en appliquant avec justice et résolution l'ensemble de mesures coercitives que requéraient les circonstances.

Les situations ont leur logique. Si on ne sait pas entrer dans cette voie rigide, on va loin dans l'erreur, on tombe bas dans la chute. La seule issue

possible, en 1870, était dans le soulèvement national et social de la masse du peuple; mais l'influence de l'esprit bourgeois, — qui est d'ailleurs
l'exclusion de toute vigueur civique, l'asphyxie
morale des nations dominant l'action du pouvoir,
— celui-ci n'a rien su ou rien voulu comprendre à la
logique des circonstances, et la France gît au fond
de l'abîme.

V

En résumé, la démocratie, quand les catastrophes
politiques l'ont amenée au pouvoir, n'a rien su faire
jusqu'ici depuis 1792 pour les populations rurales.
Loin de là, en 70 comme en 48, celles-ci n'ont
connu la République que par le surcroît de charges
qu'elle a fait porter aux campagnes. Faut-il, après
cela, s'étonner si elles se montrent prévenues
contre cette forme de gouvernement? Il n'est question de les initier aux causes intimes d'un fait
établi à leurs yeux par une double expérience; de
faire entendre aux paysans qu'il y a, dans la démocratie, républicains et républicains; que le pouvoir
jusqu'à ce jour n'a été mis qu'aux mains d'une
certaine classe de discoureurs, étrangers à la vie
du peuple, qui dans la République ne voient que le
nom et la forme, dont le campagnard ne se soucie

guère s'il porte toujours le même bât. L'ouvrier des villes, plus intelligent, surtout voyant les choses de plus près, reste malgré tout attaché à la République, mettant à son service trois mois de misère s'il le faut, voire six et plus encore jusqu'à ce qu'il soit sous son nom fusillé par le capital ; c'est qu'en effet, sous la formule parlementaire, il sent que le socialisme germe. Mais la pensée du paysan ne saurait anticiper l'avenir ; le fait seul, par une action tout empirique, aura prise sur son intellect. Il ne faut non plus lui demander aucune espèce de sacrifice ; il n'a du temps de misère au service d'aucune cause, soit religion, patrie, liberté, quelle que soit la rubrique, il n'accepterait pas, sauf peut-être pour ramener l'Empire, vingt-quatre heures de la moindre gêne. Ainsi vous met-il dans le même sac tous les républicains, connaissant le socialisme à peu près comme le loup-garou, par les ouï-dire, sans avoir d'idées plus précises. Il s'en tient donc à ce qu'il a vu. Dans sa tête où les idées ne se lient guère qu'un mécanisme d'association instinctive, la République jusqu'ici mal avisée reste toujours le synonyme de détresse publique et de surcroît de charges personnelles. A qui la faute ?

Pour endoctriner le paysan, il faut des actes.

LA QUESTION RURALE

I

Maintenant que nous connaissons l'élément rural, il s'agit de chercher les moyens que la Révolution devra employer désormais pour tailler dans cette lourde étoffe le paysan républicain, capable d'exposer sa vie, comme il le fit en 92, pour la défense du sol que féconde son labeur.

Car c'est le seul moyen efficace qui pourra relever la nation.

A première vue, le procédé révolutionnaire le plus direct, pour intéresser le paysan, paraîtrait consister, en conformité avec la formule générale (chap. v), à transférer purement et simplement, sur toute la surface du sol national, aux mains des tenanciers, fermiers et métayers, la propriété des terrains qui sont par eux mis en valeur. Il semblerait que d'un seul coup se trouverait ainsi rattachée à la défense de la patrie, en même temps qu'à la cause de la Révolution, une masse d'environ trois millions d'hommes qui jusqu'ici n'ont eu dans la première, aussi bien que dans la seconde, aucun intérêt qui les tienne.

Ceci serait sans doute en principe d'une indéclinable justice; car, en dépit de tous préjugés de la tradition propriétaire, il n'est pas admissible qu'un homme détienne par les mains d'autrui l'instrument de production qu'il ne peut retenir par lui-même. L'occupation fait le droit de possession, et, dans la bataille de la vie, qui quitte sa place doit la perdre. Une abeille n'est pas deux abeilles, un homme ne peut être deux hommes, chacun n'a droit qu'à ce qu'il occupe. Ce principe est élémentaire, il dérive de la loi de nature, et sa méconnaissance juridique n'est ni plus ni moins que le point de départ de toute usurpation, la source de tout accaparement, l'originede l'iniquité, l'établissement inévitable de l'oppression et de la misère.

Dans un siècle ou deux, le jour où quelques-unes de nos sociétés seront enfin parvenues à cet état de civilisation dont elles parlent toutes et dont les plus avancées n'ont encore aujourd'hui que le masque, on trouvera prodigieux ce mystère d'ubiquité léonine par où un homme peut tenir à lui seul au banquet social deux ou plusieurs places, l'une en personne et les autres par de faméliques représentants frustrés par lui des deux tiers de la pitance qu'eux-mêmes obtiennent de la nature. On n'imaginera pas ce miraculeux pouvoir de foisonnement par où le capital, une fois entré dans une

famille, peut assurer à perpétuité le parasitisme
d'une suite indéfinie de générations oisives sans
que la terre, si pénétrée qu'elle soit des sueurs
de l'homme, qui se donne à elle dans un embrasse-
ment de tous les jours, soit jamais acquise à ce
dernier.

La propriété ne peut alléguer en sa faveur
aucune origine légitime autre que celle de l'occupation par le travail. Mais, si telle est son essence
au point de départ des sociétés, par quel accident singulier dépouillerait-elle ce caractère dans
le cours de leur évolution? Par quelle étrange anomalie en est-on venu à dénier actuellement au
travail fécondant la terre, l'efficacité possessoire
qu'on lui reconnaît au début? Quel droit subsiste
alors dont puissent encore exciper ceux qui se pré-
valent aujourd'hui de ce monstrueux abus? Leur
pratique nie leur théorie, ou celle-ci condamne leur
pratique. Le fait contradictoire de leur usurpation
détruit la base sur laquelle ils prétendent l'édifier
comme droit de propriété. Le principe qu'ils
invoquent est l'aveu de leur iniquité, qui se trahit
et se réfute elle-même. Il est de fait que même
chez les peuples où ce principe original de la propriété est le plus abusivement violé, les codes ont
dû conserver, en dépit de cette dérogation, comme
un témoignage de la vérité primitive, la loi de la
prescription civile. En réalité, la propriété tend
incessamment à s'aliéner, si journellement le droit
n'en est renouvelé dans l'acte fécond du travail; la

terre entend appartenir à celui-là seul qui l'épouse.

D'où suit qu'en justice et raison, la redevance annuelle de la rente n'a de signification valable, à moins qu'on ne la prenne comme annuité d'amortissement. Si le possesseur de l'instrument agricole trouve à sa convenance de le passer en d'autres mains, celui-ci commencera dès lors à s'assimiler progressivement au travailleur qui le fait valoir ; et, lorsque ce détenteur nouveau aura enfin tiré du sol et successivement acquitté sous la forme de rente une somme égale à la valeur vénale du fonds, ce jour-là il sera entré en complète et en légitime propriété de la terre ; il l'aura au même titre, irréprochable et souverain, qui créa la propriété aux mains du premier occupant, par le droit de conquête du travail.

Si la propriété ne s'était jamais perpétuée que par ce mode de transmission, procédant de l'occupation productive par une chaîne ininterrompue, elle ne serait pas aujourd'hui devenue le scandale de la conscience humaine ; l'idée n'en serait pas obscurcie par les fumées de l'erreur et du parti-pris égoïste dans l'esprit de ceux qui l'attaquent envieusement, ou qui la défendent sans bonne foi.

II

Cependant, et pour en revenir à la pratique, c'est-à-dire à la mesure d'expropriation sommaire qui ferait passer aux mains qui le cultivent la totalité du sol exploité, on ne tardera pas à se convaincre, la chose étant vue de près, que des raisons prépondérantes excluraient aujourd'hui une pareille mesure, où il ne faut voir qu'un exemple de ces moyens délusoires dont nous avons parlé déjà, qui, sous les allures apparentes de radicalisme à tout crin, n'aboutiraient en dernier terme qu'au profit de la réaction.

La première objection que nous voyons s'offrir serait relative à la violence du cataclysme économique dont l'expropriation subite donnerait nécessairement le signal.

A la fin du siècle dernier, cette société française dut violemment déposséder une aristocratie terrienne d'environ 260,000 nobles ou prêtres ; mais le contre-coup de l'écroulement fut tel qu'elle en demeura ébranlée dans ses dernières profondeurs. Mise en demeure, sous peine de périr, de secouer, dans l'effort d'une crise désespérée, le poids qui étouffait toutes ses énergies fonctionnelles, elle aurait infailliblement succombé au mal ; elle est quasi-morte du remède.

Que serait donc aujourd'hui la dépossession brusque d'un nombre de propriétaires au moins quadruple ? Le besoin n'est pas moins urgent ; l'obstacle a plus de puissance. Imagine-t-on la perturbation sans exemple que jetterait tout à coup dans l'industrie, dans le commerce, dans l'ensemble de la production, dans le système entier des affaires, ce monstrueux bouleversement ? Pense-t-on quelle serait la lourdeur d'une pareille chute de capitaux ? La propriété territoriale, dans les conditions où elle existe aujourd'hui en France, forme une construction dont les assises sont si vastes et si profondément situées, les parties tellement liées entre elles et à tout l'ensemble social dont elle est la base. que son effondrement subit serait celui de la nation elle-même.

D'ailleurs, il n'y a pas ici, comme dans l'exécution antinobiliaire, antithéocratique du dernier siècle. une ligne de démarcation nette. Un grand nombre de propriétaires terriens sont autant prolétaires que capitalistes, autant ou plus producteurs que parasites, exploités qu'exploiteurs ; toutes les transitions existent, tous les degrés se rencontrent, toutes les combinaisons. La propriété foncière n'est pas, on ne saurait trop le comprendre, une prérogative saisissable qui constitue, comme jadis le privilège de la naissance, une masse distincte d'intérêts, superposée à celle de la nation, pouvant être écartée d'un bloc. C'est même là où réside, fallacieusement retranché, le sophisme de l'ordre bourgeois. Ajoutons, de plus, que ces fermiers, qu'on ferait tout à coup propriétaires, ne sont pas ce qu'il y a dans le prolétariat de plus prolétaire, si l'on peut ainsi s'exprimer. Une foule de conditions précaires, spécialement dignes d'intérêt, se trouveraient au contraire atteintes par la même mesure qui frapperait la grande propriété, comme par une arme à deux tranchants dont le contre-coup serait à craindre non moins que le coup direct.

Il faut enfin reconnaître que la plaie économique de notre société n'est pas principalement dans l'iniquité distributive de la propriété foncière. L'inégalité de la répartition y est même moindre que partout ailleurs. Les fortunes de millionnaires, représentées à 2 1/2 et 3 du 100 par des revenus de 25,000 à 30,000 francs, sont rares ; celles de 50,000 à 60,000 francs de rente sont tout à fait une exception.

Nous nous rappelons avoir vu du temps de l'Empire, et nous ne pensons pas que les choses aient dû beaucoup changer depuis, les membres du Corps législatif venir à l'occasion de la nouvelle année faire leur visite aux Tuileries. La plupart de ces notabilités territoriales, n'ayant pas les moyens d'entretenir à Paris le luxe d'un équipage, se faisaient voiturer tout simplement en fiacre à 2 francs l'heure, *en sapin*, disaient les gavroches. Spectacle assez égalitaire ; singulier démenti au prestige des pompes officielles, qui devait prêter à rire aux dignitaires étrangers, et ne témoignait pas en tout cas d'une excessive concentration de la fortune territoriale.

C'est qu'en effet le vrai secret du mal était ailleurs. Il était bien plutôt et il est toujours dans l'altération factice de tous les rapports économiques de la production et de l'échange, due à l'influence désastreuse que fait peser sur eux l'oligarchie de l'agio ; — dans les coalitions industrielles et financières appuyées sur la connivence gouvernementale ; dans les opérations de la haute-pègre banquière, les razzias de la spéculation ; dans les jeux de Bourse auxquels donnent lieu les nécessités besogneuses d'un pouvoir aux abois ; dans l'instabilité et les massacres économiques, avec ou sans poudre brûlée, qui sont les suites nécessaires de ce régime de banditisme. Les abus qui se développent dans la répartition de la propriété agricole ne sont eux-mêmes, en grande partie, que les suites de ce désordre, qui devront s'évanouir à peu près entièrement du jour où une réforme véritablement radicale supprimera enfin le règne du brigandage financier. Là est le mal ; là est le fond de la plaie où le fer rouge doit être porté.

La seconde objection qui se présente est un scrupule de justice. On peut admettre, en effet, d'après les principes antérieurement indiqués, qu'au bout de quarante à cinquante années, la terre qui a payé une redevance annuelle de 2 1/2 à 2 0/0 cesse en toute légitimité d'appartenir au propriétaire qui l'acheta de ses deniers pour passer au cultivateur qui se l'est acquise par son travail. Mais alors les propriétaires qui seraient en possession depuis un laps de temps inférieur à quarante ou cinquante années sembleraient être en droit de crier à la spoliation, pour toute la différence de rente à percevoir dont ils seraient privés en raison de la différence de temps. Ceci pourrait encore se régler, les fermiers dans ces conditions continuant à payer la rente annuelle jusqu'à parfaire la somme d'achat. C'est-à-dire que ce serait renoncer à l'idée primitive d'exécution sommaire pour s'engager dans la voie de la discussion juridique. Mais, d'un autre côté, un deuxième obstacle surgirait; car le plus grand nombre des fermiers ne sont pas depuis quarante ou cinquante années sur la même exploitation. D'où il résulte que la mesure en question, fort simple en apparence, donnerait lieu dans la pratique à des complications qui se montreraient inextricables.

Cette seconde considération est décisive. La première, celle qui a trait au droit des propriétaires, n'aurait pas suffi par elle-même. L'objection tirée de la justice est en effet plus spécieuse que réelle en face de cette loi supérieure de la Révolution, dont les exécutions ne peuvent s'exercer en définitive qu'en frappant universellement, ainsi que nous avons eu l'occasion de l'observer, sur des catégories sociales. C'est là un fait de nécessité sous lequel tout doit plier, car la première justice est le salut public. Mais la difficulté de faire leurs parts respectives aux différents tenanciers qui se seraient succédé sur chaque terre exploitée rendrait ici l'application hérissée de telles difficultés qu'il y faudrait bientôt renoncer. Comme l'action de la Révolution est une puissance toute transitoire, la première condition des moyens qu'elle édicte est d'admettre une exécution simple et rapide. Si une mesure proposée ne comporte pas ce caractère, alors mieux vaut l'abandonner : elle n'est pas révolutionnaire.

La troisième objection, peut-être la plus grave de toutes, est que cette possession subite de la terre mettrait aux mains du paysan une puissance énorme, que rien ne contrepèserait et dont il ne manquerait pas de faire, dans les conditions intellectuelles et morales où il est aujourd'hui, le plus mauvais usage. Car il est plus facile de mettre le campagnard en possession du sol que de l'intelligence économique et politique ; de le constituer propriétaire que de l'improviser citoyen.

Nanti de la terre, son premier soin serait de s'en assurer la conservation, et il le ferait à sa manière, en usant des seuls procédés qui se montrent en accord avec son idéal, peuvent avoir sa confiance et se présenter comme efficaces à l'étroite vue de son esprit. Or ces moyens, naturellement, se résumeraient dans le Césarisme ou, pour mieux dire, le Czarisme. On ne tarderait pas à voir naître, pire que les deux précédentes dont elle n'aurait que l'envers, une troisième forme de l'Empire, sans gloire et même sans prestige, l'Empire de la paix à tout prix et de la brutalité rurale, l'épée de Sedan au poing, écrasant sous son lourd sabot les derniers vestiges de cette fécondité obstinée de l'esprit qui conserve à la France, jusque dans l'abaissement de ses revers, la suprématie morale.

Sous couleur de révolution, d'émancipation, de progrès, on n'aurait introduit que l'invasion sociale de trois millions de barbares, peu mieux valant que celle des Cosaques ; car, entre le paysan de la plus avancée des nations et celui de la dernière, la différence est faible.

Un pareil résultat serait le plus calamiteux qu'il soit possible de prévoir. Il est de raison, il est de justice, comme il est d'habileté, que la Révolution libère le prolétariat agricole ; il est, par contre, de prudence qu'elle ne le fasse pas à l'aveugle, sans mesure ni transition, mais qu'elle y prenne des précautions comme pour déchaîner une bête brute dont le premier mouvement sera de se ruer sur qui la dégage de ses liens, et qu'en tout cas on ne laisse aller qu'en la tenant à longueur de longe.

III

Proudhon, dans son *Idée générale de la Révolution*, avait proposé un moyen, qui semblerait être plus conforme aux lois économiques, pour opérer sans trop de secousse la transformation agricole. Ce procédé, qui excluait toute rétroactivité, transformait le cultivateur en propriétaire dans un laps de temps déterminé, soit une cinquantaine d'années, les annuités de fermages qu'il continuerait de payer étant alors considérées, du jour de la pro-

mulgation de la loi, comme annuités d'amortissement jusqu'à concurrence de la valeur vénale de
la propriété. La transition était ainsi ménagée ;
les propriétaires terriens, dépossédés graduellement, avaient le temps de se pourvoir, et les divers
inconvénients que nous venons de signaler parais-
saient de la sorte évités.

Il y a pourtant à ce procédé, étant données les
circonstances, des objections assez graves.

Celle qui nous frappe avant toute autre est que,
si le moyen est parfaitement économique, il n'est
pas révolutionnaire ; il ne va pas au but aujour-
d'hui proposé, qui est d'incorporer à la Révolution,
dans le temps très court dont elle dispose, en
quelques mois, la masse des prolétaires ruraux.

Il ne faut pas se figurer que le paysan accueille-
rait d'enthousiasme la promesse d'un décret qui le
rendrait maître de la terre au bout d'un demi-
siècle. Le paysan ne croit qu'à ce qu'il tient ; sa
sagesse dit, avec celle des nations, « que le moineau
dans la main vaut mieux que la grue qui vole ».
Il n'ajoutera pas foi aux promesses de la Révolution
parce qu'il ne croit pas, et il a raison de n'y pas
croire, à sa durée ; mais il appréhendera, non sans
cause, les représailles du parti des riches, parce
qu'il pense qu'en fin de compte ils reviendront toujours sur l'eau.

Accoutumé d'ailleurs à regarder comme ses
ennemis les révolutionnaires, il ne recevrait leurs
dons eux-mêmes qu'en défiance, hésitant à s'en

prévaloir, en tout cas se réservant de les tourner contre eux, s'il le peut.

Il ne faut pas, non plus, imaginer qu'au fond de sa conscience, il accepte comme légitime une dépossession des propriétaires oisifs. *In petto*, il ne verrait dans cet acte de justice sociale qu'une spoliation inique, et dans ses promoteurs que d'effrontés bandits ; — très disposé du reste, sa moralité étant à la hauteur de son intelligence économique, à profiter de cette iniquité prétendue s'il avait quelque garantie d'avoir à le faire en sécurité. A défaut de quoi, fidèle à ses habitudes circonspectes, il se tiendrait sur la réserve en appréhension du lendemain. La mesure qui lui conférerait dans l'avenir la qualité de propriétaire deviendrait de la sorte infructueuse ; il n'en viendrait pas davantage à la Révolution.

Aussi n'est-ce pas une échéance à cinquante années que la Révolution devra offrir au paysan ; c'est un avantage immédiat qu'il faut lui mettre dans la main, tel qu'il en jouisse sur-le-champ. tel aussi, disons-le, que, d'une autre part, elle puisse toujours le lui retirer, en sorte que, loin qu'elle se mette à la discrétion du prolétariat campagnard, il reste au contraire à la sienne.

Le premier but serait donc manqué. Ce n'est pas tout. La mesure proposée par Proudhon recèle un autre inconvénient, assurément fort remarquable, car il produit un résultat diamétralement contraire à celui qu'on voudrait atteindre.

La mise en possession par cinquante ans de travail et par acquittement d'autant d'annuités de fermages serait sans doute la chose du monde la plus simple s'il se pouvait que les mêmes cultivateurs, dans des conditions invariables, se maintinssent sur les mêmes exploitations jusqu'à expiration de ce nombre d'années. Mais, de fait, il n'en sera pas ainsi. Ces conditions mathématiques sont hors de la réalité. Des perturbations de toute nature viendront nécessairement troubler dans l'intervalle les affaires des cultivateurs et leurs conditions d'existence; la mort fera quitte avant le terme le grand nombre d'entre eux, et les nécessités de partage consécutives à ces décès obligeront leurs héritiers à des dispositions nouvelles. Il résultera de ces différentes causes que les uns se verront forcés d'engager ou d'aliéner leurs titres partiels de propriété, les autres d'hypothéquer leurs champs incomplètement acquis. Ainsi que les vautours se rassemblent, flairant une proie, des sociétés de capitalistes ne manqueront pas de se former pour exploiter ces situations. Bref, au bout des cinquante années, tant par voie de cession directe que par suite d'emprunts contractés, il se trouvera que la plus grande partie de la terre aura passé des mains des propriétaires improductifs, non pas dans celles des travailleurs, mais bien au contraire dans les griffes de l'oligarchie financière. Loin d'affaiblir le vampirisme des manieurs d'écus, on lui aura tout au contraire donné moyen de se développer dans de plus écrasantes proportions, joignant à sa puissance banquière, industrielle et commerciale, l'irrésistible force que donne la possession de la terre. L'argyrocratie se trouvera devenue la maîtresse du sol.

Voilà sans doute un résultat des plus curieux. Nouvel exemple des pièges qui se dissimulent à chaque pas sous l'apparence de solutions spécieuses dans le champ de l'idée économique, il témoigne bien que la besogne d'une révolution de cet ordre n'est pas une chose facile autant que beaucoup se l'imaginent; qu'elle exige une préparation; suppose, quoi qu'on veuille dire, une certaine expérience acquise du mécanisme social, quelque peu d'étude de son jeu; enfin, que la science n'y est pas de trop, et que l'inspiration du moment serait impuissante à la parfaire.

IV

Ici, pour couper court aux difficultés que nous voyons surgir et nous cerner de toutes parts, une certaine école de socialistes ne manquera pas d'en appeler, comme dans les cas désespérés où l'on invoque le secours du Ciel, à cette intervention supérieure qui n'est autre que celle de l'Etat.

C'est un autre ordre de solutions.

Nous n'avons pas à faire pour l'instant, au point de vue de la théorie, la critique ni l'appréciation de ce communisme mitigé, qui, en s'accommodant autant qu'il l'a pu aux exigences positives de la réalité sociale, a pris le nom de Collectivisme. Les arguments irrésistibles qui ruinent le Communisme avoué nous paraissent également le frapper, bien que les coups deviennent moins directs, sous cette forme atténuée. On peut dire après tout en faveur du Communisme, du Collectivisme si l'on veut, qu'il est dans son simplisme l'entrée de l'idée sociale.

Ajoutons que les doctrines plus ou moins pénétrées de Communisme qui courent le monde, rêveries vieilles comme le monde lui-même, ne peuvent jamais offrir comme bases de l'organisation future un danger véritable, parce qu'en dépit de la faveur populaire dont il est naturel qu'elles jouissent elles sont, en France du moins, impratiques à perpétuité, tant s'y opposent des obstacles de toute nature. Ce n'est pas ici le lieu de les discuter. En attendant, le Collectivisme a son rôle dans le mouvement de l'époque : fantôme aux regards troublés de la société apparente, il est pour la société latente un symbole, signe ou drapeau, sous lequel se groupent les esprits simples pour combattre le combat social.

Nous devons avouer à ce propos que, jusqu'à ces derniers temps, nous étions enclin à recevoir avec peu de faveur ces mysticités populaires, communisme et collectivisme, qui nous semblaient n'être rien de plus que le bégaiement de l'idée sociale. Les événements des années qui viennent de passer nous ont fait revenir sur ce que notre opinion première avait de trop abrupt. Il ne faut pas demander, et nous l'avons compris, à des doctrines inconscientes, expressions spontanées de l'obscur instinct des foules, d'être en effet ce qu'elles croient être, et, comme on dit, les prendre sur l'étiquette de leur sac. Nous nous sommes posé cette question, à savoir : si le Collectivisme, qui se donne pour une doctrine sociale, ne serait pas simplement une catégorie de procédés, plus ou moins applicables, une sorte d'arsenal où la Révolution pourrait trouver parfois des armes assez usuelles, bien que fabriquées par l'empirisme. Telle est, effectivement, chez les esprits plus impressionnables que scientifiques, plus accoutumés à se laisser porter au courant de l'actualité qu'à se frayer un chemin laborieux par la déduction des principes, l'illusion qui tend à se produire : ils se figureront volontiers qu'ils possèdent un corps de doctrines lorsqu'en réalité, ils ont tout au plus une technique, une collection de moyens tirés de la pratique, adaptés à la lutte, procédés d'action et de combat, instrument de circonstance qu'ils prennent pour des axiomes et proposent comme des théorèmes.

*Pourquoi les ouvriers sont collectivistes et comment, en
éprouvant la limite de l'idée collectiviste, il entre dans
une conception plus large.*

Ces réserves faites à l'endroit du Collectivisme,
examinons si, en effet, il peut, dans le cas présent,
nous apporter une solution.

La solution que le collectivisme nous offrira n'est
pas difficile à prévoir. Comme toujours, il nous répondra en absorbant dans le droit absolu de la
masse les intérêts individuels qui se trouvent être
en opposition, invoquant, ici comme ailleurs, la
Providence de l'Etat.

D'après les règles générales admises par le collectivisme, ce n'est plus entre particuliers que la
question va se débattre. Tout aura lieu entre les
particuliers et l'Etat. L'État, pour commencer,
s'empare de toutes les terres qui ne sont pas directement exploitées par leurs propriétaires ; tous ces
biens-fonds deviennent propriétés de l'État ; les
tenanciers qui les font valoir fermiers de l'État,
qui, à son tour, traitera en vue de l'indemnité à
leur accorder avec les propriétaires auxquels il
vient de se substituer.

Rien, comme on le voit, n'est plus simple en
tant qu'idée générale. Voyons le détail.

Nous supposerons, en premier lieu, que l'Etat
devenu propriétaire, indemnise les dépossédés
pour la valeur intégrale de leurs biens-fonds.

suivant des conventions quelconques, dans un délai de cinquante années au maximum. Mais alors il faudra que les tenanciers, transformés en fermiers de l'Etat, continuent d'acquitter entre les mains de ce dernier la totalité de la rente annuelle qu'ils supportaient auparavant. Nous retombons dans un des plus sérieux inconvénients signalés tout à l'heure. C'est-à-dire que la mesure, ne procurant par le fait aucun avantage immédiat au paysan, ne fait qu'ameuter gratuitement toute la classe des expropriés sans attacher le cultivateur à la Révolution, perdant ainsi tout caractère d'efficacité, toute portée révolutionnaire.

Si, au contraire, nous admettons que l'État dépossède exécutivement, *sans les indemniser*, les propriétaires inactifs, il lui sera, dans ce cas, possible de réduire considérablement la redevance annuelle des terres dont il se sera emparé, même jusqu'à l'abaisser, comme le demanderait la logique, à la valeur du chiffre des impositions qu'elles payent chaque année au Trésor. Il ne faut pas douter que le cultivateur, devenu fermier de l'Etat dans ces faciles conditions, ne les acceptât volontiers ; mais, en revanche, on n'éviterait pas à la société tout entière le contre-coup d'une exécution si vaste et si peu ménagée, et, comme nous l'avons déjà dit, l'ensemble de l'édifice, sous l'écroulement subit de tant de positions détruites, courrait grand risque de s'effondrer.

Nous concevrons en troisième lieu qu'entre ces

deux partis extrêmes on adopte un terme moyen. L'Etat, entrant en pourparlers avec les ci-devant propriétaires, prend avec eux des arrangements ; des indemnités seulement partielles leur sont accordées, ce qui permet de réduire dans une mesure correspondante les prix de fermages ou la rente acquittée par les cultivateurs ; — réductions d'ailleurs motivées soit par les nécessités actuelles de la crise sociale, soit comme reprise exercée contre les abus du précédent régime : de telle sorte que la satisfaction nécessaire soit accordée aux nouveaux fermiers de l'Etat, en même temps que du côté des propriétaires dépossédés la transition économique sera effectuée sans trop de secousse. Il semblerait que, moyennant cette combinaison, tout soit au mieux dans la meilleure des révolutions collectivistes, et que nous tenions enfin, grâce à ce même collectivisme, la solution poursuivie.

Nous ne prétendons point faire ici de la théorie sociale. Nous n'essayerons point de discuter les conséquences politiques, sociales, économiques et morales qui se rattachent à cette absorption de la personne et de la propriété individuelle dans l'autocratie de cet être omniprésent, omnipotent, monstrueux, inhumain et transcendantal, bien que formé d'unités humaines, que Hobbes appelait le Léviathan et qui se nomme aujourd'hui l'État. Notre objet est seulement d'envisager les choses au point de vue le plus directement pratique de l'action révolutionnaire. Or, à ce dernier point de vue, le procédé

collectiviste serait sans doute acceptable de préférence à tous les autres que nous avons passés en
revue si, en effet, l'État était ce que le définissent
les théoriciens platoniques, c'est-à-dire le système
des intérêts, des forces et de leurs rapports qui
constituent une association nationale. Mais, chez un
peuple entré dans la voie des Révolutions, l'État
n'a rien de commun avec cet être de raison. Il est
concrètement, brutalement, ce qu'on peut imaginer
de moins impersonnel, — la dictature d'un parti,
aujourd'hui populaire, le lendemain aristocratique
et le surlendemain despotique ; — ces vicissitudes
ont leur loi. Ceux qui tiennent pour un jour cette
forteresse du pouvoir feront sagement de voir
venir l'heure où ils devront l'évacuer afin de n'y
pas laisser d'armes dont l'ennemi se serve contre
eux. Or c'est ce qui arriverait infailliblement pour
achever la ruine de notre nation si jamais sa mauvaise étoile voulait que cette incalculable puissance,
la propriété de la terre, fût mise par d'imprudents
expérimentateurs à la disposition de l'Etat. Nous
voulons croire que celui-ci, tant qu'il serait l'organe
avoué de la Démocratie, agisse au mieux pour le
progrès et la justice, le développement de l'esprit
public, le bien-être des masses et l'organisation
sociale. Mais, quand une fois il serait redevenu,
comme il faut toujours le prévoir, l'instrument
arbitraire de la contre-Révolution, a-t-on idée de
ce que celle-ci serait alors en état de faire ayant
en main la force immense que lui donnerait la

propriété des deux tiers du sol cultivé et le concours d'une armée de trois millions de fermiers,
dont les sympathies paysannes seraient acquises
par avance à toutes les entreprises du despotisme?
Car un despotisme établi dans de pareilles conditions économiques ne serait rien moins qu'un
véritable césarisme, ce qui répond le plus parfaitement à l'idéal du campagnard. Ainsi donc la Révolution, en voulant avancer par une mesure d'exécution radicale ses propres intérêts, aurait amené
plus que jamais, au lieu de la lumière qu'elle
appelle, le ténébreux triomphe de l'ordre arbitraire.
Elle n'aurait abouti dans son suprême effort qu'à
faire une Russie d'Occident.

Une considération de cette portée, tels avantages
que l'on ait pu d'abord se promettre du procédé
qui met en œuvre l'intervention de l'État, nous
paraît devoir en écarter définitivement l'idée.
Car nous ne supposerons pas, à l'époque où nous
sommes, les partisans du procédé collectiviste
enveloppés d'illusions assez chimériques pour se
flatter qu'une révolution conduite sous leurs
auspices serait la fin et l'accomplissement, espérés
d'étape en étape, la sécurité du triomphe, que ne
suivrait plus aucun retour de l'ennemi vaincu,
l'installation d'Astrée, stable et définitive, sur la
terre en jubilation. Ces espérances naïves appar-
tenaient au premier âge de la Démocratie ; il n'est
pas supposable qu'elles puissent exister aujourd'hui
dans aucun groupe du socialisme.

V

Pour conclure, nous ne croyons pas que, dans les circonstances données, la rénovation que le mouvement social doit opérer ait à prendre pour début une transformation radicale de la propriété foncière. Loin que celle-ci nous apparaisse au départ de ce mouvement, nous la verrions tout au contraire au terme de l'évolution... Mais nous ne saurions ici nous étendre sur ce sujet. Quoi qu'il en soit, se préoccuper tout d'abord de la propriété serait altérer, à notre avis, l'ordre de la série, surtout prendre le change en perdant de vue l'objet urgent. Le nœud actuel de la question n'est pas là. Le mal profond dont la France se meurt n'est pas le fait, après tout, des quelques trois millions de propriétaires — dont un quart pour le moins sont obérés, — entre lesquels se trouve aujourd'hui partagée la surface de son territoire. L'origine véritable de sa détresse économique et nationale est dans le parasitisme industriel et financier d'une argyrocratie qui se compose tout au plus de dix ou douze mille écumeurs publics.

C'est sur cette classe parasite, si limitée numériquement, si fatalement omnipotente par les privilèges abusifs dont elle s'est emparée, n'ayant d'elle-même aucune valeur, comparable dans le champ de l'activité productive à l'ivraie, qui ne foisonne que pour étouffer toute semence utile ; c'est sur cette race perverse, analogue par certains côtés à celle des *traitants* sous l'ancien régime, mais plus nuisible ; c'est sur ces êtres vils qui appartiennent au corps social comme la vermine à celui de l'individu, parce qu'ils absorbent sa vie ; flibustiers sans honneur, sans patrie et sans foi, qui n'ont rien vu dans les malheurs et les angoisses de la nation que les occasions de s'engraisser aux dépens de sa misère ; c'est sur les biens de cette tourbe indigne de pitié que la révolution prochaine devra frapper sans merci. Nous en rechercherons les moyens quand nous reviendrons sur ce sujet.

VI

Quant aux mesures à prendre, qui cependant devront faire droit aux besoins du prolétariat agricole, elles nous paraissent encore les mêmes qui devaient être appliquées pendant l'invasion de 1870, si l'on eût eu vraiment à cœur, avant tout autre objet, la délivrance du pays.

Nous allons les énumérer :

1° *Abolition pure et simple* de toute cette catégorie d'impôts indirects qui, sous le nom de *Droits réunis*, sont spécialement odieux aux populations, parce qu'ils sont d'une nature particulièrement vexatoire et inquisitoriale ;

2° *Réforme de la législation concernant les baux et fermages.* — Nomination par les cultivateurs, dans chaque canton, de JURYS AGRICOLES, mi-partie de propriétaires et de fermiers, ayant pour principale attribution d'apprécier les dégradations ou les améliorations que la terre a pu éprouver entre les mains du tenancier pendant le cours de chaque bail ; de telle sorte que, dans le premier cas, le propriétaire reçoive une juste indemnité, mais aussi que, dans le second, il soit astreint, comme il devrait l'être et comme il ne l'est pas sous le régime capitaliste, à tenir compte au fermier de ses avances pécuniaires et de son travail.

Cette loi, qui est de simple équité, plus d'une fois réclamée, mais repoussée inflexiblement par les Assemblées bourgeoises, démontrerait, par une preuve de fait, au paysan qu'il a enfin trouvé dans la Révolution des défenseurs qui s'occupent de ses intérêts autrement qu'en paroles et qui ont la justice dans le cœur avant de l'avoir sur la langue. Elle aurait la valeur d'un symptôme caractéristique ; expression d'un esprit nouveau, celui de droiture et d'impartialité, elle serait certainement d'un grand effet moral.

3° *Réduction de tous les prix de fermages pour la durée seulement de la crise économique, dans*

*une proportion variable d'un quart à une moitié,
soit de 25 à 50 0/0.* — Le chiffre en serait fixé par
arbitrage des jurys agricoles, prenant en considération les situations personnelles des intéressés,
propriétaires et fermiers. Observons en passant
qu'un pareil mode de fonctionnement aurait un
résultat secondaire de la plus haute portée, celui
d'initier le paysan, par qui seraient élus les jurys,
à la pratique de la vie publique dans des conditions
réellement conformes aux lois du vrai mécanisme
social, c'est-à-dire où il serait à la fois directement
intéressé et compétent.

Quant au principe même de la mesure, cette
réduction des fermages serait aisée à motiver tant
par l'urgence de la crise qu'à titre de dédommagement des abus de l'exploitation imposée aux cultivateurs par le régime déchu.

Enfin cette même réduction impliquerait nécessairement, pour toute la durée du temps où il y
aurait lieu de la maintenir, la prorogation des
baux à la convenance des locataires.

4° *Ediction d'un emprunt forcé, rapidement
progressif, sur les hauts contribuables,* pour suppléer au déficit que le fisc viendrait à éprouver en
conséquence de la suppression d'une catégorie de
taxes productives entre toutes, en même temps que
pour subvenir aux besoins immédiats des populations laborieuses.

Le chiffre de l'emprunt, son mode de progression, ainsi que le terme et les conditions du remboursement, dépendant des circonstances, ne sauraient être fixés qu'au moment même où l'emprunt serait édicté.

C'est en effet justice, bien que cela n'ait jamais été fait, qu'une crise commune pèse d'un poids plus direct sur ceux-là qui possèdent le plus, surtout quand ils l'ont provoquée. On sait qu'il est de doctrine classique en Économie, que l'État a le droit d'absorber, au cas de besoin, même la totalité de la rente avant de toucher au produit du travail. Même est-il de raison et d'humanité dans le naufrage public — et c'est là que le procédé collectiviste est bien placé — de répartir la masse des ressources disponibles, prenant pour subvenir à l'indigence du pauvre sur le luxe du riche. Dans les passes sociales les plus dures, le grand propriétaire foncier ne sera jamais dans le dénuement ; au pis aller en sera-t-il quitte pour emprunter sur hypothèque, ce qu'il fera toujours avec facilité ; tandis que l'homme qui n'a que ses bras mourra de male-faim, si on ne trouve les moyens d'alléger son fardeau.

Le reproche que l'on adresse en théorie économique à l'impôt progressif ne saurait avoir lieu dans cette circonstance, puisque la reprise que le propriétaire surimposé ne manque pas d'exercer sur le fermier ou le locataire et qui rend promptement illusoire la taxation progressive est ici empêchée par la limitation de la rente ; — car cette espèce

de maximum, pour le dire en passant, est le corrélatif obligé de l'impôt ou de l'emprunt progressifs,
qui, moyennant cette précaution coercitive, sont sus-
ceptibles de devenir, en de certaines conjonctures
données, une assez bonne mesure de révolution.

Disons enfin qu'avec cette autre précaution de
limiter au temps de la crise économique la réduction des fermages, on intéresse non seulement les
prolétaires ruraux, mais aussi les propriétaires, —
c'est le dernier mot de la solution, — de telle sorte
que ces derniers se verront empêchés d'agir,
comme autrement ils ne s'en feraient pas faute, en
opposition au mouvement révolutionnaire. Car on
sait que leur jeu habituel, quand une révolution
survient et qu'ils se voient dans l'impuissance de
la comprimer dès le début, consiste alors à travailler occultement pour mettre au pire la situation : ils sèment sous main de faux bruits, ils
entretiennent l'inquiétude, s'opposent de parti-pris
au rétablissement des affaires, font systématiquement obstacle à la reprise du travail, éternisent
le chômage, accaparent les denrées, les cachent
ou les exportent, produisent des hausses factices,
font régner la cherté. Ainsi, par un calcul qu'on
ne saurait qualifier que d'infâme, un pacte tacite
de famine, l'aristocratie des hommes riches met
en œuvre tous les moyens qui pousseront à l'extrême détresse du peuple, afin que, réduit au désespoir, anémié par les privations, épuisé de souffrance, hébété, il revienne tendre encore une fois

son cou et ses épaules à ce même collier de misère, encore appesanti, dont le lendemain comme la veille ils se réservent de l'accabler.

Telle est la tactique invariable qu'ils reprennent à la suite de chaque révolution. Le capital réduit le travail par le blocus. Des milliers de vies humaines y passent, mais qu'importe au Moloch bourgeois pourvu que ses appétits troublés recouvrent leur sécurité ? Si jamais la candide Justice, *stans in albis*, armée de la balance du talion, pouvait, ne fût-ce que vingt-quatre heures, résider sur la terre, le sang de ces mangeurs d'hommes gorgerait les égouts, et leurs cadavres mutilés endigueraient les fleuves.

Pour en revenir au positif, comme il est ridicule autant que de s'indigner de demander à nos enrichis le moindre esprit de justice ou sentiment d'humanité ; comme il est vain de raisonner avec des êtres sans conscience, qui ne connaissent pour unique mobile que leurs appétences matérielles, toute la question ainsi posée se réduit à savoir enchaîner leur perversité par des garanties tellement prises, que cet intérêt lui-même les force à tenir en bride la volonté mauvaise qu'ils ont en eux.

C'est ainsi, par exemple, que, si on les fait responsables, par une réduction de leurs revenus, du temps que pourra durer la crise économique, — chose plus juste qu'il ne semble au premier abord, — ils se verront intéressés, en dépit qu'ils en aient, à s'abstenir de l'aggraver par leurs manœuvres habituelles. Car il y a toujours prise sur les hommes que dirige la loi de leur seul intérêt. Tenus et garottés de toutes parts, ils emboîteront le pas sans regimber, sous le fouet qui fustigera leurs reins. Quant à ce qu'ils pourront éprouver dans ces profondeurs de leurs ventres où leurs âmes sont enfouies, c'est un détail fort accessoire. Sous les coups répétés de mesures énergiques justes autant qu'intelligentes, ainsi que nous l'avons conseillé, portant sur les grosses têtes, mâtés alors, sentant, ce qu'il magnifient avec tant de complaisance, la main de fer de l'autorité peser sur les épaules des riches, ils se montreront souples. Ceux à qui la Révolution se contentera de couper le cou de la bourse se tiendront satisfaits d'en être quittes pour leurs écus.

Quant au prolétariat rural, on aura fait à son égard la seule espèce de propagande qui puisse réussir avec lui, celle qui consiste en actes. Nos démocrates me font rire quand je les entends parler de répandre dans les campagnes la manne de l'Évangile nouveau, — si les Commissions de colportage veulent bien le permettre, — des catéchismes républicains donnant le compendium des droits de l'homme, réédités et mitigés, et résumant les devoirs du parfait citoyen... Viédazes ! dirait Panurge ; pour endoctriner les campagnes, au train dont va la propagande, il vous faudrait dix siècles ! Comme si le paysan lisait quelque chose ! Comme si, ô avocats que vous êtes, tout ce qui s'appelle doctrine, enseignement et discours, verbe écrit ou parlé, ne glissait pas sur la compacte enveloppe de sa cervelle ainsi que l'eau sur la toile cirée !

Le paysan ne connaît, en fait de livres, que l'almanach pour les foires et marchés, les mercuriales de la vente des denrées dont il commence à s'informer, ayant fait de grands progrès, peut-être tout au plus quelques bouquins graveleux. Quant à vos imprimés, il en enveloppe son tabac. Vos homélies sociales elles-mêmes, supposé qu'il vous fût loisible de le convoquer à les entendre, seraient pour lui ce qu'est le sermon du curé ou le son des cloches.

Donnez-lui donc une bonne fois, descendant de vos utopies sur son plancher des vaches, des gages solides au lieu de paroles volantes, des arrhes de votre Terre Promise, — ce que vous n'avez pas encore fait — diminuez tout d'abord, vous étant emparés de la force, les charges qu'il supporte, et vous verrez le campagnard, en dépit de ses préjugés, passer à la Révolution. Alors même qu'elle se permettrait tous les écarts possibles de sagesse ou de folie, profanations, dévastations, scandales, horreurs diverses dont naturellement s'accompagnent les émotions démagogiques, abattant les colonnes Vendôme, changeant en écuries les églises expiatoires, comblant les grottes miraculeuses, jetant au feu les Notre-Dame de Chartres même, abomination de la désolation, dévalisant la Banque et brûlant les Grands-Livres, le paysan, vous pouvez le croire, n'en sera que médiocrement touché. Il pensera en lui-même que ce régime de mécréants, qui ne ressemble à aucun des autres, est encore, tout compte fait, de tous les gouvernements qu'il ait connus de mémoire d'homme, le mieux valant au laboureur. Que si celui-ci se montre fort, brutal et juste, il le respectera. Car pour l'homme des campagnes, non moins éclairé sur ce point que le capitaliste des villes,

> Le véritable amphytrion
> Est l'amphytrion où l'on dîne.

D'un seul coup vous aurez reporté du côté de la Révolution une masse de trois millions d'hommes, de demi-barbares, il n'importe, qui sans doute courront peu risque de leur peau pour la soutenir — le paysan ne se fait tuer qu'enrégimenté, — mais dont le seul appoint numérique, fût-il seulement un poids brut, n'en sera pas moins irrésistible.

LE PROLÉTARIAT OUVRIER

I

La seconde division du Prolétariat, c'est-à-dire la moins nombreuse puisqu'elle ne compte guère plus de deux millions d'hommes, est le Prolétariat ouvrier.

Cette armée de l'industrie, qui représente environ le cinquième de la population mâle, est en même temps l'armée de la Révolution, ainsi qu'elle l'a maintes fois prouvé. Cela se comprend, puisqu'au fond la cause qui rend nécessaire une refonte générale de nos institutions réside essentiellement dans le mouvement industriel. C'est cette expansion de l'industrie qui a, depuis un demi-siècle, tout transformé et créé par le fait, sous l'officielle permanence de la société d'hier, un ordre absolument nouveau.

La société, ainsi refaite à neuf et ne tenant plus dans le moule d'institutions vieillies qui ont cessé de lui correspondre, fait effort jusqu'à ce qu'elle la brise. D'autre part, ceux qui, au début du développement industriel, se sont trouvés en condition d'accaparer à leur profit particulier les résultats qui devaient être à celui de toute la masse sociale, font effort en sens opposé pour maintenir ces institutions où leur prérogative se fonde. Ils résistent naturellement contre l'intérêt du grand nombre et la marée ascendante des masses qui luttent pour leur droit essentiel de vivre, revendiquant avec leur part dans l'aisance qu'elles-mêmes produisent les garanties indispensables qui leur sont refusées ; et comme après tout il est de fait qu'aucun esprit de justice ne domine chez les hommes la loi brutale de l'égoïsme, il en résulte que le conflit ne saurait plus se vider, les nantis se retranchant dans leurs privilèges, qu'en livrant l'assaut. Là est le secret de la lutte révolutionnaire et tout le **mystère du** socialisme.

Ce mystère aujourd'hui est, comme tout le reste, mis à nu. Il n'y a plus d'ambages. La réaction contre le colossal bouleversement de 89 s'affiche sans équivoque. Chacun sent que nulle conciliation ne saurait plus intervenir. Il y a dans la société deux sociétés en hostilité ouverte. Les relations intérieures ne sont plus rapports pacifiques, mais une bataille sans quartier.

Les faux-semblants ont disparu. Ce qu'on appelle l'État n'est plus ou ne se donne plus pour être la synthèse des divers intérêts sociaux. Le Gouvernement a cessé de s'offrir comme l'organe médiateur chargé de pourvoir à l'accord de ces intérêts. Dans l'effroi du naufrage commun, toutes les épaves du vieux monde, gentilhommerie, clergé, bourgeoisie, argyrocratie, sont liées entre elles pour faire digue à l'effort du flot qui déborde. C'est un spectacle saisissant. Nous avons désormais, franchement, résolument, des gouvernements de *conservation*, *de résistance*, de *combat;* — conservation de ce qui ne vit plus, résistance au courant fatal de la justice et de l'histoire, combat du désespoir contre la force des choses. N'importe! La guerre sociale est déclarée; ainsi le veut la logique de la Révolution; c'est un pas immense qu'elle vient de faire.

Il se rencontre encore de nos jours quelques idéologues perdus dans l'utopie au point de s'étonner qu'en face d'une puissance inéluctable, puisqu'elle résulte des impulsions accumulées depuis tantôt quatre siècles, on se refuse à des concessions dictées par la nécessité; que, loin de céder à la raison, on oppose les dénis de justice les plus criants, la plus cynique mauvaise foi; qu'on décrète plutôt des lois de sang faisant peser sur la partie la plus active d'un peuple une compression sans mesure, paralysant ainsi la vie nationale pour aboutir à des massacres répétés jusqu'au jour de représailles inévitables autant que méritées. Cela est pourtant si naturel qu'en effet nous le voyons se produire; il en fut de même à toutes les époques de rénovation; l'expérience et l'histoire n'apprennent rien aux hommes. Mais il faut bien comprendre qu'il est, par contre, également naturel qu'une classe ainsi comprimée, mise hors

la loi de toute équité, soit en révolte permanente.

Telles sont les conditions où se trouve être aujourd'hui le prolétariat dans nos centres manufacturiers.

La lutte du prolétaire urbain contre l'ordre imposé est d'autant plus aisée à concevoir, pour peu
qu'on y veuille réfléchir, qu'en raison même de
son mécanisme, tout ce que le système peut avoir
en lui-même d'iniquité retombe de presque tout
son poids sur le travailleur ouvrier. Dans cet état
de choses inorganique où l'ordre, qui ne peut exister en dehors d'un système de garanties contrac-
tuelles, est remplacé par une hiérarchie fortuite
et mobile, la hiérarchie de l'exploitation, il faut
inévitablement que le résultat de tous les abus
économiques descende en cascade du sommet de
la pyramide jusqu'à sa base, pour s'accumuler en
misère et mortalité de la classe pauvre ; — construction de banditisme dans laquelle un chacun a
sa reprise sur quelque autre moins fortuné, à
l'exception de celui qui l'est assez peu pour n'avoir
au-dessous de lui personne. C'est nécessairement
ce meurt-de-faim qui doit payer.

Le propriétaire foncier, si le fisc le surimpose,
a sa reprise sur le fermier, qui se récupère, autant
qu'il peut, sur le consommateur des villes. Le fabricant a son recours sur le commerçant, et celui-
ci sur son public. Ce public, ce consommateur, c'est

toujours l'homme du salariat, qui, lui, n'a reprise sur nul autre.

On sait que l'impôt qui rend le mieux, pour parler la langue du fisc, est l'impôt *indirect*, et qu'en fait d'impôts indirects ceux-là viennent en première ligne qui s'adressent aux matières de consommation générale, autrement de nécessité. C'est-à-dire que le producteur à qui on fait acquitter la taxe, la passe au compte du vendeur en gros, puis du détaillant, lequel, à son tour, se la fait rembourser par le misérable qui se trouve obligé de porter le poids de l'impôt, parce que l'article imposé est d'un usage indispensable, et de l'acquitter *indirectement*, c'est-à-dire à taux onéreux avec usure, pour parer aux risques du commerce, par cette raison que lui-même n'est ni propriétaire, ni producteur fabricant, ni commerçant, ni même acheteur en gros. C'est le meurt-de-faim qui paye.

Nous supposons des gouvernants, comme il n'y en a pas, animés de l'esprit le plus humain. Ils ont reconnu, admettons-le pour un instant, que l'application de la maxime évangélique : « On prend tout à qui ne possède rien », est un peu trop paradoxale, prise au pied de la lettre, n'est peut-être pas tout ce qu'on peut concevoir de plus juste. Alors ils s'adressent à la terre ; ils frappent sur elle une taxe foncière, même progressive ; en raison de quoi le propriétaire élève d'autant le prix de ses fermages, le fermier celui de ses denrées. Les vivres deviennent hors de prix ; tout cela se reporte encore grevé de la même usure, — prime d'assurance si on veut sur l'ouvrier. Ou bien encore nous admettons qu'on recoure à l'*income-tax*, — l'impôt en bloc sur le revenu, — qui n'est que la même mesure appliquée avec plus de largeur. Dans un cas ou dans l'autre, le résultat est identique : c'est le meurt-de-faim qui paye.

Le mécanisme de l'emprunt, plus fallacieux que celui de l'impôt, et que pour cette cause on lui substitue aujourd'hui, revient au même en fin de compte ; les princes de la spéculation, qui souscrivent directement, et qui font foisonner l'emprunt, n'en gardent pas les titres. Il se dissémine rapidement jusqu'à l'instant prévu, où le vent du discrédit venant à souffler, les derniers petits coupons s'évanouissent comme des bulles de savon aux mains des derniers détenteurs. Le petit capitaliste, resté le dindon de la farce, resserre alors sa dépense ; l'atelier chôme d'autant : et c'est toujours le meurt-de-faim qui paye.

Tant qu'elle ne sera pas constituée sur le plain-pied de l'égalité contractuelle, la société ne peut être qu'une échelle d'oppression ; celle-ci retombe d'échelon en échelon, devenant de plus en plus lourde, jusqu'au dernier, où elle écrase le malheureux qui n'a que ses bras. Par le seul fait de son infériorité sociale, il est la victime expiatoire des désordres qui se produisent à son détriment dans les couches supérieures : ils sont punis en sa personne de la peine de mort par misère. —· Mécanisme injuste et barbare, mais fatal dans les conditions données ; le meurt-de-faim payera.

Les homicides résultats de toutes les intrigues, spéculations, roueries, expérimentations et fugues de toutes sortes qui peuvent s'agiter dans l'Olympe où siègent les dieux ventrus de l'agio descendent comme la pluie sur la terre lorsque le ciel s'est mis à l'orage sur la plèbe des cités. Une victoire de la concurrence, plus ou moins loyale ; une opération que réalise la spéculation plus ou moins véreuse ; une invention qui se produit, etc., détruisent tout à coup une branche d'industrie, suppriment une voie de transports. Des centaines et des milliers de travailleurs, vieillis dans leurs métiers spéciaux, sont ainsi jetés brusquement sur le pavé avec les familles qu'ils soutenaient, en quête d'emplois, n'importe quels, et, s'ils ont la chance d'en trouver, contraints de recommencer, apprentis quadragénaires, une nouvelle école ; cependant la mort fait sa fauche. Le capital, qui jetterait les hauts cris si, dans une crise de nécessité publique, on lui faisait subir, sans le dédommager, la plus petite expropriation, décrète sans sourciller ces catastrophes économiques. Le sort des groupes laborieux est livré à son arbitraire. Ils disparaissent à son caprice, ainsi que des fourmilières dans un éboulement. Sans garanties, sans protection légale, sans secours et sans indemnité, il faudra que les travailleurs soient résignés à tout subir, et qu'ils passent sans se plaindre sous ces exécutions où il n'est plus question de fortunes et de propriétés, mais de vies humaines. Et vous trouverez étrange que les hommes qu'on sacrifie si lestement ne se déclarent pas idolâtres de ce régime d'assassinat ? Nous n'osons pas nous demander ce que seraient un jour leurs représailles, si elles devaient égaler en nombre, vie pour vie, tête pour tête, ces hécatombes du massacre économique.

Les temps, dit-on, sont au progrès ; tout se renouvelle. Il y a aussi plusieurs façons d'entendre le progrès. Pour celui de la salubrité, on refait les villes à neuf. Ces reconstructions, comme on sait, sont fructueuses pour les administrateurs intelligents qui en prennent l'initiative, pour les entrepreneurs qui en soumissionnent la mise en œuvre ; pour les bourgeois, commerçants ou propriétaires, qui ont sur rue boutique ou pignon, indemnisés libéralement. Les boulevards sont bordés de palais ; l'air circule, lumineux et libre, dans les rues tirées au cordeau ; les villes haussmanisées s'obèrent, empruntent, surchargent leurs octrois ; le prix de la vie devient excessif ; — le tout en vue de l'hygiène publique. Ainsi chacun est satisfait. Il est vrai que les misérables, dont la présence d'ailleurs déparerait importunément ces magnificences, sont expulsés dans la banlieue. Il faudra que l'ouvrier prenne sur son sommeil et sur son salaire quotidien le temps et les frais du déplacement. N'est-ce donc pas à conclure que, si ces gens de Belleville ou de la barrière d'Italie, n'admirent pas notre ordre social, c'est qu'ils ont été infectés par le venin de la démagogie ? Décidément, nous eûmes tort de permettre dans le temps les réunions populaires ; les speechs des citoyens Briosne ou Gaillard père ont eu plus de portée que nous ne pensions.

Soit un autre genre de progrès. Une coalition de malandrins trouve qu'il lui serait avantageux de faire de la France l'annexe commerciale et industrielle d'une contrée aristocratique où la puissance du capital est un despotisme écrasant dont ils seront les grands feudataires. Le projet s'exécute. L'acte de trahison nationale qui nous met dans les mains de l'argyrocratie britannique et de ses courtiers est occultement préparé, rédigé, bientôt publié sous le nom de *Traité de Commerce*. Du même coup tombent dans tout le pays les petites et moyennes industries, laissant le champ libre aux grandes succursales anglo-françaises, directement exploitées par Messieurs de la coalition. Les petits fabricants sont mis à pied et les ouvriers dans la rue. Les médecins de l'Assistance publique, embesognés, constatent une recrudescence de fièvres muqueuses ou typhoïdes, car au degré de civilisation où nous sommes arrivés on ne meurt plus guère de faim. Les décès sont couchés sur les registres de l'état civil, les morts dans les cimetières ; la terre recouvre tout. Les misérables ont encore payé ; toujours le même mécanisme.

· Enfin la haute-pègre susdite, voyant que ses actions baissent, que le jour de la Révolution s'annonce à l'horizon et que les lampions de la fête pâlissent, joue son coup de dé et jette dans une guerre désastreuse la nation désorganisée par son brigandage. On trouve à peine deux cents millions, négociés à l'ιtranger, quand il s'agit de sauver l'indépendance du pays ; mais on couvrira en moins de quinze mois, et l'on aura le front de s'en faire gloire, un emprunt monstre de cinq milliards pour avoir la paix et la honte. Voilà ce qui s'appelle aujourd'hui *libérer le territoire*, et l'on est acclamé comme libérateur par ceux qui s'intitulant, Dieu nous pardonne ! ni plus ni moins que les va-nus-pieds de Sambre-Meuse [1], patriotes et républicains ! Pourtant le malaise se prolonge, la confiance ne renaît pas ; les affaires restent dans le marasme, le travail continue de chômer ; la misère va croissant : c'est encore l'ouvrier qui solde la défaite amenée par les riches, et qui la payera de plus en plus à mesure qu'on verra mieux l'envers de vos triomphants cinq milliards.

Qu'il s'agisse d'emprunt ou d'impôt, de gloire officielle ou de défaite, de spéculation financière ou de manœuvres industrielles, c'est toujours l'ouvrier des villes qui endosse la charge. Soit qu'il pleuve ou qu'il hâle, soit qu'il grêle ou qu'il gèle, folie des hommes, il pâtira toujours. Car les fléaux

---

[1] Le grand-père de l'auteur était du nombre.

de la nature, aussi bien que ceux de la société, s'abattent sur lui de prédilection ; c'est sur lui que, dans sa justice singulière, la providence fustige la coulpe des puissants et donne aux princes les leçons dont ils profitent peu. Qu'il survienne une épidémie, ces masses urbaines exténuées par mille influences délétères, habitations malsaines, insuffisance des aliments, sophistications de toute nature, professions insalubres, encombrement des ateliers, habitudes de crapule qu'engendrent la misère et le séjour des usines, promiscuité, débauche précoce, etc. etc., sont à l'avance désignées pour fournir au fléau la plus grande part de son tribut. Le prolétariat des grandes cités est le bouc émissaire de toutes les iniquités.

En vain voudrait-il protester. Comme les damnés que voyait le Dante, pris de la tête aux pieds dans la glace, sa torture doit être immobile ; il faut qu'il la souffre sans cris ni convulsions. Les denrées se renchérissent, l'agiotage surélève artificiellement le prix des grains ; la vie est devenue impossible, une augmentation des salaires est de toute nécessité, et, famine pour famine, il doit enfin se résoudre à user de cette arme à deux tranchants qui est la grève. Mais aussitôt l'Etat ou, pour mieux dire, l'aristocratie des écus dont le gouvernement n'est que le bras, tremblant pour l'édifice fragile de son exploitation, recourt aux baïonnettes, et se hâte de « comprimer le désordre ».

La balance de l'offre et de la demande, prêchée par nos économistes, est dans ces conditions une amère dérision. L'épée du Pouvoir est toujours dans un des plateaux, celui du producteur rural, du capitaliste, du manufacturier, au détriment de la plèbe des villes. Le marchand de blés n'ayant plus à craindre, pour limiter ses prétentions, la protestation de cette dernière parce qu'il est admis, — tant l'ordre établi se voit solide! — que toute émotion citadine est un danger public, en abuse tout naturellement. Ainsi rien ne fait obstacle à l'enchérissement des denrées. L'équilibre des forces économiques est facticement rompu. Les spéculateurs font leurs affaires, les cultivateurs s'enrichissent, les hâves populations des villes succombent à la misère. Voilà ce qui s'est développé surtout pendant la durée du régime napoléonien, et ce que l'on maintient aujourd'hui plus que jamais. Et l'on voudrait que ces populations faméliques eussent en faveur d'un système social qui les immole de parti-pris des effusions de tendresse!

L'oligarchie des usiniers semble concevoir la société d'après un type tout spécial que Bacon eût appelé « l'idole de leur caverne ». Ces gens ont le culte de la machine. On dirait que leur idéal serait de remplacer le labeur humain par une machine universelle supprimant la plèbe encombrante, fonctionnant au profit d'une société de capitalistes sans velléité d'insoumission, régulièrement, aux moindres frais. A défaut d'une telle perfection, du moins voudraient-ils que le travail fût, autant que faire se pourrait, mécanisé sur le modèle de cette machine idéale : ils rêveraient de découper la surface du pays en des milliers de bourgades, à l'instar du Creuzot ; des *Cités ouvrières*, où régneraient sans contrôle autant de burgraves de l'industrie, légiférant à leur caprice, s'arrogeant à leur bon plaisir, exerçant par eux-mêmes ou par leurs contre-maîtres tous les antiques droits du seigneur.

La pensée de nos classes riches, ostensible aujourd'hui, même réalisée aux trois quarts, est en effet de reconstituer sur la base monétaire une puissance aristocratique, analogue à celle qui se fondait sur le droit divin de la naissance ; élite oisive, entretenant son parasitisme aux dépens de la masse qui produit en tirant d'elle une dîme au moins quadruple par un procédé moins direct que celui de l'ancienne fiscalité, mais plus fructueux, c'est-à-dire par prélibation industrielle et financière. Ces parvenus, sortis en général d'assez bas, ont aujourd'hui la prétention, passablement drôle dans leur bouche, de prendre au nom de l'ancienne noblesse, dont leurs pères étaient tout au plus les intendants, la revanche de 89.

Notre législation bourgeoise n'est pas seulement insoucieuse de l'ouvrier ; elle est partiale contre lui. Il n'en saurait être autrement. Quelle est, en effet, la composition de nos législatures ? Elles sont formées de propriétaires fonciers ; épaisses noto-

riétés locales, de commerçants repus, de banquiers,
de manufacturiers, d'avocats diserts ; les uns tota-
lement étrangers à la condition du travailleur
industriel, d'une ignorance crasseuse et dédai-
gneuse pour tout ce qui le concerne ; les autres
directement hostiles. Ses intérêts ne sont ni repré-
sentés au sein de ses assemblées, ni protégés. On
ne consulte pour ce qui le touche que ses exploiteurs, les barons de l'Industrialisme : eux-mêmes
dictent au point de vue de leur arbitraire les lois
qui font sa condition. Aussi faut-il que les excès
de l'exploitation outrepassent toutes les bornes.
au point que la force des choses et la clameur
publique nécessitent les réformes, pour qu'on en
vienne à décréter quelques mesures de restrictions,
dérisoirement anodines, où la sanction fait défaut.
On s'avisera, par exemple, après vingt ans d'assassinat industriel, qu'il est excessif d'imposer à des
enfants qui n'ont pas douze ans, quatorze, seize, et
jusqu'à dix-huit heures de travail dans les usines ;
la torture légale de ces petits êtres étiolés sera
limitée enfin à une journée de dix heures. Reste à
savoir comment la loi sera observée dans l'intérieur des manufactures, surtout si l'impérieux
besoin de la misère oblige les exploités à conspi-
rer eux-mêmes avec leurs exploiteurs pour le
maintien des abus.

C'est un scandale dans nos palabres babéliques
de voir comment s'y traitent les intérêts des masses
industrielles, la légèreté avec laquelle sont expé-

diées — comme du reste le sont généralement
toutes les questions vitales pour le commerce, la
production, l'existence du pays — celles où sont
mises en jeu ces myriades de vies laborieuses. Les
enquêtes sont une ironie. Les députés devisent
entre eux ou passent à la buvette pendant la lec-
ture des rapports ; d'autres ne viennent même pas ;
ils se réservent pour les séances intéressantes, pour
les jours de débat parlementaire et de grande
joute oratoire ; les assidus votent au pied levé les
conclusions des rapporteurs, conçues dans un esprit
où assurément les droits de l'homme sont comptés
pour peu. Affaire pour les plus sages d'intérêt
bien compris ; il est, en fait d'exploitation, des
règles de prudence. Cela rappelle les lois protec-
trices en faveur des animaux : il y a saison et
mesure pour tondre les moutons.

Car tout ce qui travaille manuellement est pour
nos Nomothètes gantés une classe d'êtres inférieurs. Ils diraient volontiers, comme les législateurs hindous, qu'elle est sortie des pieds de Brahma.
L'artisan surtout est pour eux un objet non seulement de dédain, mais de suspicion naturelle. Il
semblerait que la législation bourgeoise a pres-
senti d'instinct que dans la force industrieuse est
le germe de la transformation qui doit un jour
l'éliminer. Cette force a tout au moins, comme élément social, toujours excité sa défiance. Notre oligarchie monétaire s'est attachée à tenir l'ouvrier
dans des conditions de tutelle et de surveillance

légales, d'infériorité juridique. L'obligation du livret est une mesure de police qui l'assujettit en même temps à l'arbitraire des patrons. Au mépris de la déclaration des droits de l'homme, l'égalité devant la loi n'est pas non plus entière pour lui, puisque le témoignage de l'ouvrier contre son patron n'est pas reçu en justice; en d'autres termes, comme le disait militairement Napoléon Ier, « la parole de l'ouvrier ne vaut pas celle du maître ». Dans la condition légale et sociale qui est faite au travailleur, on a donc eu soin de conserver, en dépit de 89, un reste de droit féodal.

Mais, en fait, la législation est par elle-même la moindre chose; ce n'est que dans la jurisprudence et l'application que son esprit s'affirme. Il allait de soi que la partialité consacrée dans le Code s'exagérât dans la pratique. Elle s'est développée constamment par le fait de la lutte des classes, et dans les événements de 1871, elle est allée jusqu'au dernier degré du cynisme. C'est ainsi que les *seuls propriétaires* atteints dans leurs immeubles ont reçu des indemnités. Les locataires frappés dans leurs industries, commerces, intérêts de toute nature, n'ont rien eu. Bien plus, prodige d'iniquité doublé d'un prodige d'ineptie, après six mois d'un chômage complet pour le service de la Patrie aux abois, nous avons vu les échéances dérisoirement prorogées... à un mois, et les payements des loyers échus déclarés exigibles au terme extrême de deux ans sur décision arbitrale! Monstruosité double,

qui mettait, comme on dit, au pied du mur la
population parisienne. Quarante mille personnes
ont été jetées du coup, après l'insuccès de la
Commune, sur le pavé; cent soixante-quinze mille
commerçants se sont vus en péril de déconfiture;
les faillites ont été sans nombre : car ce n'est
plus seulement le prolétariat qu'on a immolé; les
classes bourgeoises inférieures, et même moyennes,
ont été enveloppées dans l'exécution. L'autocratie
capitaliste pouvait-elle afficher plus effrontément
son mépris de tous les droits inhérents au travail?

Le langage humain n'a pas d'expressions pour
qualifier de pareilles énormités; aussi nous n'in-
sisterons pas. Des exemples grossièrement palpables rendent d'ailleurs assez sensible la contradiction de l'état des choses : les massacres de Lyon
en 1832, de Paris en 1839, de Paris encore en
juin 1848, enfin la monstrueuse tuerie de 1871 ne
parlent que trop éloquemment; pour intermèdes
Rive-de-Gier, Aubin, La Ricamarie, etc. Tel est
le mécanisme de cette société, réduite à l'absurde :
la fusillade périodique des industrieux qui l'enrichissent en est une pièce fonctionnelle. On abat
de temps en temps la classe ouvrière par une
large saignée; ou fusillotte dans l'intervalle. Pour
conserver l'ordre social, on étête chaque génération ; d'où résulte nécessairement que la nation
tombe en atrophie. Evidemment ce n'est pas là
une solution ; un pareil système porte à faux et
ne peut durer.

Il faut aujourd'hui rapporter au prolétariat une classe intermédiaire qui ouvrit à sa tête le feu de la Révolution en 89, se détacha de lui en 95, lui fut hostile sous la monarchie de Juillet, hostile en 48, encore opposée sous le second Empire, et que nous voyons maintenant, par la force du mouvement économique, refluer à nouveau sur lui. C'est la petite et même la moyenne bourgeoisie, en y comprenant une partie des professions qu'on appelait libérales. Les circonstances violentes de 1871 lui ont brusquement signifié les conditions de son nouvel état. Elle s'est alors, sans sympathie et sans intelligence, cédant à la pression de la nécessité, repliée sur cette plèbe qu'elle avait tant honnie. C'est là un fait considérable, même décisif : il est le résultat du mouvement si rapidement accusé qui concentre, en la détachant de la masse nationale, l'aristocratie de la finance. Celle-ci occupant aujourd'hui la même bastille du privilège que tenait jadis la noblesse, la petite bourgeoisie a dû par contre se reporter vers le prolétariat, ainsi que nous l'avons vu au début de la Commune.

Ce n'est pas un simple accident ; la classe intermédiaire aura beau vouloir écarter ce souvenir importun, la même nécessité se reproduira désormais dans toutes les crises qui surviendront, parce qu'elle tient au jeu intime des oppositions économiques. Refoulée de plus en plus par l'aristocratie de la finance, il faudra que la bourgeoisie inférieure reflue sur le peuple. Elle lui appor-

tera, au point de vue de l'accomplissement révolutionnaire, des éléments précieux qui peut-être, sans
elle, lui feraient éternellement défaut : la faculté
d'organisation, l'aptitude administrative, sans laquelle rien ne se fait.

Ainsi que la petite noblesse, en s'éloignant de la
haute dans le cours du dernier siècle prépara 89,
de même est-il à prévoir que cette bourgeoisie plébéienne sera l'avant-garde du second mouvement
complémentaire du premier, que sans doute elle
ne suivra pas jusqu'au bout. Il n'importe. Toujours est-il qu'elle nous a fait entrevoir une solution pratique et révolutionnaire que ne soupçon-
naient pas les Jacobins les plus exaltés.

Ces scissions et mouvements évolutifs des
classes, établissant les transitions qui sont nécessaires dans l'évolution de l'humanité aussi bien
que dans la nature, constituent un ordre de faits
singulièrement curieux : ils ont la valeur d'une
fonction historique dans la marche des sociétés.

Tout ce que nous avons dit et tout ce qu'on peut
dire n'empêchera pas — ce qui nous met d'autant
plus à l'aise — nos fortes têtes de l'Empyrée gouvernemental d'imputer, encore et toujours, aux
causes les plus superficielles, l'obstination de la
plèbe des villes à persister, quoi qu'ils fassent,
dans la voie de la Révolution. Ces gens invoque-
ront l'influence des doctrines subversives, les mauvaises passions citadines, la diffusion des feuilles

anti religieuses, la discipline prétendue de la démocratie, la propagande occulte, la jésuitique puissance de l'*Internationale*, etc. etc. Il semblerait à
les entendre que la chaleur d'une centaine de cer-
veaux ardents qu'on trouverait çà et là, en bien les
cherchant sur toute la surface de l'Europe, suffise
à entretenir l'incendie qui couve et se développe
sous leurs pieds.

C'est réellement par trop puéril. La vérité est
que toutes ces influences tant incriminées, en partie fantastiques, pénètrent à peine la surface des
couches populaires. A preuve que les doctrines
révolutionnaires, dans les rares occasions où la
démocratie a pu s'exprimer sans contrainte, en 48,
en 70, en 71, se sont montrées beaucoup moins
socialistes sous la plume de ses écrivains que l'instinct spontané des masses. Le peuple a posé son
dilemme catégoriquement : « Du pain ou du
plomb, » et s'est fait tuer à l'appui de son dire ; les
plaidoyers de ses porte-paroles ont été timides.

Mais un caractère historique des sociétés qui
s'écroulent est de recourir aux explications les plus
ridiculement futiles pour ne pas voir la cause
réelle de leur effondrement. On fait pacte avec les
ténèbres, descendant à tâtons les degrés qui mènent
à l'abîme. Les Grécules et les Byzantins raison-
naient en leur temps à la façon de nos gens d'Etat.
Les politiques de la Restauration, retour de
Coblentz, ne virent jusqu'à la fin dans la Révolution de 89 qu'une conspiration, et leurs héritiers

authentiques, les députés restaurateurs de l'Assemblée de Versailles, en sont encore au même point. Une énormité est sur eux, qui les écrase; ils **la** nieront jusqu'à la fin.

La plèbe industrielle est révolutionnaire **parce** qu'elle ne peut faire autrement que de l'être; parce que dans ces conditions actuelles, sous l'accablante pression de la finance, l'existence des industrieux n'est plus possible. Quand une étu**de** impartiale lui fait connaître les rouages secrets **de** cette machine à broyer les hommes que nos docteurs appellent l'organisation financière et industrielle, tout homme dont le cœur a gardé quelque fibre saine ne peut que rester indigné; il aura besoin de faire appel à tout son sang-froid, à toute sa raison pour ne pas descendre hurluberlu de sa science dans la rue en appelant le peuple à balayer au plus tôt dans le sang cette constitution d'infamie. Si l'ouvrier, qui en a pu étudier le système scientifiquement, n'a pas la vue de son ensemble, **en** revanche il le connaît encore plus intimement par expérience directe, dans le détail de ses engrenages; tout comprimé qu'il soit par la nécessité, le sentiment de protestation qu'il éprouve n'est pas moins vif, on peut le croire, dans le for intérieur de son âme, contrainte à s'envelopper **de** silence.

Il faut dire enfin que l'aspiration révolutionnaire 'xsinte encore chez lui qu'à cet état sentimental. Il est loin, malheureusement, d'avoir de la Révolution une idée précise, encore plus loin de procéder d'un parti-pris systématique. Il n'y a rien de systématique chez l'ouvrier. C'est ainsi qu'à une certaine époque il a pu se laisser prendre au socialisme napoléonien. Si Napoléon III avait su, ou s'il avait pu, suivre le conseil que lui donnait Proudhon en 1852, dans son livre paradoxal : *La Révolution démontrée par le Coup d'État*, son césarisme populaire aurait eu peut-être chance de vivre, appuyé sur la reconnaissance de ces classes ouvrières qui seraient entrées sous ses auspices en graduelle possession de leurs droits. La justice aurait servi de base pour affermir le despotisme.

Reconnaissons que ce danger bizarre semble peu à craindre aujourd'hui. L'esprit des princes est moins que jamais aux velléités socialistes. Depuis Servius Tullius, ce monarque légendaire qui émancipa la plèbe de Rome et mal s'en trouva, nous dit-on, — ce n'était pas hier, — aucun prince n'a été tenté de renouveler l'entreprise. C'est là un jeu trop hasardeux et qui suppose plus de désintéressement qu'il n'en entre d'ordinaire dans les calculs princiers.

Les représentants des races royales sentent que la faveur populaire est une rémunération trop personnelle. Le peuple se livre volontiers, mais les dictatures qu'il acclame ne sont que des dignités inconsistantes. On ne fonde pas là-dessus des dynasties. On n'établit avec quelque sécurité les

degrés d'un trône que sur les privilèges des aristocraties. D'une autre part, la plèbe a trop appris
par sa récente et dure expérience qu'en général
tous les gouvernements sortis d'ailleurs que de
ses rangs, et particulièrement les princes, seront
toujours trop étrangers à sa propre vie, trop cir-
convenus par l'influence des classes qui lui sont
hostiles, trop imbus de leurs préjugés ; qu'il n'a
rien à attendre d'eux pour l'avancement de sa
cause. Le sentiment que ces coryphées de l'antique
privilège de naissance éprouvent à l'endroit même
de la *populace* n'est pas même de la haine ; voire
s'en est-il vu de débonnaires : c'est une répulsion
naturelle qui les sépare de la canaille.

La plèbe ouvrière, -disons-nous, en est encore,
pour ce qui regarde sa revendication sociale et politique, à l'obscure phase de l'instinct. Cela est si
vrai que nous voyons des idées, qui par elles-mêmes
unifient dans une parfaite identité, se dissocier
dans sa manière de les concevoir, prenant au
point de vue de son esprit des valeurs inégales.
L'ouvrier est plus socialiste que républicain, plus
républicain que patriote; nuances qu'il importe
d'apprécier si on veut se rendre un compte exact
des faits contemporains.

Ces distinctions sont certainement, dans l'acception rationnelle, un illogisme, et la Révolution
aura fait un grand pas le jour où on saura généralement comprendre à quel point ces trois termes :
Socialisme, République et Nationalité française

sont enchaînés étroitement. Mais, au point de vue instructif, cette décision illogique n'en est pas moins de nécessité naturelle. On comprend, nous l'avons observé déjà, que le sentiment patriotique s'affaiblisse chez une classe qui n'a rien à défendre dans un pays où elle est traitée en peuple conquis.

De vagues et fallacieux mirages d'humanitarisme, d'internationalisme, qui n'étaient en partie que l'antithèse du chauvinisme impérial et qui tenaient pour une autre part à l'ignorance, où nous sommes trop communément, de ce qui touche l'état intérieur des sociétés avoisinantes, avaient d'ailleurs étrangement fourvoyé les révolutionnaires français.

L'idéalisme exagéré, qui est notre défaut caractéristique, nous avait trop fait oublier que la Révolution n'est pas une puissance immatérielle, agissant sur le monde par de mystiques effluves; qu'elle est incorporée dans la nation impieuse qui a promulgué les *droits de l'homme*, que cette nation à part est encore de nos jours, quant aux idées sociales, l'avant-garde et le porte-flambeau des autres peuples, qui ne la suivent qu'à long intervalle. Qu'on imagine la France supprimée, et l'idée de la justice dans le régime des sociétés n'est plus, pour ainsi dire, qu'un souvenir historique, une abstraction dans le vide, une âme en peine qui n'a plus son corps et qui pourra pendant de longs siècles le chercher désespérément. Plus on voit de près les autres groupes, et plus on demeure convaincu de cette vérité, dont les hommes qui constituent le nôtre ne sauraient trop se pénétrer.

Si Napoléon III, au lieu de se faire prendre à Sedan, s'était retiré sur Paris, la population des faubourgs aurait vu alors avec une égale apathie défiler vaincus et vainqueurs, lignards français, soldats germains. Tel était, nous en fûmes témoin, l'esprit des quartiers populeux jusqu'au 4 septembre. Cette même plèbe qui allait subir, au nom de la République, quatre mois et demi du siège le plus dur, était alors en disposition de ne faire aucune résistance à l'entrée des envahisseurs. A la date du 4, la République est proclamée, et tout est changé du même coup. Paris prend la résolution de soutenir une lutte à outrance. Paris résiste, et, qui plus est, résiste en dépit des gouvernants qui, sous le titre ironique de Gouvernement de la Défense nationale, ne délibèrent pendant tout ce temps que sur les moyens de l'amener à se rendre, tandis qu'il les oblige en les terrifiant à tenir malgré eux jusqu'au bout: curieuse interversion des rôles, unique dans les fastes de la guerre !

C'est que ce prolétariat de Paris est encore le *Sans-culottisme* du temps de Danton et de l'*Ami du Peuple*. Au 4 septembre comme au 10 août, il est « debout contre les tyrans », mais il commence au préalable, mesure pratique, par balayer ceux du dedans. Vous obtiendrez tout de lui sous le drapeau de la Révolution, le seul *labarum* qu'il connaisse parce qu'il est le symbole de sa propre libération : il ne fera rien sous un autre.

On ne saurait guère méconnaître que cette façon d'agir est, en définitive, assez empreinte de bon sens. Tout être humain défend avant tout sa peau, et le peuple n'ignore pas que, si les classes nanties se servent de lui dans les moments de nécessité où il n'y a de recours que dans son énergie, c'est pour le massacrer ensuite. Quand on ne peut plus faire autrement, on déchaîne la bête populaire ; et puis, si pantelante et saignante elle refuse de reprendre sa chaîne, on l'abat sans plus de scrupule. Aussi veut-il des garanties, et les faits témoignent qu'il n'en demanda jamais assez. Il est encore le même qu'en 1814, alors qu'il se rendit à l'Hôtel de Ville une colonne de vingt-cinq mille hommes pour y demander des armes, qu'on s'empressa de ne pas lui confier parce qu'il avait mis sur l'aigle de l'Empire son vieux bonnet de 93. C'est sa façon d'entendre la défense nationale ; il a sa tradition, qu'il ne faut pas heurter. On ne lui fera pas marquer le pas de charge avec le *Beau Dunois* ou *Charmante Gabrielle* ; il s'est autrefois mis en tête que la *Marseillaise*, quand le chœur est bien mené, enfonce les bataillons ennemis, et il a gardé ce préjugé.

Il n'est du reste pas douteux que, si la France a donné dans l'invasion quelques dernières preuves de vigueur, si l'honneur national, après la honte des redditions de l'Est, n'a pas tout à fait sombré,

elle en est redevable surtout à la classe ouvrière.
Ce sont des volontaires parisiens qui ont fait la
défense de Châteaudun. C'est en général la classe
ouvrière qui a fourni ailleurs ces compagnies de
francs-tireurs, lesquels ont dû à leur énergie patriotique d'être honorés par l'ennemi de ses distinctions les plus militairement exécutives.

II

Sous ce titre remarquable : *De la capacité politique des classes ouvrières*, Proudhon a écrit en
1864 un de ses ouvrages les plus fortement médi-
tés. Ce livre, qui ne fut publié qu'après sa mort,
développe la théorie d'une organisation sociale et
politique fondée, conformément au besoin de la
société moderne, sur la base positive de ses rapports économiques. L'auteur y établit qu'un régime
de vraie liberté ne peut avoir pour base que le
consentement libre, identité qui signifie le contrat
réciproque des intéressés, individus ou groupes,
confirmé de part et d'autre par un échange de
garanties, modifiable et révocable au gré mutuel
des contractants. Il y démontre avec une logique
d'une puissance irrésistible qu'en dehors de cette
conception physiologique, le Mutualisme, qui
devient en politique proprement dite le Fédéra-

lisme, il n'y a rien de possible que la licence et l'arbitraire, l'un l'autre s'arc-boutant dans un état de perpétuelle opposition. Il fait voir que, dans les données fictives du système centralisateur, les libertés les plus élémentaires sont inadmissibles, et que toutes les chicanes d'un doctrinarisme brouillon, qui, tout en admettant le principe, affecte d'en repousser les conséquences absolutistes, ne sont que le fait de l'ignorance et d'un parti-pris d'imposture.

La suite des choses n'a que trop justifié cette dernière conclusion. Elle a révélé aux yeux du public et d'eux-mêmes tout ce qu'il y avait de trouble au fond de la conscience de ces parlementaires sans logique et sans dignité, ambitieux charlatans, dont le peuple avait fait ses idoles.

Le fait qui avait donné à l'auteur de la *Capacité des classes ouvrières* l'idée première de cet ouvrage était celui d'un *Manifeste* que firent paraître, à l'occasion de deux élections complémentaires de celles de 1863, soixante délégués des groupes ouvriers de Paris. Les signataires du Manifeste des 60 y dénonçaient l'infériorité de la condition sociale faite à l'élément ouvrier depuis 89 ; ils déclaraient se proposer pour but d'élever pour la solidarité et le crédit la masse laborieuse à la participation des avantages qui étaient demeurés jusque-là le privilège exclusif de la minorité capitaliste ; en suite de quoi, faisant observer que la classe ouvrière n'avait pas jusque-là été représen-

tée au sein de l'Assemblée nationale, ils termi-
naient en concluant à l'opportunité de poser dans
la circonstance les candidatures des deux ouvriers.

Nous ne sommes pas de ceux qui ne voient dans
le titre de l'ouvrage que nous venons de rappeler,
titre assez étranger, semblerait-il à première vue,
au contenu du livre, qu'un procédé de complaisance à l'égard du prolétariat ; encore moins une
de ces fusées, comme l'auteur en tirait parfois dans
le but de forcer l'attention d'une assistance à tel
point blasée que tous les prophètes de la science
avec l'autorité de l'algèbre annonceraient à cette
autre Ninive sa destruction sous trois jours sans
parvenir à l'émouvoir. A l'apparition du Manifeste
des 60, il avait saisi aussitôt toute la portée de cet
acte, qui n'était en effet rien moins, selon son
expression, que « l'entrée du travail sur la scène
politique ». Avec la force de déduction qui lui
appartenait, il avait compris que le travail, qui est
au fond toute la réalité sociale, étant une fois
devenu puissance politique, ne pouvait être qu'omnipotence, et qu'il s'en allait fatalement, dans un
temps donné, absorber le reste, le refaire à neuf,
le transfigurer sur son type, substituer aux fictions
du régime arbitraire la vivante expression de sa
propre activité, la véracité des rapports et transactions économiques ; — c'est-à-dire le règne du
contrat sous tous ses aspects, association, mutualité, garanties échangées entre les groupes soit
industriels ou simplement géographiques. Ainsi la

conséquence de la capacité politique des classes ouvrières était bien l'avènement de l'organisation contractuelle, MUTUALISME en économie, FÉDÉRALISME en politique[1]. L'idée sociale tout entière était dans ce titre.

C'est une opinion superficielle, accréditée par conséquent, que les événements de 1871 ont démenti la thèse affirmée par Proudhon. Nous sommes, pour notre part, loin de cette manière de voir. Au sens où l'auteur entendait la capacité des classes ouvrières, nous ne croyons pas qu'aujourd'hui encore il eût à rétracter une ligne de ce qu'il écrivait à l'époque où il commentait ce Manifeste des 60, premier signe de vie personnelle donné par la masse ouvrière. Tout ce qui était contenu à l'état latent dans le Manifeste de 1864 s'est développé sept années plus tard dans la Commune parisienne de 1871.

La capacité politique de la classe ouvrière n'est point sa suffisance actuelle et pratique. Cette faculté d'application révolutionnaire est précisément le desideratum qu'on est en train de poursuivre. Il ne saurait être question que d'une capacité essentielle, constituée par ce double fait : 1° que dans ses rapports extérieurs le prolétariat en est arrivé à se distinguer comme personne politique de la classe bourgeoise dont il sépare ses

---

[1] Voir *Nouvelle organisation de la République*, un vol. in-12, Georges Carré, éditeur.

intérêts. les reconnaissant incompatibles avec le système qu'elle s'obstine à faire peser sur lui ; 2° que, vis-à-vis de lui-même, il possède une conscience plus ou moins arrêtée de sa propre existence, de ses besoins et de l'ensemble de ses conditions. Il n'est venu à l'esprit de personne de prétendre que cette conscience existe également dans toute la masse du prolétariat ; mais tout au moins s'affirme-t-elle dans une élite qui en est la tête et qui de nos jours est entrée, le reste devant venir après. dans la vie politique. L'aptitude du prolétariat est sans doute loin d'avoir atteint le degré qui réaliserait son efficacité pratique ; mais elle existe à l'état de germe, constituée dans ses éléments, et il ne lui faut plus que du temps pour se produire à la surface du monde social régénéré.

Cette opposition entre l'aptitude essentielle et l'insuffisance effective était notoire dans le Manifeste de 1864, qui exprimait nettement la conscience populaire en accusant, au point de vue théorique, la condition sacrifiée des classes travailleuses, indiquant à celui de l'action l'idée originale du prolétariat ouvrier, celle d'une libération due à sa propre initiative, et se terminait en queue de poisson par un contraste singulier en concluant de ces prémisses, irréprochablement posées, à la résolution naïve de faire agréer au conclave législatif deux délégués des masses ouvrières introduits là pour assister en chiens de faïence aux délibérations de leurs maîtres !

Rien ne pouvait être plus enfantin. Supposons un instant, chose d'ailleurs impossible, que l'idée politique de la classe travailleuse eût alors été au niveau de son instinct révolutionnaire ; dans ce cas, il est certain qu'après avoir posé en deux formules catégoriques le fait de l'oppression subie par le prolétariat et le fait antagonique de sa revendication, elle n'aurait pas fini en conclusion pratique par s'humilier dans l'assermentation de ses candidats sous les fourches caudines de cette oppression capitaliste dont elle prétendait s'affranchir. Elle aurait mieux compris qu'envoyer ses élus dans le palabre de ses exploiteurs, sous la condition d'y subir la loi de leur majorité, était faire soumission d'avance et abandon de ses droits à peine revendiqués. Elle aurait eu conscience que toute protestation était illusoire, contradictoire dans ses termes et de signification précaire en dehors d'une négation absolue de l'ordre officiel exprimée par le bulletin blanc.

Le peuple, qui ne sut rien comprendre à cette logique de la situation, n'avait pas même à alléguer en excuse de sa faute pratique le manque d'indications ou de guides. A l'occasion des élections de 1863, un groupe de citoyens appartenant aux professions les plus diverses avait rendu publique une protestation motivée contre l'imposture du scrutin ; protestation dans laquelle elle conseillait le bulletin blanc. Il y avait même parmi eux, à côté de

noms fort obscurs, des noms assez connus, celui
de Proudhon en première ligne, par les gages
qu'ils avaient donnés à la cause du prolétariat.
L'initiative, ni la direction, ni l'autorité de l'enseignement n'avaient donc fait défaut. Mais la déclaration des *Abstentionnistes* était l'expression de la
sincérité au milieu du charlatanisme parlementaire
et gazetier, la logique parlant dans le désert. Aussi
cela parut-il fort drôle, et notre insuccès fut complet.

Le clan des journalistes avait été si parfaitement
enrégimenté, sous la haute discipline de M. Émile
de Girardin, que pas un organe de la presse ne con-
sentit à insérer la dissonante protestation ; excep-
tons-en toutefois la *Gazette de France*, qui voulut
bien lui accorder sa royale hospitalité, peu propre
à la mettre en faveur. Enfin nous eûmes en dernier lieu le concours d'une publicité que nous
n'avions pas prévue. Des exemplaires de la Déclaration abstentionniste, *tirés sur papier rouge*,
furent distribués dans Paris par des mains anonymes avant l'apparition des nôtres. Ainsi donc
rien ne manquait à notre humiliation ; ceux d'entre
nous qui avaient pu un seul instant s'illusionner
eurent le loisir de mesurer dans une expérience
instructive toute la hauteur qui sépare les aperceptions de la raison de l'empirisme obscur des
foules, qui est la voix de Dieu.

Lorsqu'en 1869 eut lieu le dernier renouvellement du Corps législatif, personne ne songeait plus

aux abstentionnistes de 1863. Pourtant, au milieu
de l'entraînement des candidatures, plus ou moins
irréconciliables mais également assermentées, parut un nouveau Manifeste pour maintenir encore
l'abstention. Or Proudhon était mort depuis près
de cinq ans ; les signataires de la nouvelle protestation étaient des noms dont la plupart n'avaient
point figuré dans la précédente, d'ailleurs, ou complètement ignorés ou d'une notoriété restreinte.
On ne pouvait donc plus affecter de ne voir en eux
que les comparses d'une individualité plus ou
moins marquante.

Il faut même ajouter que la Déclaration rédigée
par ces inconnus, tant par la fermeté de son exposé
de principes que par la netteté de ses fins de non-
recevoir contre les mystifications du vote inorganique et les faussetés parlementaires, était fort au-
dessus de la première. On ne pouvait non plus
supposer qu'ils se fissent la moindre illusion sur
le succès de leur démarche. Ces nouveau-venus
étaient-ils donc les interprètes d'une idée, soutenus par la seule force d'une conviction sérieuse ?

Rendons à la presse cette justice qu'elle leur
épargne une imputation, qui est, au temps qui
court, le dernier coup du ridicule quand elle n'est
pas invraisemblable. On se contente de les bafouer
dans les formes admises ; il fut entendu qu'ils
visaient à l'excentricité, pitres d'un genre particulier dans le puffisme électoral. Notre protestation
de 1869 fut ainsi enterrée, sans déconvenue de la

part de ses auteurs, encore plus piteusement, si possible, que celle de 1863.

Vient le plébiscite de 1870. Les mêmes abstentionnistes, incorrigibles, renouvellent sans vergogne leur protestation. Décidément celle-ci passait dans les vieilles lunes ! On y prit garde moins que jamais.

Les abstentionnistes ont eu le plus grand tort que des hommes puissent avoir, celui d'avoir raison contre l'erreur universelle. Toute la fausseté de leur abstention était d'être vraie dans un milieu de fausseté générale.

Ils ont agi d'ailleurs sans la moindre illusion ; s'ils ont dû boire le dédain de leur temps, ils l'ont bu, il faut le reconnaître, avec un sang-froid socratique. Détachés de son matérialisme, ils ont pensé que l'idée qui se transmet a plus de valeur que le fait qui passe. Ne convoitant rien pour eux-mêmes, ainsi que la suite l'a fait voir, ils ont pris sans arrière-pensée la fonction qui leur avait été départie dans la Révolution. En un siècle qui s'appellera l'époque des capitulations, capitulations des consciences autant que des cités, ils ont tenu haut et ferme, stoïciens de la décadence, le drapeau des principes.

Honneur donc aux abstentionnistes ! Alors que régnait autour d'eux l'imposture universellement acceptée, ils sont demeurés les dépositaires sans reproche de cet héritage de l'avenir qu'il importe avant tout de ne pas laisser périmer ; ils ont gardé la tradition de l'honnêteté publique, pierre d'attente de l'ordre futur. Ils n'ont fait que cela, mais ils l'ont fait. Alors qu'autour d'eux tout mentait, eux seuls n'ont point menti. Ils n'ont été dupes ni dupeurs.

C'est un fait de la portée la plus haute, plus considérable qu'on ne pense au point de vue de la conscience humaine, qu'au milieu d'une pareille déroute morale, il y ait eu jusqu'à la fin dix-huit ou vingt hommes pour tenir bon, en dépit de tout, au poste de la loyauté sous les huées de leurs contemporains. Ils ont été de ceux-là, en petit nombre à toutes les époques, desquels il est écrit pour tous les peuples et tous les temps qu'ils marcheront dans la candeur de la vérité, s'étant refusés à sacrifier sur l'autel des idoles, ayant su rester dignes.

Ceci a d'autant plus de valeur que les abstentionnistes n'étaient pas des naïfs. Les prévisions qu'ils ont émises, tant sur les hommes que sur les choses, ont été pleinement vérifiées. Les faits ont témoigné pour eux contre la voix publique. Il est maintenant trop démontré, trop tard, hélas ! qu'eux seuls ont fait preuve d'une vue nette, supérieure aux prestiges. Tous ces rhéteurs de liberté acclamés par la démocratie parisienne en 1859, en 1863, en 1869, en 1870, dès qu'ils ont tenu le pouvoir, ont méconnu toutes les promesses dont ils avaient leurré la crédulité populaire, au point qu'ils ont fini par l'extermination en masse de leurs trop confiants électeurs.

Ce n'est point alors que les émérites faiseurs de la politique ont menti ; c'est tout au contraire de ce moment qu'ils ont cessé de mentir aux autres et à eux-mêmes. La poigne brutale des faits les a réintégrés dans la logique de leurs principes autoritaires et dans la vérité.

Avions-nous donc calomnié ces faux tribuns du peuple, misérables comparses dans l'imbroglio césarien ? Instruite par cette dure expérience, la foule en croira-t-elle enfin les seuls hommes qui, ne l'ayant jamais ni flattée ni déçue, ne lui ont jamais rien demandé ? qui sans s'inquiéter des railleries, sottes ou perfides, qui accueillaient leurs avertissements n'ont pas cessé de les renouveler, arrachant le masque au charlatanisme, dénonçant les brigues ténébreuses de la coterie parlementaire ? Aura-t-elle foi du moins, après l'événement, à la parole des clairvoyants qui ne l'ont pas abusée et qui ne se sont pas abusés ?

Moins que jamais doit-on y compter. Il faut connaître mieux les lois de l'instinct passionnel qui préside à l'action des masses. La multitude est femme ; elle ne suit que ceux qu'elle aime, et elle n'aime que ceux qui la flattent, qui se trompent avec elle ou la trompent. Les austères ne sont point son fait. La foule suffragante avouera qu'elle s'est abusée sur les hommes qui l'avaient séduite et continuera de se livrer à d'autres, nous les voyons poindre déjà, qui ne valent pas mieux que leurs devanciers.

La signification réelle de l'abstention était dans son caractère de protestation absolue au nom du droit contre le fait brutal. A ce titre elle était nécessaire, et la question du nombre devenait alors insignifiante ; vingt hommes pour maintenir le drapeau valaient autant que deux cent mille. Mais on tombait dans l'utopie si on voulait chercher en elle une valeur d'une autre nature.

Proudhon, en 1863, échafaudant déjà tout un monde d'idées sur le principe du bulletin blanc, disait que, s'il s'en trouvait dans les urnes une centaine de mille, le gouvernement impérial n'avait plus qu'à boucler ses malles. C'était une de ces naïvetés auxquelles sont sujets les grands esprits quand une conception les absorbe. Nous savons aujourd'hui que les Pouvoirs ne déménagent que devant les coups de force ; nous savons que cent mille hommes qui n'ont pour s'imposer que la puissance morale de leur conviction auront plus de chance de se faire eux-mêmes supprimer que de faire crouler un gouvernement ; nous savons surtout que l'abstention ne saurait obtenir un chiffre de cent mille adhérents.

Il en est à ce point de vue de la théorie de l'abstention à peu près comme du refus de l'impôt, ou de la grève générale, ou toute autre rêverie semblable, genre 1848. Elles n'ont que le tort d'ignorer le mécanisme des actions humaines, spécialement de l'action collective. Si tous les travailleurs voulaient se déclarer en chômage, ou si

les contribuables s'accordaient à refuser l'impôt,
la Révolution serait faite, il n'y a pas à en douter.
Seulement on ne prend pas garde que ces résolu-
tions collectives, allant, dit-on, à effectuer pacifi-
quement la transformation sociale, supposent un
état de l'esprit public plus avancé, sont par le fait
infiniment plus difficiles que ne l'est un soulèvement armé. On oublie que tout ce dont les
hommes sont le moins capables, c'est la résistance
pacifique. Elle suppose, d'ailleurs, un accord qu'il
est impossible d'obtenir tant que l'autoritarisme
est debout.

La théorie de l'abstention rentrait, quant au
côté pratique, dans cet ordre de cercles vicieux.
Le jour où une pareille idée pourra entrer dans
cent mille têtes, ce sera si bien la Révolution
qu'elle sera faite trois fois pour une, préalable-
ment accomplie et dans sa forme nécessaire, sans
moyens violents. Imaginer cependant que l'idée
de l'abstention puisse avoir prise sur les masses
est tout ce qu'on peut rêver de plus chimérique.

La raison péremptoire de l'abstention électorale sous le régime napoléonien était dans l'immoralité, cyniquement affichée, du faux serment.
Il incombait nécessairement aux rares individus
dont la conscience morale n'avait pas fait naufrage de maintenir cette vérité, que la foi publique
est au-dessus de tout. Aujourd'hui l'assermentation n'existe plus et ne saurait être rétablie ; la
société française, tombée en pleine dissolution, est

une mêlée des partis, où il n'y a plus de lois
que celles de l'état de guerre, la force, l'audace,
l'habileté. Le temps de l'abstention systématique
est passé.

Le vote comme l'abstention n'ont désormais
pour règle que l'opportunité pratique. Les principes n'y sont plus pour rien ; tout est livré aux circonstances. Il est loisible, si bon leur semble, aux
plus rigides socialistes de courir l'aventure de la
bataille électorale, de faire le coup de bulletin
comme ils feraient le coup de feu. Ils ont seulement. pour être loyaux, à bien spécifier par avance
que le résultat du vote, favorable ou adverse,
n'emportera pour eux aucune idée de droit ; que,
dans les conditions inorganiques où le suffrage
s'exerce, ils le prennent uniquement, sans lui accorder un respect qu'il ne mérite pas, au point de
vue de son action possible sur la marche des événements ; fait d'ordre irrationnel, coup de force ou
de savoir-faire qui ne les engage en rien au cas de
défaite et dont ils se réservent de tirer parti,
comme de tout autre fait, dans l'éventualité contraire.

Si la protestation politique de la classe ouvrière n'avait eu d'autres expressions que la
Déclaration de 1864 et la Révolution communale,
on pourrait, jusqu'à un certain point, douter
encore de sa portée et même de sa réalité. Il serait
permis de soupçonner que le premier de ces deux

actes n'a pas été parfaitement libre de suggestions extérieures, et, quant à l'autre, no pourrait penser que, forcé par les circonstances, impliquant un mélange de toutes sortes d'éléments, il demeure sous ce rapport sujet à discussion. Mais, si l'on y regarde de près, on reconnaîtra que ces deux faits ne sont rien de plus que deux termes accentués particulièrement dans une série continue de manifestations du même ordre.

Du jour où on lui a permis de faire entendre sa voix, étouffée jusque-là, le prolétariat des grandes villes s'est montré, on peut le dire, quand la révolte armée lui était interdite, en attitude permanente de rébellion morale. Il l'a été dès le premier début, et cet état de choses existe depuis le suffrage universel, depuis un quart de siècle ! La journée du 15 mai, en 1848, fut l'ultimatum de la plèbe ; l'insurrection de juin, l'ouverture des hostilités ; à partir de cette époque, l'élément ouvrier, comprimé par la force mais non réduit, n'a pas perdu une occasion de protester à sa manière contre un ordre social où sa part ne lui est pas faite.

Il est certain que cette matière ne relève guère des lois connues de la logique ; en rapport avec la forme et le degré de l'intellect populaire, elle procède en mode instinctif, passionnel, imaginatif, contrecarrant toutes les formules. Peu soucieuse des questions de doctrine, la plèbe opposante vous prendra dans le tas des noms politiques ceux qui sont supposés déplaire plus particulièrement au

Pouvoir en passe de trôner, et les lui lancera à la face. C'est sa façon de protester; elle n'y met pas plus d'artifice. De la valeur intrinsèque des hommes elle s'inquiète peu. Elle sent, très justement, que dans les conditions données, et pour l'usage qu'il lui est permis de faire présentement de son droit de vote, les premiers venus sont les meilleurs. Les circonstances qui décident de ses prédilections sont passagères, souvent futiles en elles-mêmes. Le peuple n'y regarde pas de si près; il prend ce qui lui tombe sous la main; trognon de pomme ou trognon de chou, tout projectile lui est bon. Depuis l'élection Boichot-Rattier, les deux sergents de 1849, jusqu'à Rochefort et, plus récemment, la manifestation Barodet-Ranc, sa façon de faire n'a pas varié. En 1849, 1857, 1863, 1869, 1871, 1873, six fois en vingt-quatre ans, il n'a jamais eu qu'une réponse, laquelle n'est pas autre, à vrai dire, que le mot de Cambronne. La seule exception apparente est une confirmation de la règle. Les ouvriers en 1852 votèrent pour l'homme du coup de Décembre, qui venait de balayer l'Assemblée bourgeoise et sa Constitution. Revanche de Juin.

Car le peuple ne voit que les faits. Principes, raison légale, moralité politique, qualité plus ou moins fondée de ceux qui le convoquent, tout cela lui est indifférent. On peut dire qu'il est sous ce rapport à la hauteur des hommes d'Etat. Qu'il soit appelé par Pierre ou par Paul, il se rend toujours à l'appel. A toute énigme du Sphinx il apporte une réponse. Que la question soit valable ou impertinente, intelligible ou absurde, il croirait ne pas maintenir son droit civique s'il n'y répondait en votant ; il croirait ne pas avoir voté s'il n'inscrivait un nom sur le bulletin qu'il met dans la boîte aux suffrages. Ne lui parlez pas d'abstention ; cela sort de son cercle d'idées. Il a besoin, comme le sauvage, de personnifier sa pensée dans des figures anthropoïdes, quitte à traiter ses marmousets avec une révérence proportionnée à leurs mérites après qu'il en a fait l'épreuve. En attendant, son procédé reste celui de l'âne d'Esope ; à toute adjuration que lui font ses conducteurs il répond par une ruade.

Après tout, cet engouement obstiné du peuple à l'endroit du scrutin a été peut-être, du moins quant à son résultat, mieux avisé qu'il n'en a l'air. Imaginez que le peuple se fût montré moins jaloux de son droit de suffrage, il ne manquait pas de gens tout disposés à prendre son abstention, pour systématique qu'elle eût été, comme une abdication de son droit. En l'exerçant tant mal que bien, toujours est-il qu'il l'a maintenu ; et c'est le plus clair du résultat.

Résultat important, car on ne peut douter que le suffrage universel, quand il sera en conditions d'avoir enfin le sens commun, étant organisé, établi sur la base du groupement fédéral, restera une pierre angulaire de la future société ; d'ailleurs on ne peut nier que jusqu'ici il n'ait amené des faits énormes pour l'avancement de la Révolution, bien que par des voies tout opposées à ce qu'on avait espéré de lui.

Quoi qu'il en soit de la question de forme, la scission du prolétariat n'est plus un fait à discuter. Il est acquis maintenant de vieille date ; il est de ceux sur lesquels il n'y a plus à revenir.

Il faut rendre aussi cette justice au prolétariat de nos cités que, s'il n'entend guère les principes, il se prête encore moins aux combinaisons de ce système de roueries qu'on est convenu d'appeler l'habileté politique. Les faux semblants, les artifices, les manœuvres improbes, les palinodies effrontées, les rapprochements hybrides, les compromis malpropres, les intrigues de pygmées, toutes ces gredineries où excellent les esprits d'élite sont en dehors de sa conception. Il n'entend rien à faire voguer entre deux eaux, à distance égale du Charybde ultramontain et du Scylla démagogique, le vaisseau de l'Empire libéral ou de la République conservatrice. A chaque coup de vote il vous le jette sur un écueil ou sur un autre. Que lui importe la République conservatrice ? Tous ces mots rapprochés grammaticalement, ou même légalement accouplés, lui feront toujours l'effet de hurler l'un en face de l'autre.

En vain ses pédagogues le tancent. Les choses commençaient à s'offrir sous un aspect si rassurant ! On entrait si bien dans la passe d'une liberté sagement progressive avec tant de garanties offertes

aux intérêts des classes élevées ! On avait l'espoir
d'ajourner toutes les questions fâcheuses ; les revendications malvenues allaient se trouver conjurées,
les nuages orageux se dissipaient ; on entrevoyait
déjà poindre l'aurore d'un bel avenir. La foule dans
sa brutalité n'a rien compris de tout cela. L'oura-
gan du vote populaire a emporté, comme un château de cartes, cette construction savante que nous
étions en train de bàtir. C'est à désespérer. — Mais
après tout quelle sympathie particulière voulez-
vous que le peuple éprouve pour vos candidatures
à la Rémusat ? Vos calculs ont-ils rien de commun
avec l'aspiration qui le meut ? A la différence des
batraciens du parlementarisme, il a dans le cœur
du sang chaud, et c'est avec son cœur qu'il vote. Il
a le tort de se souvenir. Sa mémoire est si longue
qu'à deux ou trois années de distance, il n'en est pas
encore au point d'avoir tout oublié. Il se rappelle
en 52 les journées de juin 48, et celles de mai 71
en 73. Vous continuez, ô représentants de la République modérée, de déporter, d'incarcérer !... Les
corps des derniers fusillés sont à peine refroidis :
aviez-vous donc imaginé que dans ces conditions
son amnistie aurait déjà prévenu la vôtre ? Vous
étiez-vous flattés, conservateurs de la société, qu'il
vous tendrait la main par-dessus les *fosses mou-
vantes* quand la terre en est encore meuble ? Vous
mitraillez une population et, le lendemain, vous
venez lui demander, jocrisserie par trop effrontée,
d'acclamer votre République. En face de vos excès,

les survivants, naturellement, vous répondent ce qu'ils criaient la veille : Vivent nos garanties communales ! Rançonnés, opprimés, ruinés, jamais, en vérité, ils n'en sentirent plus le besoin. Est-ce donc la peine d'avoir blanchi dans les luttes civiles pour être surpris de ce résultat ?

On se souvient peut-être qu'au moment de la féroce victoire des ruraux, les feuilles de l'ordre réclamaient qu'on délivrât une bonne fois Paris en fusillant sommairement au Champ de Mars *les deux cent mille gredins, fauteurs et agents de toutes nos révolutions ?* Le parti des conservateurs, quand il s'agit de faire la boucherie à son profit, est capable, il faut le reconnaître, des conceptions les plus grandioses. N'importe ! celle-ci n'était pas sans exemple dans les annales de l'autoritarisme. On ne saurait nier l'efficacité prolongée que ces vastes exécutions ont eue dans maintes circonstances. Comme aucune justice supérieure ne domine les actions humaines, rien n'empêche que les égorgeurs, saoûlés de carnage, dorment en paix. Le sang des massacrés est parfois une rosée qui féconde les idées proscrites, parfois un déluge qui les noie. Si aujourd'hui encore les contrées flamandes, enveloppées d'ignorance, sont sous l'orthodoxie romaine, cela tient, il ne faut pas l'oublier, à l'exécution des cent cinquante mille réformés, frappés de mort ou chassés des Pays-Bas, il y a trois siècles, par le duc d'Albe et le prince de Parme. La révocation de l'édit de Nantes, les dragonnades, l'émigration forcée d'un million de calvinistes, sous Louis XIV, ont porté au Commerce et à l'Industrie de notre pays un coup dont la nation ne s'est jamais relevée. On pouvait de même se flatter qu'il suffirait de la mitraillade de deux cent mille républicains pour rendre le calme à la France; que, les dernières fibres vivantes qu'elle eût encore dans le cœur étant une fois bien extirpées, elle s'affaisserait sans convulsions dans l'enthanasie de ces sociétés mortes où les populations, avilies, sans aspirations, sont une matière inerte qu'exploitent à leur plaisir des aristocraties oisives et dépravées.

En somme, cet idéal n'avait, à première vue, rien qui parût absolument irréalisable. Le scrutin de 1873 a démontré l'inanité de ce rêve conservateur. On avait eu beau les passer, en mai, « au moulin à café », il n'en est pas moins vrai que *les deux cent mille gredins agents de toutes nos révolutions* étaient toujours là. L'armée des fauteurs du désordre n'avait pas perdu un seul homme. Par quel miracle inattendu cela s'était-il fait ? Les mitraillés de mai s'étaient-ils, pour revenir user de leur droit de vote, levés de leurs tombes ?

Qu'est-ce que pesaient, mis en balance avec un pareil résultat, tous les Rémusats patronnés par le doctrinarisme et la conservation de leur république conservatrice ?

Le peuple ne se dirige que par le sentiment. Les motifs de prudence sont à ses yeux secondaires. C'est en vain que vous l'endoctrinez, il est et sera impolitique. Vous lui dites que ses coups de bélier démolissent la confiance publique; il le sait tout aussi bien que vous. Il ne se dissimule pas que ses fugues électorales empêcheront la reprise des affaires; il pressent que la classe opulente, mise au défi. prendra pour système de le réduire par la famine, et qu'il payera durement la peur qu'il lui fait éprouver. Rien ne prévaudra sur sa passion; il n'écoute que celle-ci. La chose en devient d'autant plus significative, revêtant ainsi le caractère d'un désespoir sinistre. Somme toute, le sentiment du peuple, dans sa franchise brutale, est plus clairvoyant au point de vue de la Révolution, non pas assurément par science méthodiquement acquise, mais par identité de nature, que toute l'habileté prétendue des tacticiens de la politique.

Comme dans l'état de léthargie le sang reflue vers le cœur, ainsi la vie de la nation, qui ne saurait plus se concevoir en dehors de l'esprit révolutionnaire, s'est exclusivement réfugiée dans le prolétariat ouvrier. De toutes les catégories sociales il est la seule qui possède aujourd'hui une existence corporative, parce qu'il est la seule qu'unifie un lien spirituel et qui soit animée par une idée vivante, une pensée en voie de développement.

Dépourvues de solidarité, plongées dans l'ignorance, étrangères au mouvement des idées, parquées dans l'individualisme, les masses rurales sont un troupeau sans étincelle de vie morale. Même la foi inintelligente qui la suppléait autrefois s'est retirée d'elles. Rien ne les soustrait à la routine du plus matériel égoïsme, rien ne les élève au-dessus de l'existence purement animale.

La vieille noblesse n'est plus depuis le siècle dernier qu'un souvenir historique. Ses derniers représentants végètent dans les gentilhommières où ils achèvent de s'étioler dans les coulisses du demi-monde. Ligaturés dans les bandelettes de l'éducation, nourris de traditions surannées, ils sont en dehors du siècle où le sort les a fait naître. Les yeux fixés sur un passé qu'ils ne comprennent même pas, ils vivent de regrets qu'ils s'efforcent de travestir en espérances ; ils sont assis, comme dit la Bible, dans le vestibule de la mort. La France, qui ne les connaissait plus, a vu reparaître, non sans admiration, dans l'Assemblée rurale, un certain nombre de ces revenants, effarés à l'aspect de la Révolution comme des oiseaux nocturnes à la vue de la lumière du jour.

La bourgeoisie philosophique du xviiie siècle a disparu comme la noblesse. Dans l'ancien ordre dont elle était partie intégrante, son existence s'arc-boutait par un mécanisme d'opposition avec celle de la classe noble ; en renversant celle-ci elle s'est elle-même détruite. Les barrières hiérarchiques du droit divin, où elle se retranchait jusqu'alors, étant une fois par terre, elle a été promptement envahie et aussitôt noyée. Entrée en possession de son but, l'aspiration sociale s'est retirée d'elle ; le sensualisme l'a étouffée, et elle a cessé de vivre.

« Qu'est-ce que la bourgeoisie depuis 89 ? quelle est sa signification ? que vaut son existence ? quelle est sa mission humanitaire ? que représente-t-elle ? qu'y a-t-il au fond de cette conscience équivoque, semi-libérale, semi-féodale ? Tandis que la plèbe ouvrière, pauvre, ignorante, sans influence, sans crédit, se pose, s'affirme, parle de son émancipation, de son avenir, d'une transformation sociale qui doit changer sa condition et émanciper tous les travailleurs du globe, la bourgeoisie, qui est riche, qui possède, qui sait et qui peut, n'a rien à dire d'elle-même ; depuis qu'elle est sortie de son ancien milieu, elle paraît sans destinée, sans rôle historique : elle n'a plus ni pensée ni volonté. Tour à tour révolutionnaire, conservatrice, républicaine, légitimiste, doctrinaire, juste milieu ; un instant éprise des formes représentatives et parlementaires, puis en perdant jusqu'à l'intelligence ; ne sachant à cette heure quel système est le sien, quel gouvernement elle préfère ; n'estimant du pouvoir que les profits, n'y tenant que par la peur de l'inconnu et pour le maintien de ses privilèges ; ne cherchant dans les fonctions publiques qu'un nouveau champ, de nouveaux moyens d'exploitation ; avide de distinctions et de traitements ; aussi pleine de dédain pour le prolétariat que la noblesse le fut jamais pour la roture, la bourgeoisie a perdu tout caractère : ce n'est plus une classe puissante par le nombre, le travail et le génie, qui veut et qui pense, qui produit et qui raisonne, qui commande et qui gouverne ; c'est une minorité qui trafique, qui spécule, qui agiote, une cohue. »

Cette appréciation n'est pas de nous, elle est de Proudhon, écrite depuis dix ans, plus saisissante d'actualité qu'à l'époque où elle fut écrite [1].

Il n'y a rien à y changer. On pourrait seulement ajouter que les événements subits qui ont crevé tant de masques ont fait tomber le dernier prestige, le faux patriotisme dont la bourgeoisie s'était hypocritement revêtue. Elle a dû témoigner sans distinction d'églises, monarchique ou républicaine, qu'elle met ce sentiment bien après ses intérêts matériels, — ce qui, à proprement parler, revient, pour l'heure où la nation reprendra possession d'elle-même, à une abdication sans retour.

Les gentilshommes finirent en déclarant la guerre à la nation et se présentant en armes, dans les rangs de l'étranger, pour ressaisir leurs privilèges. La classe des vilains enrichis a fini de plus piètre façon en livrant la patrie, afin de conserver les abus dont l'exploitation la fait vivre. Ainsi se remplissent les destinées, non sans présages qui les annoncent. A la veille des grandes crises sociales, d'étranges paroles se font entendre ; les classes qui avaient en main le spectre déclarent spontanément leur propre déchéance, avant même que celle-ci

____

[1] *De la capacité politique des classes ouvrières*, 2ᵉ partie, chap. 1ᵉʳ.

leur ait été signifiée par le verdict des événements. Quand elles en sont à ce point, avouant d'elles-mêmes leur indignité, elles sont décidément perdues. Ainsi au temps de la Régence et de Louis XV les descendants de la noblesse s'intitulèrent-ils les *roués;* sous le règne de Napoléon III les héritiers des classes riches se sont appelés les *crevés.* Ces expressions impersonnelles, plus significatives qu'on ne pense, traduisent avec naïveté la différence des époques. Nous avons marché depuis Louis XV; la dissolution est achevée, et la putréfaction sociale ne laisse plus rien à désirer. Les *roués,* c'était encore de la chair à potence ; mais les *crevés,* c'est de la voirie.

Si on entend par classe sociale un ensemble d'hommes réunis par identité d'intérêts, animés d'une pensée ou, pour le moins, d'une aspiration commune, marchant du même pas sur la voie, comme dirait la philosophie, du *devenir* historique, nous ne voyons aujourd'hui en France, nous le répétons, que le prolétariat ouvrier qui mérite vraiment de porter ce nom; tout le reste n'est plus autour de lui qu'une masse désagrégée, le détritus d'une société.

Du reste, il n'est pas nécessaire que son idée se présente sous la forme d'une connaissance réfléchie et philosophique. Le fait est que le prolétariat ouvrier a le sentiment de la fausseté économique par cette simple raison qu'il éprouve en lui-même le malaise dont elle est le principe. Il est devenu le représentant de la tradition révolutionnaire étant spécialement la victime de la contre-Révolution. Mais c'est justement là ce qu'on appelle — chose absolument terre-à-terre, positive comme on dit — l'idée sociale d'une classe.

Il est tout à fait d'exception que les hommes soutiennent la justice pour la justice elle-même. A voir l'existence comme elle est, il est vrai de dire en général que l'iniquité qu'ils font porter à d'autres gêne fort peu la conscience de ceux qui l'exercent; ils ne s'en doutent même pas. Les hommes n'apprécient le poids qu'elle pèse que lorsqu'il charge leurs épaules, et, comme on dit vulgairement, chaque mulet sent où son bât le blesse. Le double fait de se rendre compte, étant forcé de la subir, que l'oppression est oppression et de ne pas l'accepter, est essentiellement ce qui constitue, au point de vue révolutionnaire, la force ascensionnelle d'une classe. La véritable connaissance, quand il s'agit du mouvement économique, n'est pas ailleurs que dans ce fait où la théorie n'est pour rien. La théorie est, tout au plus, dans les écrits de quelques rêveurs dédaignés où elle reste à l'état de papier noirci sans que personne y prenne garde. Ce n'est pas elle qui fait monter le flot des événements et qui soulève les marées sociales.

Que la classe qui a le monopole du gouvernement ait également celui des connaissances officielles qui s'y rattachent, législation, administration, économie politique, qu'importe si toute cette

doctrine, échafaudée sur la fausseté, n'est perpé-
tuellement qu'un mensonge ?

Qu'est-ce que cette politique de nos gouvernants, ignorante des axiomes du droit naturel
autant que des postulats de l'histoire ? Les débats
pitoyables de leur parlementarisme, leurs intrigues
dignes de Lilliput, surtout les résultats pratiques
encore plus pitoyables qu'elle nous a obtenus,
l'écrasement, la honte et la ruine, dont nous lui
sommes redevables, valent-ils qu'on en fasse tant
de mystère ? En ce qui concerne la politique aussi
bien que l'administration, il n'est plus question de
monnaie de singe, et nous les jugeons présentement
d'après leurs œuvres ; l'expérience est là sous nos
yeux.

Qu'est-ce que leur législation, tombée, — depuis
l'époque où la Convention nationale entreprit d'en
poser les bases, — dans le plus abject matérialisme,
subordonnant l'homme à la chose, ayant méconnu
toute notion de ces droits de l'homme et du citoyen
qui devaient être sa norme, enfouie par des
magistratures ignares et sans principes, n'ayant
foi qu'au budget, sous le fatras d'une jurisprudence qui est l'idéal du gâchis ?

Que dire de leur économie ? Ne pouvant résoudre
son problème avec les fausses données qu'elle
maintient de parti-pris, elle finit par en nier
l'objet. Elle a pour dernier mot de son enseignement officiel cette monstruosité, blasphème doublé
d'une turpitude qu'elle profère dans les chaires

publiques : **arrêter la procréation, tuer les hommes
dans leur germe.** Ne sachant comment les faire
vivre, elle prend le parti de les supprimer ; c'est-
à-dire qu'elle se nie elle-même. Quelle pitié ! On
a dit entre autres sottises qu'il est quelqu'un,
c'est-à-dire tout le monde, qui a plus d'esprit que
Voltaire. On pourrait dire sans sottise et même
sans paradoxe que tout le monde sait de l'économie, peu ou prou, excepté nos économistes. A qui
n'est-il pas arrivé de voir des manouvriers hausser
les épaules en lisant dans les feuilles publiques les
énormes bourdes que débitent avec tant d'aplomb
nos orateurs parlementaires et même nos aca-
démiciens? Voyez plutôt ces beaux esprits chercher à leur façon, renseignés par leurs fonction-
naires, éclairés par leurs policiers, les causes du
18 Mars !!!

En deux mots, c'est sur toute la ligne une réduction à l'absurde.

Mieux vaut l'absence complète de science qu'une
doctrine de sophisme. Quand elle a perdu le sentiment de la réalité, allant au rebours du mouvement historique et économique, une science qui
n'est plus que celle du faux ne fera que précipiter
sur la pente de l'abîme les classes qui l'auront
prise pour guide.

La supériorité morale d'une classe résulte de
deux éléments : une intuition plus nette de la réalité présente, une aspiration supérieure vers la
justice future. L'une et l'autre font maintenant

défaut aux classes qui prétendent gouverner. Elles sont déchues.

On peut dire, au point de vue social, que la connaissance véritable est aujourd'hui en raison inverse de l'instruction acquise. Celle-ci ne tendant qu'à dérober la vue réelle des choses, les classes qui sont le moins enveloppées par cette brume faussement lumineuse ont une connaissance relative. Elles peuvent au moins retenir quelque vestige de cet instinct de nature dont la lumière illumine tout homme venant en ce monde. Elles n'ont pas entièrement perdu le sens intime du vrai. Si elles raisonnent peu ou mal, du moins peuvent-elles sentir juste.

Le besoin directement ressenti de la transformation qu'exige le développement de la science appliquée à l'industrie, dont l'élément ouvrier est l'organe immédiat, s'incarne dans le prolétariat des villes. En lui réside ainsi la pensée du siècle ou, tout au moins, le sentiment que le corps social a de lui-même et de ce qu'il tend à devenir. Il est donc l'idée de l'organisme ; l'âme et le cerveau de la nation.

Tout le monde a vu la composition du peintre Yvon figurant l'invasion de la France. Qui pensez-vous que le peintre ordinaire des héros en pantalons rouges ait choisi pour type ? Un vétéran ? Un volontaire des classes lettrées ? Un paysan armé de sa faux ? Tout cela pouvait prêter plus ou moins au pittoresque. Non, cet homme à l'œil creux, au visage hâve, à la longue barbe, dont le bras musculeux, armé d'un tronçon d'épée, défend encore la Patrie mourante, cet homme-là est un ouvrier ; — je dis de Belleville ou de la Croix-Rousse, tout ce qu'il y a de moins prix Montyon. Cette tête osseuse n'a rien de la blafarde auréole qui protège, dit-on, l'*honnête homme* dans le massacre en bloc des voyous ; il a tout le masque d'un *communard, bon à fusiller* sur sa mine. L'artiste est comme le poète un terrible indiscret.

Il est de fait que le prolétariat des cités s'est affirmé dans nos désastres comme le dernier représentant du sentiment national. La seule classe — nous mettons de côté les exceptions individuelles — qui ait fait preuve sérieuse d'ardeur pour la défense a été la classe ouvrière. Elle y a conquis sur les autres, sur celles qui se disaient supérieures, un ascendant d'une puissance redoutable autant que légitimée ; elle a défendu la Patrie alors que celles-ci la livraient ; elle a maintenant, à leur égard, acheté de son sang, reconnu d'avance par elles-mêmes, le droit de mépris.

Ce résultat, acquis désormais à la plèbe et sur lequel aucune puissance humaine ne saurait plus revenir, est de la plus haute gravité pour le prochain avenir des sociétés européennes. Quel ferment de révolte sociale déposé dans cette masse de quarante millions d'hommes ! Quelle diffusion de l'irrévérence ! Allez donc parler après cela de restaurer l'*ordre moral!* Il est douteux que cette prévision ait figuré dans les calculs du cabinet de Berlin. car tout porte au même résultat lorsque les temps sont accomplis. Ne dirait-on pas que tout conspire pour hâter l'avènement des masses déshéritées, et que le vieux monde condamné réunit ses derniers efforts pour se détruire lui-même ?

Ce n'est pas que nous ayons oublié tout ce qu'on objecte d'ordinaire à cette accession des classes inférieures. Nous connaissons la litanie des imperfections de l'ouvrier, tant intellectuelles que morales.

Il est ignorant et borné ; il est farci de notions fausses, d'idées étroites et puériles ; son esprit, ergoteur et particulariste, est court de raisonnement, décousu, manquant de suite. et ne s'éclaire que difficilement.

Tout entier aux objets du dehors, aux accidents, aux menus détails. aux apparences qui frappent les sens, regardant toujours par la fenêtre. son intellect privé de méthode pèche par défaut de concentration et de vue d'ensemble. Peu capable de réfléchir, il est par conséquent amené à resserrer son activité dans un cercle inférieur qui n'est plus le mode viril. L'imagination, la mémoire sont ses facultés prédominantes ; son procédé demeure instinctif comme chez la femme et chez l'enfant. Aussi n'est-il pas rare que dans les familles d'ouvriers la femme soit intellectuellement supérieure à l'homme, d'où le plus fâcheux renversement de l'ordre naturel, joint aux influences dépravantes qu'exerce l'esprit féminin partout où il prend l'ascendant.

Quant au côté moral, on reproche à l'ouvrier son incurie, son imprévoyance, la grossièreté de ses allures et la brutalité de ses mœurs. Peu consciencieux dans son travail et dans ses engagements, flâneur autant qu'il peut, il est *ficelle* et *carotteur*, pour employer des expressions qui n'ont point de synonymes; volontiers insolent, querelleur quand il se croit le plus fort, — d'ailleurs plus prompt de langue que d'action, — et ribotteur par-dessus tout.

A cet ensemble de qualités, qui ne forme sans doute pas un composé flatteur, nous ajouterons à cet esprit envieux, cette jalousie instinctive qui le met en défiance contre toute espèce de supériorité, principalement son parti-pris contre la science et tout ce qui peut offrir un caractère de logique et de sévérité ; par contre, l'entraînement crédule qui le fait toujours dupe des banalités sentimentales et dramatiques, défroques passées, mises au rebut par les classes lettrées, imagerie d'Épinal fabriquée par des charlatans qui se moquent de son enfantillage en l'exploitant.

Le reproche le plus habituel que l'on soit convenu d'adresser aux hommes des classes laborieuses est de trop oublier leurs devoirs. Nous croyons plutôt que l'ouvrier n'a pas assez conscience de ses droits d'homme et de citoyen ; car, s'il

possédait cette conscience, il aurait mieux le sentiment de sa propre dignité et s'acquitterait de ses
devoirs ; nous ne disons pas mécaniquement, en
valet ainsi qu'on voudrait qu'il le fît, mais en
homme libre.

Il est triste de constater que ce sentiment de la
dignité personnelle n'existe encore chez le grand
nombre de nos travailleurs qu'à un état rudimen-
taire. Une servitude invétérée a laissé sa marque
sur eux. N'est-il pas pitoyable, pour n'en citer que
cet exemple, de voir un homme qui est par son
suffrage le pair et l'égal d'un autre homme solluci-
ter le pourboire en dessus du prix fait, tendant la
main au petit profit ? Tant que l'ouvrier conservera
ces habitudes d'indignité, restes de la vieille servitude, on aura beau le dire citoyen, le fait sera plus
fort que les institutions ; il restera un merce-
naire.

Le sens moral est aujourd'hui, chez nos classes
qui se disent supérieures, tombé si bas que le crime
et la vertu sont devenus choses indifférentes, l'un
ne provoquant l'indignation pas plus que l'autre
n'inspire l'estime. Ces dénominations elles-mêmes
paraissent de bien gros mots ; elles sont tombées en
désuétude.

Soyez un lâche, si bon vous semble, même un
traître, si vous le préférez ; mentez, parjurez-vous,
livrez votre pays ; on est fait à tout cela. Quand la
lâcheté et la trahison deviennent en nombre, elles
forment alors, ni plus ni moins que l'honneur et

le patriotisme, un esprit public servant de règle ; rien n'est plus naturel.

Même il se peut que la poltronnerie revête la forme sanguinaire ; qu'elle se porte aux derniers excès de la férocité sans provoquer plus d'étonnement : la peur admettra tout, et l'indignation suppose d'ailleurs quelque ressort dans les âmes ; elles n'en sont plus capables. Mais vous devrez ne pas oublier que les intérêts veulent avant tout l'ordre et la régularité, qu'ils les veulent à tout prix ; ils entendent pour le moins connaître avec quoi ils ont à compter et le terrain de leurs opérations.

Faites, vous disent-ils, ce qu'il vous plaira ; faites couler dans les rues, à pleins ruisseaux, au nom de la cause de l'Ordre ainsi que nous le vîmes hier, ou bien au nom de la Liberté ainsi que nous pourrons le voir demain, le sang de vos concitoyens ; faites de la réaction ou de la révolution ; faites-vous même tuer pour la patrie, si c'est votre goût ; mais, que diable ! soyez corrects. Pourvu qu'il ait un terrain fixe et déterminé, qu'importe après tout à l'honnête homme qui ne demande qu'à faire ses affaires que vous égorgiez son voisin ? Mais il lui faut cette fixité.

Cet égoïsme de crocodile n'en a pas moins au fond sa légitimité, dont il est juste de tenir compte. C'est encore une lacune dans l'esprit de l'ouvrier, une des plus graves et sur laquelle nous insistons, que de ne pas assez apprécier la valeur nécessaire du procédé légal en même temps que de l'exactitude administrative. Le peuple méprise volontiers tout ce formalisme paperassier, mépris concevable sous plus d'un rapport, mais il tombe dans la pétaudière, et c'est ce qu'on lui pardonnera le moins.

Le jour où les champions de la plèbe auront le sens administratif et juridique, ils n'en seront pas moins abhorrés, — ce qui, en somme, est secondaire ; mais ils se feront prendre au sérieux, ils obligeront à respecter la plate opinion de leurs ennemis, et cesseront d'être alors les vilipendés *Communards* que honnit l'opinion de l'Europe, sans s'être demandé pourquoi.

Accuser les défauts d'une catégorie sociale n'emporte aucune idée de blâme à l'égard des individus. Constater que la masse de ceux qui appartiennent à une classe sont détériorés, non pas seulement dans une acception générale, mais altérés spécifiquement et dans un mode déterminé, signifie simplement qu'ils s'y trouvent être assujettis à des conditions auxquelles la force d'un homme ordinaire est impuissante à résister.

Or c'est toujours avec l'homme ordinaire qu'il faut compter. Si quatre-vingt-dix-neuf sur cent sont entraînés par un courant, cela prouve que l'endroit n'est pas ce qu'il faut pour y mettre des hommes à la nage. Il ne s'agit de les gourmander, mais de trouver un passage meilleur. Il en est de même pour la société.

L'Esprit-Saint disait, en son temps, que l'homme exposé au péril ne manque jamais d'y succomber. La maxime est, il faut l'avouer, assez pessimiste, mais elle est rarement en défaut. C'est celle des moralistes pratiques ; ils font infiniment peu de fond sur les forces humaines. Ils pensent que les individus sont ce que les font les circonstances où ils sont placés. Il y a, en vérité, de longs siècles qu'on nous sermonne ; l'effet des sermons est peu de chose. Il ne serait que temps d'entrer enfin dans la voie des conceptions positives.

L'unique moyen sérieux de rectifier les êtres humains est de réformer leurs conditions. Dire que l'ouvrier est vicieux revient à confesser que votre ordre économique est institué sur un pied vicieux par rapport à l'ouvrier. Si celui-ci est ignorant et crapuleux, est-ce de propos délibéré? A preuve que cet homme vicieux, ou vicié, est en effet, par ses facultés naturelles, le premier venu, ni plus ni moins valant qu'un autre, et qu'une foule d'autres, autour de lui, sont au même point. Il y a là-dessus une cause générale plus forte que toutes vos morales ; les objurgations n'y feront rien.

Il est ridicule de demander à l'homme qui vit dans le tumulte des villes les aptitudes ou qualités qui distinguent l'homme solitaire, et *vice versâ*. Si l'ouvrier pouvait devenir le *bon sujet* qu'on voudrait faire de lui, il tomberait au-dessous de ce qu'il est, car il serait réduit à l'état d'imbécillité. C'est, il est vrai de le dire, l'idéal qu'on se propose.

Au résumé, l'esprit de la masse ouvrière est ce que peut être celui d'une classe d'individus qui se trouvent vivre dans le tourbillon de la vie collective, subissant ses abus, voyant de près ses désordres.

Vous reprochez à cette classe son incurie ; vous venez lui conseiller l'épargne et la prévoyance. C'est une amère dérision. Où voulez-vous que les salariés prennent des habitudes d'économie s'ils ne peuvent mettre, comme on dit, un sou de côté ; si leur indigence entretenue systématiquement est le fondement de votre état social ; si tout est combiné, ainsi que nous l'avons vu, pour incessamment les réduire à l'expression la plus resserrée de l'existence au jour le jour? On connaît la maxime de vos politiques : *Le travail est un frein...* Enfermé dans ce cercle sans issue de la pénurie quotidienne, comment l'ouvrier ferait-il pour ne pas se laisser aller au désespoir et à l'incurie?

En admettant des conjonctures exceptionnellement favorables, il faut à l'homme qui vit du travail de ses mains cinquante années de privations pour accumuler centime par centime de quoi ne pas mourir de faim, quand le labeur journalier ne le nourrira plus pendant cinq ou six ans de survie. Il faudra que jusqu'à ses vieux jours il se retranche les satisfactions les plus modestes, qu'il se refuse à toute société, évite toute occasion d'entraînement et de vie expansive, qu'il soit comme un rat dans son trou, recroquevillé dans cette idée fixe, sénile, abêtissante, de se mettre de côté du pain pour le temps de son arrière-saison, et de la flanelle pour envelopper ses membres devenus invalides.

Encore devra-t-on supposer tout un concours de circonstances : qu'il n'éprouvera dans cet intervalle ni accident, ni maladie, ni chômage ; que ses misérables épargnes ne seront pas engouffrées dans une déconfiture publique ou absorbées dans une de ces vastes opérations de la haute finance combinées à l'effet *de drainer*, comme ils disent, *les petits capitaux ;* il faudra supposer tout ce qu'il y a de plus invraisemblable, des dépositaires intègres qui ne jouent pas à la bourse avec les capitaux confiés, des notaires qui ne risquent pas les fonds de leurs clients dans des affaires aventureuses, des caissiers qui ne lèvent pas le pied, etc. etc. ; enfin la première chose de toutes et la plus douteuse, qu'il arrive en effet jusqu'à la vieillesse.

Nous ne sommes plus à une époque où l'on compte sur des échéances au terme d'un demi-siècle. Allez-vous-en donc le vanter à nos capitalistes, votre moyen de faire fortune avec l'épargne ! Ce n'est pas sérieux dans votre bouche, et vous n'y croyez pas vous-mêmes ; vos actes démentent vos paroles. Est-ce que vous faites vos fortunes, vous qui nous gouvernez, en mettant centime sur centime ? L'économie est un archaïsme du temps des têtes à perruques. Quand votre société est au pillage, l'avenir nul, l'État, si loin de pouvoir offrir des garanties qu'il donne d'en haut l'exemple de la vie au jour le jour, fort empêché de pourvoir à sa propre existence; c'est alors que vous venez prêcher au travailleur de vivre d'économie! Vous vous moquez. Est-ce donc la peine de se condamner pendant cinquante années, en vue de résultats si lointains, si aléatoires, si précaires, à traîner l'existence d'un pleutre?

Voilà ce que se dit l'ouvrier, et il prendra le temps comme il vient; il pense qu'au moins il aura vécu dans la mesure où il lui est donné de vivre, il ne se sera pas enterré vivant; il aura sauvé son âme d'homme, il ne se sera pas fait crétin; et, si l'on veut être de bonne foi, tout considéré, tout pesé, on reconnaîtra qu'il a raison.

On reproche surtout à l'ouvrier ses habitudes d'ivrognerie. Nous sommes loin de dire que le reproche ne soit pas fondé; ces habitudes sont déplorables et suffiraient à elles seules pour empêcher l'ascension des classes laborieuses. Mais sait-on bien généralement de quoi on se mêle de parler? Comprend-on ce que doit être dans l'après-midi du dimanche, quand il est sorti de l'atelier, la disposition d'un homme qui a peiné six jours durant, douze, quatorze heures et même plus dans les moments d'urgence, ne rentrant chez lui que pour les repas ou le sommeil, vivant en général dans un air méphitique, nourri toute la semaine de lentilles assaisonnées d'un dé de lard, accueilli par une femme hargneuse avec des enfants souffreteux dans un chenil de quinze pieds carrés où tout est misère et dégoût? Comprendra-t-on que cet homme-là si. comme on dit, il n'est pas de bois — et Dieu sait de quel bois ! — éprouve un impérieux besoin de sortir violemment de lui-même? Tant qu'il garde un reste de vigueur, l'homme a peu d'aptitude pour la résignation : il faut qu'il soit exténué de corps et d'âme, diminution peu accordable aux exigences du travail et qu'on ne saurait guère obtenir que des influences combinées de l'extrême misère et de la religion. L'ouvrier va donc *se remonter* chez le marchand de vin, où il rencontre les camarades. Avec un litre de *bleu* et trois ou quatre verres d'eau-de-vie, il a bientôt fait une dépense de vingt à vingt-cinq sous. quand tout manque au ménage ; prodigalité scandaleuse, et chose encore plus scandaleuse, il est saoûl pour toute la journée; *immundus erit usque ad vesperum.* Que voulez-vous ? Son système nerveux affaibli résiste mal aux libations. Vous ne vous grisez pas pour si peu, vous qui le vitupérez et qui ne buvez pas de vin bleu. C'est une raison de physiologie, ni plus ni moins. Mais nos moralistes ignorent ce qui devrait servir de base à qui se mêle de moraliser.

Il serait certainement plus édifiant, préférable à beaucoup d'égards, que l'ouvrier passât le jour du repos en famille. Disons seulement que, si ces prêcheurs faisaient, une semaine, l'expérience d'être à sa place, peut-être en auraient-ils assez, quand arriverait le dimanche, des attraits du ménage, de la femme et des marmots. Car c'est la grande misère du pauvre que la famille ; où l'homme aisé peut trouver ses satisfactions, devient pour lui trop fréquemment le plus infernal des enfers. Lorsque le foin manque au râtelier, dit-on dans le peuple, les chevaux se battent. Mais nous ne voulons point faire ici déborder l'amertume ; nous admettons que la femme, n'étant pas elle-même occupée dans un atelier, n'est pas retenue le dimanche par la nécessité de pourvoir à l'entretien de son ménage et de ses enfants. Proposons-nous en conséquence la distraction la plus vertueuse et sans doute la plus hygiénique, une promenade en famille au dehors de Paris. Malheureusement il est rare que les nécessités de la vie cadrent avec la berquinade. Voyons un peu ce que la nôtre pourra nous coûter :

En premier lieu les vêtements, qui généralement font défaut, et le blanchissage ; car dans nos idées égalitaires l'ouvrier parisien n'a pas, comme celui de Londres, l'humilité chrétienne de se produire en loques. Il a ce qui s'appelle chez nous de l'amour-propre ; nous sommes un peuple vaniteux. Il lui faut de la toilette, ou quelque chose qui y ressemble. Ensuite la réfection, si modéré que soit l'*extra* ; enfin l'aller ou le retour en omnibus. Il est difficile de s'en tirer à moins de 4 fr. 50, somme au-dessus des ressources disponibles. Par conséquent, toute considération morale, hygiénique, familiale mise à part, l'ouvrier, en allant se saoûler pour 1 fr. 25 chez le mastroquet du coin, réalise une économie de 3 fr. 25.

On dira que l'ouvrier pourrait aussi, sans se permettre des distractions que ne comportent pas ses moyens, passer son dimanche en famille. Pour cela il faudrait qu'il fît ce que fait le *workman* anglais, allant au prêche, lisant la Bible et terminant le jour du Seigneur par s'enivrer familialement devant son poêle. Mais l'ouvrier de Londres est chrétien.

D'ailleurs, ces mœurs d'intimité supposent une tradition, un tempérament, un esprit — ce qui signifie un climat — tout opposés à ce qui se trouve en France, et, pour qui a pu comparer de près les deux termes, il est difficile de soutenir que le résultat de ces conditions, impossibles d'ailleurs à réaliser, fût un perfectionnement.

Voilà pour les orgies du travailleur des villes : vous pouvez croire que, s'il ne les fait pas plus convenablement, c'est-à-dire plus somptueuses, comme les vôtres, Messieurs, il ne tient pas à lui : et, si nous passions tout en revue, nous en dirions autant du reste.

En définitive, ce qu'on ne voit pas, ou ce qu'on ne veut pas voir, c'est qu'on exige du travailleur, dans les conditions qui lui sont imposées, une vertu supérieure à celle que comporte la constitution cérébrale et organique de l'homme normal. Pour faire un ouvrier sans reproche, il faut vraiment avoir été, par une grâce spéciale de nature, construit de bronze et d'acier. Ne l'est pas qui veut.

Tàchez donc une fois d'ètré justes : cet homme que vous vilipendez parce qu'il n'est pas, à la rigueur, ce que vous appelez si aisément *un ouvrier rangé*, savez-vous ce que vous lui demandez ? Vous lui demandez tout simplement d'être le type achevé de la vertu, de l'abnégation, du stoïcisme pratique, un Epictète en blouse. L'ouvrier *rangé*, comme vous dites, s'il n'est pas un plat gueux que l'Assistance publique entretient, est cela, ni plus ni moins. Chapeau bas, si vous le rencontrez ! Il en est de tels, nous pouvons le dire à l'honneur de l'espèce humaine, il en est de tels, et plus qu'on ne pense, dans la classe des hommes de travail ; mais il faudrait à vous entendre qu'elle en fût formée tout entière : l'étoffe des Epictètes est rare, et il n'est pas à souhaiter pour vous qu'elle devienne plus commune !

Dans un milieu social qui n'existe plus, au temps de l'ancienne bourgeoisie, dont la vertu fondamentale était une ladrerie sordide, alors qu'on voyait de père en fils les familles les plus influentes vivre de privations à côté du sac aux écus, laborieusement gonflé, où elles mettaient leur âme, on comprend que cette élite rapace, tenace, âpre au travail et sobre, vantàt à la masse populaire, dont elle devenait ainsi la tête, l'efficacité rédemptrice de la parcimonie ; elle pouvait se dire autorisée, elle prêchait de parole et d'exemple. Mais que nos enrichis du tripot, qui mènent si lestement la danse des écus, s'en viennent prescrire à l'ouvrier qu'ils dévorent, comme les loups prêcheraient les moutons, les vertus pythagoriciennes, c'est réellement trop d'effronterie. La grosseur de la poutre est par trop disproportionnée à celle de la paille. On se rappelle involontairement la malédiction de l'Évangile : « Malheur à vous, scribes hypocrites, qui chargez les hommes de fardeaux que vous ne voudriez pas toucher avec le bout du doigt ! »

Disons enfin qu'on semble être convenu d'exagérer systématiquement les désordres de l'ouvrier. Nous nous sommes demandé parfois où les écrivains de la bourgeoisie ont vu les ouvriers ; dans quelles carrières d'Amérique ils sont allés prendre les types qu'ils nous donnent avec assurance pour des portraits photographiques.

Il est incroyable avec quelle tenacité de routine le monde, qui est d'ailleurs en perpétuel état de changement, vit sur ces vieilles formules. Théocrite a écrit il y a plus de deux mille ans que les campagnes sont l'asile de l'innocence ; il est admis par opposition que les quartiers populeux des grandes cités sont des repaires de dépravation. Pendant vingt ans le machiavélisme de nos classes repues a fait peur aux provinces de la Démagogie urbaine. Nous entendons encore ces horrifiques prédictions. Le jour où le spectre rouge serait monté de l'abîme, tout devait être à feu et à sang ; la guillotine serait installée en permanence ; les têtes de tous les propriétaires passeraient à la file sous le couperet ; les *partageux* mettraient au pillage les hôtels des riches, les biens et les femmes en commun, feraient de la société une salade ; Paris ne serait plus qu'un monceau de ruines.

Ce jour fatal est venu ; le spectre, qu'on n'attendait pas, a surgi de terre. Les gens comme il faut, ineptes, menteurs, traîtres et lâches, accablés sous le poids de leur propre indignité, ont fait le plongeon ; les premiers venus, sortis de la foule, ont été portés à leur place. Il n'y a plus à en douter ; c'est bien la dernière couche, la couche infime, le peuple travailleur, ce que nous appelons la lie sociale, qui vient à la surface. Nous sommes tombés aux mains des hommes de désordre ; il n'y a plus dans tout Paris une baïonnette régulière pour protéger les honnêtes gens. Nous sommes sous la loi de la canaille ; les communistes, les anarchistes, les incendiaires, les pillards, les repris de justice, les assassins comme nous les nommons, sont, hélas ! nos maîtres absolus. C'est l'invasion des barbares du dedans, prophétisée par nos prophètes. Des gens qui n'ont ni rentes au Grand-Livre, ni orthographe, des mécaniciens, des relieurs, des menuisiers, des cordonniers trônent à l'Hôtel de Ville. Que vont faire ces êtres sinistres ?

Les capitalistes ont frémi et leurs ventres ont tressailli de peur. Mais il était dit qu'ici, comme en toutes choses, la réalité devait rester bien au-dessous de l'idéal. Les bandits, ouvriers de Paris, ont régné plus de deux mois, et il s'est produit ce résultat paradoxal que ces bandits, en neuf semaines de pleine licence, n'ont pas fait, en définitive, acte appréciable de banditisme. Confusion et tumulte comme entre pauvres gens peu accoutumés aux affaires, tout au plus quelques tracasseries plus vexatoires que farouches ; mais, en somme, les propriétés et les personnes sont demeurées étonnamment intactes.

Que reste-t-il du spectre rouge ? Il faut avouer qu'il a bien pâli en se montrant au jour. Si d'avance on l'avait vu tel, il eût été, convenez-en, de médiocre effet.

Il est vrai que la dixième semaine compte largement pour les neuf autres. Paris s'est vu subitement livré à tous les excès d'un brigandage sans exemple. Le sang a coulé dans les ruisseaux, littéralement comme l'eau en temps d'orage; on a vidé des maisons entières, même des quartiers, pillant tout ce qu'il y avait d'emportable, et mettant à mort tout ce qu'on trouvait de vivant ; on a égorgé les enfants, violé et massacré les femmes, arraché les blessés de leurs lits, dans les ambulances et les hôpitaux, pour les fusiller.

Si ces actes de cannibalisme eussent été le fait de la Révolution, quel cri d'horreur dans toute l'Europe !

Mais ceux qui ont pillé, violé et tué ne sont point les êtres infernaux, sortis des *bas-fonds* parisiens, qui hantaient depuis de longues années les imaginations bourgeoises. Ce sont les soldats de l'ordre, les sauveurs de la société, les héros de Sedan et de Metz, aussi généreux qu'invincibles ; ce sont les fils des paysans, les honnêtes campagnards, l'Arcadie en pantalons rouges, conduits par des agents de police et par des officiers de salon. Imagine-t-on que les pôles de l'opinion vont se déplacer pour si peu ? Il est écrit de vieille date que ces sinistres faubouriens ne peuvent être que des brigands ; or ils ont été massacrés ; donc ils seront des brigands, quoi qu'ils aient fait ou n'aient pas fait, n'eussent-ils pas tué une poule, et on publiera les *horreurs de la Commune*, et le monde croira ce qu'on publiera.

Car les bandits sont des bandits, et les hommes d'ordre des hommes d'ordre ; on ne les mesure pas à la même aune. — Est-ce dans l'esprit des peuples la bêtise qui l'emporte sur l'injustice, ou le contraire ? Tout cela, quand on y réfléchit, est sans doute parfaitement humain, et non moins parfaitement inepte.

Si notre prolétariat des villes avait pour rétorquer les incriminations de ses maîtres la liberté de la plume et de la parole, qu'ils ont bien soin de lui interdire, croit-on qu'il ne serait pas en mesure de répondre à la litanie de ses moralisateurs par une antienne équivalente ? Ne feraient-ils pas mieux de commencer par se moraliser eux-mêmes. Ne seraient-ils pas tout aussi fondés à leur reprocher leur lâcheté, leur incivisme, leur dépravation, leur sensualisme, leur hypocrisie, leur duplicité dans les relations, leur piraterie commerciale, industrielle et gouvernementale, leur égoïsme, leur inhumanité féroce, leur cruauté sans remords ! « On n'a pas, déclare aujourd'hui Caligula-Prud'homme, fusillé assez de *communards !* »

Il y a, au fond de l'humanité, un héritage commun de vice et d'indignité qui n'est le fait d'aucune catégorie d'hommes en particulier parce qu'il dépend de notre constitution organique. Les objurgations mutuelles que les différentes classes sociales s'envoient comme des balles de raquette sur ce terrain commun de l'infirmité humaine sont en réalité moquables. Les superbes dédains de celles qui se disent supérieures à l'égard des inférieures s'adressent moins au fond qu'à l'enveloppe.

Nous avouons, pour nous, ne rien entendre à cette exquisité des hautes classes par où elles sont si insolentes et si dures pour le pauvre peuple, comme si la nature les avait faites d'un limon plus raffiné. En robe de soie ou en robe d'étoupe, le vice, étant donnée l'humanité, nous paraît assez explicable et digne d'égale rédhibition. Se griser avec du champagne à la Maison-Dorée, ou se saoûler avec du vin bleu à la barrière, nous semble au fond équivalent. Courir la gueuse sur les boulevards extérieurs ou entretenir des actrices est à nos

yeux une même chose, sauf la question de dépense.
Nous avons vu le bal Mabile et le bal Constant,
et nous serions fort empêché de préférer l'un à
l'autre. Nous n'apercevons pas que les voyous
de barrières vaillent moins ni plus que les crevés du grand boulevard, et l'atmosphère des bas-
tringues ne nous paraît pas plus viciée que celle
des salons. Tout est, à vrai dire, d'ordre également
inférieur ; ce sont toujours les mêmes appétences
de la même bête humaine, ne se distinguant que
par le costume.

Les différences sont uniquement dans l'imagination. Si nous avions à faire un choix entre la crapule millionnaire et la crapule du ruisseau, notre
option serait plutôt en faveur de celle-ci comme
enveloppée de moins de sophisme, moins revêtue
de séductions plâtrées, prenant moins sur la part
d'autrui, moins cynique dans son genre, moins
insultante pour le pauvre homme qui n'a pas dîné,
plus susceptible de ressentir la fraternité de la
misère. Au fond, crottés ou bichonnés, tous les
barbets de la création sont à peu près les mêmes ;
ce n'est guère que la façon qui change.

Enfin, comme nous le disions, il n'y a qu'un
instant, les censeurs qui se mêlent de juger avec
plus ou moins de compétence notre prolétariat des
villes ne l'apprécient guère sur les types qui parle-
raient en sa faveur. Car, si la classe bourgeoise ne
se compose que d'un petit nombre de catégories
sociales, ainsi n'en est-il pas du prolétariat. Il n'y

a pas, en réalité, au point de vue de la physiologie professionnelle, une seule classe ouvrière ; il existe une infinité de catégories laborieuses, dont les mœurs et l'esprit diffèrent autant que les professions elles-mêmes.

Parmi ces professions, quelques-unes sont artistiques, même scientifiques, plus intellectuelles que manuelles, où s'élèvent les individus doués d'aptitudes spéciales ou de facultés supérieures. Il y a, au contraire, des industries qui, par leurs conditions pénibles, rebutantes, insalubres, sont le pis-aller des infirmes que la nature a disgrâciés à peu près sous tous les rapports.

Un nombre assez restreint d'occupations manuelles qui s'exercent sans bruit, sans excessive dépense de force, avec une régularité quasi-machinale, peuvent être dites privilégiées en ce sens que l'intelligence du travailleur n'y est pas enchaînée au travail que ses mains poursuivent. Les cordonniers, les relieurs, les peintres en bâtiment, etc., tout en travaillant, peuvent penser. Il est d'autres parties qui sembleraient même plus relevées, comme celle des typographes, où la pensée s'exerce encore, mais sur l'objet même d'un travail qui la tient en captivité. Un grand nombre de métiers bruyants et tumultueux, ou qui réclament de violents efforts, empêchent le cerveau de fonctionner : ainsi les forgerons, les boulangers, les paveurs, etc. Il en est de même, malheureusement, car elles vont tous les jours se multipliant par la marche de l'industrie et la division du travail, de toutes les professions où l'homme n'est plus qu'une dépendance de la machine, ou absorbé par le parcellarisme de l'atelier dans une main-d'œuvre qui captive toute son attention sans exercer les facultés de son intelligence. Un ouvrier dont toute l'occupation d'un bout de l'année à l'autre est de fabriquer la dix-huitième partie d'une épingle ne peut manquer de s'abrutir. La plupart des métiers sont intermédiaires à des degrés inégaux, et avec toute espèce de combinaisons entre les professions extrèmes qui laissent à l'artisan la liberté à peu près complète de sa pensée ou qui le ravalent, au contraire, à une fonction toute mécanique ; tels sont les menuisiers, les tourneurs, les charpentiers, les maçons, etc. etc.

Confondre toutes ces catégories est visiblement abusif. Il n'est loisible d'identifier ni les mœurs ni l'esprit de ces phalanges si diverses, entre lesquelles se répartit l'armée des travailleurs manuels. On ne prétendra sans doute pas prendre pour type de la classe ouvrière l'homme qui cure les égouts ou celui qui fait la vidange. Assimiler les habitudes d'un ouvrier qui enchâsse des pierreries à celles d'un autre ouvrier qui va les chercher dans la mine, serait confondre évidemment toutes les notions.

Si vous vous adressez pour vous procurer vos exemples à la queue du prolétariat, confusément perdue dans cet élément interlope que nos faubourgs appellent *la gouape*, vous vous donnerez beau jeu pour le calomnier. Le portrait que vous ferez sera ressemblant à peu près comme étaient fidèles ces ignobles petits croquis qui se donnaient après le carnage de Mai pour représenter *d'après nature* les prisonniers de la Commune. Malheur à ceux qui se rebellionnent contre les occupants de l'Olympe! Comme autrefois Encelade, ils resteront défigurés du coup dont ils seront frappés.

En résumé, ceux qui ont pratiqué les différentes classes de la société contemporaine attesteront comme nous, s'ils veulent être vrais, que les couches supérieures de la masse ouvrière sont, à tout prendre, les • parties de notre organisme national qui se montrent aujourd'hui les moins altérées. L'amour de la justice, la foi vivante, avec laquelle n'a rien de commun la récitation des formules mécaniquement apprises, l'honnêteté véritable, qui n'est ni l'hébétement ni l'affectation grimacière, le courage, la vaillance allègre, l'esprit de dévouement, voilà ce que vous trouverez encore dans ces classes travailleuses et ce qui n'existe guère ailleurs.

Même le prestige des dehors, ce qu'on appelait le savoir-vivre, qui faisait autrefois sa supériorité peut-être la moins contestable, a cessé d'être un privilège que la classe dominante puisse aujourd'hui se vanter de retenir. Nos parvenus savent mal porter leur travestissement d'hommes du monde ; à chaque instant, le masque est en défaut et le manant se trahit.

La vérité est que nous ne sommes plus, tous tant que nous sommes, qu'une cohue de malotrus. Le fond de la sociabilité n'est pas dans une douzaine de formules banales et dans un cérémonial faux sous lequel on sent tant de sécheresse de cœur, tant de mépris de l'humanité, et que, d'ailleurs, nous voyons lui-même disparaître de jour en jour. Si on admet qu'elle consiste avant tout dans une disposition intérieure à la bienveillance, jointe au sentiment de la dignité de l'essence humaine et de son égalité naturelle chez tous les êtres de l'espèce, il faudra reconnaître que la vraie sociabilité se trouve plus que partout ailleurs dans les rangs du travail manuel. C'est là que nous avons rencontré, nous devons le dire, sans comparaison, la cordialité la meilleure et la plus ouverte. On peut croire que nos mœurs n'auront fait que gagner, le jour où ces allures cordiales du monde ouvrier, ces sentiments de fraternité démocratique se seront franchement substitués au formalisme de commande qui tient lieu de civilité à nos gens des classes enrichies.

Il y a un double préservatif pour maintenir la classe laborieuse contre le courant du siècle à un degré relatif de moralité : d'abord son état de lutte sociale, qui tient sa fibre en état de tension ; surtout et plus généralement le fait du travail lui-même, qui reste malgré tout, si mal ordonné qu'il puisse être, le grand régulateur de la moralité humaine.

On trouve assez paradoxal, quand on y réfléchit, d'entendre accuser de vivre dans l'habitude du désordre des hommes qui n'ont pour s'entretenir avec leurs familles que le produit d'un labeur à longues journées rapportant annuellement, dans les cours des salaires passables de 1,350 à 1,500 fr. C'est l'histoire de ces écrivains et de ces artistes qui, ayant trouvé le temps de composer quarante volumes ou trois cents tableaux, auraient aussi trouvé moyen, si on croyait leurs biographes, de mener des vies à la Don Juan.

Ceux qui ont su par expérience ce que c'est que le travail ne donnent pas aussi légèrement dans ces banales imputations, que le monde des oisifs accrédite.

L'homme enchaîné par le travail est empêché de se dépraver, n'ayant à perdre ni temps ni force. Cette coercition de la nécessité est encore, vu l'humaine faiblesse, la plus valable des garanties de moralité. Par contre, la sagesse des nations nous a dit depuis longtemps que l'oisiveté est la mère de tous les vices, ce qui ne les a pas empêchées de laisser toujours dans ses mains le privilège de régenter les conditions du travail.

Tout homme qui vit dans l'oisiveté est, malgré qu'il en ait, au sein de la masse sociale, un centre de dépravation, d'autant plus que ses ressources matérielles lui permettront plus amplement de lâcher la bride aux écarts de sa fantaisie. Avec la meilleure volonté, il est à peu près impossible qu'il ne développe autour de lui plus de désordre qu'il n'essayera de faire de bien par son action directe. Ce n'était pas sans fondement que la doctrine hébraïque disait qu'il est moins difficile à un chameau de passer par le trou d'une aiguille qu'il ne l'est à un riche d'entrer dans le règne de la Justice. Cet aphorisme subversif n'a pas cessé d'être applicable.

Si l'oisiveté est la source de toutes les dépravations, la nécessité du travail est l'enseignement effectif de toutes les vertus, autant d'action que d'abstinence. Les efforts qu'il demande, l'association des forces individuelles dont il exige le groupement, la communion des fatigues et souvent de périls qu'il nécessite sont autant de conditions pour entretenir chez le travailleur l'énergie et le courage, qui autrement s'affaissent vite, pour imprimer en lui, avec le sentiment pratique de la fraternité humaine, l'idée, de la solidarité. C'est la vraie morale en action.

Il n'est pas de conséquence médiocre que les usages reçus, les idées de hiérarchie, la distinction du costume dispensent un homme d'aider le premier autre homme venu qu'il rencontrera sur sa route, ayant besoin d'un coup d'épaule. L'influence d'une paire de manchettes sur la valeur morale de l'individu va plus loin qu'on ne suppose. L'homme qui se conserve entier sous l'habit du *monsieur* est plus qu'on ne pense une rareté.

C'est ce que la misère sent d'instinct. Vous ne

verrez pas un pauvre diable en passe de chômage,
qui a besoin d'une pièce de vingt sous pour son
repas et son coucher, s'adresser de préférence à ces
gros personnages bien mis dont l'aspect respire
l'opulence satisfaite de soi-même.

Les actes de morale pratique, exemple de tous
les jours, désintéressés, anonymes, où l'individu,
sans même avoir le temps de la réflexion, joue sa
vie pour celle d'autrui, sont rarement le fait des
classes distinguées. Se jeter à l'eau pour sauver un
homme qui se noie, se précipiter à la tête d'un cheval
emporté, écarter un obstacle au-devant d'un train
en marche, etc. etc. Voilà ce que font quotidienne-
ment les misérables sans instruction ni éducation
que les gens bien élevés traitent de si haut. Ceux-ci
ne savent pas le faire ou ne veulent pas. Ils se
contenteront de décerner des encouragements officiels à la vertu plébéienne, lorsque d'ailleurs elle
rentrera dans leurs cadres réglementaires. De quel
côté est, à dire vrai, la supériorité morale?

S'il s'agit du salut public, il en sera de même
que dans les cas particuliers. L'habitude domine
tout; les existences accoutumées à se tenir pour
précieuses ne sont pas celles qui s'immoleront
pour la sauvegarde du pays. Les héroïques folies,
comme elle les appellera, sont étrangères à l'esprit
de la gent éclairée. Ce seront les classes inférieures
qui se dévoueront pour la défense du sol natal, ache-
tant par leur civisme le droit futur de le posséder.

Ainsi dans les batailles sociales. Il est de fait,

que les conservateurs ne sont même pas capables
de payer de leurs personnes pour la conservation
de leurs bourses. Ils ne savent que faire égorger le
prolétaire en blouse par le prolétaire en uniforme;
malentendu de frères ennemis dont nos repus (par
parenthèse) doivent assez rire, supposé qu'ils
y réfléchissent. Mais de l'instant où le troupier
leur fond dans la main et que leurs vies elles-
mêmes sont en jeu, ils se hâtent de mettre en oubli
tout ce qu'ils avaient de saines maximes; ils
s'avisent de ce moment que la préservation de la
personne passe avant celle de la chose; ils deviennent ce qu'on les vit au 18 mars, quand leurs
propres journaux essayèrent en vain de leur
remuer la fibre en leur reprochant leur couardise
avec une netteté d'expressions qui ne laissait rien
à désirer; vous les verrez se rendre à l'appel
trente hommes par bataillon.

Cette influence de mœurs bourgeoises est si cons-
tante que la distinction dont elle est le principe
s'est retrouvée jusque dans les rangs de la Commune. Plus rapprochés de la classe aisée, soit par
leur origine, soit par leurs habitudes, comme il ne
pouvait manquer d'arriver à ces débuts de la
revendication du prolétariat, les chefs du peuple
ont montré généralement moins d'abnégation que
les simples soldats. Ceux-ci, franchement dévoués,
ont fait trouer leur peau; les autres, pour la plupart, ont su la retirer sauve. Ils étaient plus gens
comme il faut.

Si on peut reprocher au prolétariat d'avoir montré peu d'avisement pour le succès de sa cause, en revanche on ne saurait dire qu'il ait manqué de cœur. Il faut lui rendre cette justice qu'il a su mourir, chose plus facile, à ce qu'il paraît, que de savoir vivre. Ses ennemis même ont dû reconnaître son héroïsme, comme ils sont capables de reconnaître tout ce qui appartient à une sphère aussi en dehors de leurs conceptions. Les feuilles bourgeoises ont avoué « que les derniers fédérés se sont défendus comme des bêtes féroces acculées dans leur repaire ». Une classe sociale est déchue sans doute bien bas lorsqu'étant devenue incapable de faire elle-même preuve de vigueur, elle ne sait même plus respecter le courage et la conviction généreuse quand elle les rencontre en face d'elle. Respect au courage malheureux ! On nous a raconté que les Français d'autrefois entendaient cette maxime; toujours est-il qu'elle ne dit rien à ceux qui les ont remplacés.

On avait vu maintes fois des hommes opprimés se faire tuer vaillamment en revendiquant leurs droits — la révolte comme la tyrannie est aussi vieille que le monde, — mais ils étaient soutenus par un espoir ou même par la nécessité de leur désespoir. Ce qui paraîtra prodigieux aux yeux de quiconque ne s'abuse pas sur le degré normal de force que la nature humaine comporte est qu'il se soit encore trouvé au dernier moment de la Commune, quand la partie était visiblement perdue, huit ou dix mille hommes pour se lever de leur propre mouvement et se faire tuer dans la rue, sans autre mobile que le dévouement à une idée. — A moins qu'on ne veuille invoquer, ce qui ne serait pas moins significatif, la haine profonde que les classes supérieures ont inspirée à celles qu'elles exploitent !..

Quoi qu'il en soit, cet héroïsme est d'un genre nouveau. La phase critique par où il nous faut passer rassemble en elle tous les contrastes : les ombres du passé s'y entremêlent avec les lueurs encore brumeuses de l'avenir qui commence à poindre ; les ruines du vieil ordre s'entre-heurtent avec les éléments de la reconstruction future. En face des félonies sans nom, des redditions inouïes, des monstrueuses lâchetés où le monde bourgeois s'effondre, surgissent des dévouements plébéiens que l'histoire n'avait pas connus.

Dans cet âge unique de transition, toutes les antinomies s'opposent. On constatera véridiquement que nous sommes en décadence ; il sera non moins vrai de soutenir que nous sommes en progrès. C'est qu'en effet il n'existe pas une seule société, mais deux sociétés incompatibles, supplémentaires l'une de l'autre, superposées l'une à l'autre : une société d'iniquité qui s'en va en putréfaction et une société d'un nouvel ordre, celle du travail, qui tend à se former sous la première. Ce n'est pas la France, on a beau dire, qui se dissout, mais un mensonge qui s'était oppressivement donné pour être la nation.

On peut dire en toute vérité que jamais les hommes ne se sont montrés aussi lâches; on peut, par contre, déclarer avec une égale vérité qu'ils n'ont jamais été aussi courageux. Honneur aux mémoires anonymes de ces travailleurs de Paris, enfants perdus de la lutte sociale, qui l'ont prouvé par la vaillance de leur immolation contre les détracteurs du travail intelligent, du libre esprit et de l'idée moderne! Non! nous ne sommes pas au rang des peuples qui descendent les degrés de la mort! De tels présages annoncent l'approche des renouvellements, et les causes ainsi affirmées ne sont pas de celles qui succombent.

Cet esprit général de la masse prolétaire s'est exprimée par des actes particuliers d'une allure significative, témoignant que la fierté civique commence à se remettre debout dans la conscience du peuple. Plusieurs d'entre eux rappellent les virils exemples que le génie de l'antiquité ait jamais proposés à l'admiration des hommes libres. Ces combattants de la dernière heure, « qui se réfugient *dans la mort* »; ce canonnier qui défend seul une barricade, et ne cédant qu'à bout de lassitude, prend pour récompense bien gagnée la fusillade qui le fait passer dans le *requiem* définitif; ce capitaine de fédérés qui, tombé dans une patrouille de Versaillais, crie à sa compagnie l'ordre de faire feu sur eux et sur lui; ce porte-drapeau qui s'étaye « *pour rester debout quand il sera mort* »; tous ces traits d'héroïsme, où la simplicité de l'esprit populaire se joint au dévouement, valent bien sans doute les cynégires et tous les couards grecs fameux, sans parler du mérite de l'authenticité.

Que dirons-nous de ces **gamins** qui se sont battus comme des **hommes**, aussi bien que les vétérans et **mieux** que les jeunes ? Toute religion classique mise à part, ces gavroches qui exhibent leurs feuilles de service pour s'aligner *au mur* avec les autres prisonniers, moins poétiques, si on veut, mais aussi moins gâtés d'ailleurs que les éphèbes de Sparte, sont des gamins comme n'en vit jamais aucun siècle ni aucun pays. Mais quoi ? les petits Spartiates, qui faisaient la chasse à l'ilote, ne tiraient point sur les gendarmes: ainsi ce seront les petits Parisiens qui resteront de précoces bandits : — les mêmes pourtant, sauf le succès, que les héros en herbe de 1830. Il n'est en ce monde qu'heur et malheur.

Ainsi, dans les péripéties de ce drame lugubre et confus, se sont révélés des symptômes d'un ordre inconnu jusqu'alors.

On sent que le souffle d'un esprit nouveau a passé sur les âmes, sans distinction d'âge ni de sexe. Ce qu'il faut surtout ne pas oublier, c'est la part que les femmes ont prise à cette dernière révolution. L'intervention du sexe féminin n'apporte pas dans les mouvements insurrectionnels un élément bien maniable; mais elle a comme symptôme une très grande valeur. On ne verra guère les femmes se fanatiser réellement pour la

patrie menacée ou pour une cause toute politique ;
ces choses-là sont en dehors de leur horizon, qui
est celui de la famille. Quand les femelles des
hommes interviennent en nombre dans la lutte,
c'est alors le signe manifeste que l'existence du
ménage est mise directement en jeu ; en d'autres
termes, que la nécessité de la Révolution devient
de nature économique. Il n'est plus question de
rien qui puisse être tenu pour plus ou moins fictif
ou transcendantal ; il s'agit de l'immédiat besoin
du pain. C'est par conséquent tout ce qui peut être
imaginé de plus grave, la condamnation péremptoire d'un état social. La chose la plus exorbi-
tante est d'entendre alors les faiseurs d'homélies
rappeler doctoralement, avec soldatesque à l'appui,
les femmes aux lois de leur sexe... Hypocrites qui
se refusent à voir que, si ces créatures si essentiellement passives en sont venues à sortir violemment de leur rôle naturel, ce sont eux-mêmes
qui ont forcé le droit de nature dans son dernier
asile !

Voilà comment nous avons vu, en 1871, les
femmes des faubourgs prendre les armes et se
battre avec un acharnement sans exemple. Entre
autres ce bataillon d'héroïnes, trois cents, si nous
ne faisons erreur, Léonidas en jupes, qui de la barrière Blanche se replièrent de barricade en barricade jusque sur les grands boulevards où elles se
firent tuer jusqu'à la dernière. S'il pouvait entrer
dans les âmes si impitoyables des riches le moindre

sentiment d'impartialité à l'endroit des malheu-
reuses créatures humaines que la nécessité fait
sortir de leurs bouges comme les loups du bois,
on avouerait que cette intrépide immolation dépasse
tout ce qu'il était convenu jusqu'alors d'admirer.
Les tant vantées Lacédémoniennes ou Carthagi-
noises d'autrefois, les Beauvaisiennes de Jeanne
Hachette, les femmes des Vendéens et celles des
défenseurs de Saragosse sont, comme on dit, de la
Saint-Jean à côté de ces Parisiennes de 1871.

Des actes comme ceux qui se sont produits dans
cette lutte ont toujours été objet de respect pour
tous les hommes dont le cœur n'est pas entièrement dégradé. Ce n'est pas une chose si vulgaire
que de savoir mourir; la presse conservatrice, si
elle avait simplement reconnu le courage des vaincus au lieu de se donner le mot dans toute l'Europe pour salir les *Communards*, se serait sans
doute plus fait honneur; elle se serait montrée
plus loyale et moins tristement corrompue aux
yeux de l'impartiale postérité. Il est vrai que la
postérité n'est pas l'objet des gazetiers. Il leur
importe aussi peu qu'à ceux qu'ils calomnient
qu'un jour vienne où ceux-ci seront réhabilités et
eux-mêmes cloués par l'histoire, c'est-à-dire en
idée, à ce qu'on appelle métaphoriquement le
pilori de la mémoire humaine, courte d'ailleurs.
Ce qu'il y aura sans doute de plus positif dans cette
justice tardive, c'est qu'on en fera des leçons de
morale civique et puérile où les petits écoliers de

l'avenir, éduqués moins platement que les nôtres, apprendront dans de petits récits édifiants, au prix de quelles luttes les sacrifiés des derniers âges barbares leur auront mis le beurre sur leur pain et le civisme dans la conscience.

En dernier résumé, la classe qui possède aujourd'hui la supériorité morale est encore, tout considéré, le prolétariat ouvrier. Ce n'est certes pas à prétendre, nous ne parlons pas pour le flatter, qu'il soit exempt de vices ; seulement ces vices ne sont pas, quoi qu'on veuille dire, plus malpropres que ceux des autres classes, et ils sont moins lâches.

Distinction radicale, car elle prouve que le prolétariat conserve en lui du ressort ; qu'il n'est pas, comme le sont les classes supérieures, en état de détrition sociale et de pourriture diffluente ; qu'il peut encore, après le lavage qui les emportera, continuer de former corps et reconstituer la nation.

Quant au côté intellectuel, nous le soutenons également contre l'opinion régnante, la supériorité relative appartient encore, essentiellement, à cette même classe ouvrière, en ce sens qu'elle se trouve aujourd'hui être par la force des choses exclusivement dépositaire de l'idée de la Révolution, qui est la revendication de la Justice ; par conséquent, la seule dans le sens du mouvement continu de l'histoire, la seule qu'anime l'âme nationale. Si elle n'a pas les accessoires sous le rapport de l'intelli-

gence, elle en possède dans le principe et le fond
réel.

Malheureusement cette pensée révolutionnaire'
ou juridique n'existe encore chez elle qu'à l'état
instinctif, passionnel et confus. Elle n'est point
encore formulée dans son esprit à l'état de conception scientifiquement arrêtée ; ce qui fait que le
prolétariat révolutionnaire a été empêché et le
serait encore, l'occasion s'offrant à nouveau, de tra-
duire et de réaliser son aspiration au moyen d'actes
décisifs.

TABLE DES MATIÈRES

Tours. — Imprimerie Deslis Frères.

www.ingramcontent.com/pod-product-compliance
Lightning Source LLC
LaVergne TN
LVHW021929030726
842523LV00001B/92